马克思中观经济学

郎咸平 著

人民出版社

目 录

第三章　瓦尔拉斯均衡简介与马克思中观均衡理论

第六章　生产中的价值与价格

第七章　扩大再生产

第八章　市场化的扩大再生产

第九章　市场化的不稳定性

附录一　新古典与再转换

附录二 线性代数基础

附录三 扩大再生产的解析解及其性质

附录四　郎咸平教授的学术成就以及
郎咸平教授在国际第一流期刊所发表的论文

前言：马克思经济学为什么是中观经济学

一、我为什么提出"中观经济学"的理论

这本《马克思中观经济学》是我花费近十年时间的研究成果。促使我启动这项研究工程的主要原因就是西方主流经济学基本无法解释社会主义的中国如何成功推动了四十年的改革开放。仅仅是为了研究学术的兴趣使然，我花了十年的时间阅读了中英文版的亚当·斯密的《国富论》，马克思的《资本论》以及浩瀚无垠的相关学术著作。当然，我必须得承认，我这么做的目的只是为了探索知识的乐趣，我一直没有出书的想法。真正促使我坐下来写出《马克思中观经济学》的动力则来源于习近平总书记的几次讲话。习近平总书记在 2015 年 11 月 23 日深刻地指出"学习马克思主义政治经济学，是为了更好指导我国经济发展实践"。2016 年 7 月 8 日，习近平总书记指出："坚持和发展中国特色社会主义政治经济学，要以马克思主义政治经济学为指导，总结和提炼我国改革开放和社会主义现代化建设的伟大实践经验，同时借鉴西方经济学的有益成分。"2017 年 9 月 29 日习近平总书记指出："新中国成立以来特别是改革开放以来，中国发生了深

刻变革，置身这一历史巨变之中的中国人更有资格、更有能力揭示这其中所蕴含的历史经验和发展规律，为发展马克思主义作出中国的原创性贡献。"2016 年 5 月 17 日，习近平总书记强调"要实施哲学社会科学人才工程，着力发现、培养、集聚一批有深厚马克思主义理论素养、学贯中西的思想家和理论家"。习近平总书记的这一番话让我感到热血沸腾，跃跃欲试。但遗憾的是，到今天为止，全球范围内并没有出现能够和西方现代经济学匹敌的马克思政治经济学，更没有学贯中西的马克思主义经济学家横空出世。因此我决心以我十年积累的思想精髓写出《马克思中观经济学》，抛砖引玉响应习近平总书记对于马克思政治经济学以及学贯中西的马克思主义经济学家的呼吁。

大家所熟悉的西方经济学可以分为微观经济学和宏观经济学。简单地讲，微观经济学分析"个人"行为——也就是消费者和生产者的行为。消费者根据效用的大小决定商品的消费量。在既定价格之下，消费者会选择一组商品使得他的效用极大化。生产者根据利润的大小决定商品的生产量。在既定的价格之下，生产者会选择生产一组商品使得他的利润极大化。而在价格的调整之下，生产者生产的商品会等于消费者消费的商品，也就是供给等于需求。而使得供给等于需求的这一组价格就叫作均衡价格。在均衡价格之下，消费者的效用极大化，而生产者的利润极大化，这就是一般均衡理论，学术界也称之为瓦尔拉斯一般均衡理论。宏观经济学讨论的是"国家"层面的政策。具体地讲，就是政府利用财政政策和货币政策以维持经济的稳定增长。微观经济学讨论的是个人，宏观经济学讨论的是国家。中间缺个环节就是微观和宏观经济学都没有讨论的产业。马克思政治经济学的基本框架就是《资本论》，而整个三卷《资本论》的灵魂就是第二卷所分析的两个产业（马克思称之为生产资料部门和生活资料部门）。毫无疑问，《资本论》弥补了微观和宏观经济学缺失的中间环节，所以我将此书定名为《马克思中观经济学》。

和微观经济学相比，《资本论》和微观经济学都是在1850—1870年之间所发展的学科，因此具有可比性。《资本论》对于微观经济学的一般均衡理论并未做过任何的讨论。具体地说，《资本论》完全不讨论消费者的效用，也不讨论消费者如何决定不同商品的消费量。《资本论》就是假设消费者已经决定了不同商品的消费量。《资本论》虽然讨论了生产者的利润，但是生产者不是根据利润极大化原则决定生产不同的商品。《资本论》假设生产者已经决定了不同商品的生产量。马克思本人在《资本论》中关注了两个产业（部门）的简单再生产和扩大再生产的均衡问题。简单再生产均衡可以对比微观经济学（或者叫作瓦尔拉斯）的静态一般均衡，而扩大再生产均衡可以对比微观经济学（瓦尔拉斯）的动态一般均衡。马克思的再生产模型较瓦尔拉斯的模型要复杂且深入。瓦尔拉斯仅考虑到最简单的生产和消费的均衡问题，而马克思的均衡模型虽然形成时间可能早于瓦尔拉斯，但是其思考则更加深入。这主要体现在以下几点上。

第一，马克思考虑到了社会分配的问题，工人和资本家在收入来源和消费上均有所不同，这一点在瓦尔拉斯的模型中是没有的。瓦尔拉斯假设所有消费者是完全相同的，且消费者也是生产者，他们自产自销，这就没有分配问题，他们在社会生产中没有分工，社会生产利润在他们之间平均分配，类似乌托邦。所以瓦尔拉斯的生产像是乌托邦式的生产，而马克思研究的是实实在在的资本主义生产。

第二，马克思是价值理论的集大成者，其将价值体系贯穿社会生产均衡全过程，所以马克思经济学不仅讨论了价格下的均衡问题，还揭示了价值在其中的分配过程。

第三，瓦尔拉斯社会生产并不分部门，但是马克思经济学中将社会各行业分为两个部门，一个生产资料部门（类似重工业），一个生活资料部门（类似轻工业）。将工业分两个部门在简单再生产（对应瓦尔拉斯静态均衡）中意义不是很明显，但是对于扩大再生产（对应瓦尔拉斯动态均衡）有着重要的意义。由于生活资料部门仅仅用于生产维持广大工人生存的商品，这个部门注定会被资本家所抑制，社会扩大再生产基本上主要针对资本化程度更高的重工业部门，这是资本家剥削本质在社会行业分工上的表现。

当马克思中观经济学的扩大再生产均衡确立后，消费和生产分别透过微观经济学所分析的消费者效用极大化和生产者利润极大化得来。换句话说，瓦尔拉斯的微观均衡会在此基础上自行适应得出相应的安排。对于微观层面的均衡，我们不妨假设已经通过前述的瓦尔拉斯一般均衡过程达到了各自最优。这样马克思的再生产理论与今天的微观经济学就实现了无缝对接。更精准的说法就是马克思的再生产理论可以理解为中观均衡，因为中观均衡分析的角度更广；而瓦尔拉斯的理论可以理解为微观均衡，其分析角度更细。换句话说，马克思的中观经济学达到了均衡以后，瓦尔拉斯的微观经济学才能达到均衡。

和宏观经济学相比，《资本论》完全不讨论财政政策和货币政策。各位读者请注意，宏观经济学是凯恩斯在 1936 年发表了《就业利息和货币通论》之后才发展出来的学科。在马克思的时代，财政政策和货币政策基本是不存在的名词。但是《资本论》和宏观经济学所追求的目的却是相同的，都是追求经济的稳定增长。宏观经济学如何达到稳定的增长呢？就是政府控制着财政政策和货币政策达到稳定的经济增长。宏观经济学已经承认了自由市场的不稳定性，所以政府必须寻求财政政策和货币政策的适当搭配以维持经济稳定增长。举例，当经济萧条的时候，以财政政策为例，政府应该增加政府支出或者减税以拉动经济。以货币政策为例，政府应该增加货币供应以降低利息，从而使得投资增加以拉动经济。

《资本论》如何达到稳定的增长呢？马克思的扩大再生产设置中，部门 1（生产资料部门）是优先的，部门 2（生活资料部门）起到了后勤配合的作用。部门 1 节约部分或全部剩余价值的消费，用来购买生产资料和劳动力扩大部门 1 的生产。部门 1 产出的生产资料在供部门 1 扩大再生产使用之外，剩余的部分将用于部门 2 的再生产；部门 2 接收部门 1 剩余的生产资料，按比例配套其他投入，进行本部门的扩大再生产。换句话讲，马克思心目中的计划经济就是政府对部门 1 的计划，而不是针对部门 2。马克思在扩大再生产中的这一安排，一方面反映了资本家对生产资料（资本品）的追逐，另一方面也表现出了非常明显的"计划经济"特性。我们这里说的计划经济，并不是针对微观层面资源分配和收入分配上的计划性（类似苏联的计划经济），而是针对社会生产部门层面的计划（类似东亚的产业扶植计划）。部门 1 被设定为优先发展而应该被计划的部门，部门 2 被设定为配合第一部门的后勤部门。此时社会生产的发展，是靠部门 1 的优先发展来带动的，部门 1 的优先发展带动部门 2 的发展。在马克思的时代，数学还没发展出来，以线性代数为例，一直到了 1940 年之后才形成了今天线性代数教学内容体系。所以马克思只能用文字来叙述数学的问题。马克思认为在这种情况下，两个部门，也就是整个社会都可以稳定地增长。在正文中，我用线性代数和差分方程证明了马克思的论述是正确的。

在正文中，我们会尝试改变马克思的再生产安排，将这一"计划性"去掉，来研究在自由市场下进行的扩大再生产。我继续用线性代数和差分方程分析之后，惊奇地发现"市场化"的扩大再生产将变得极不稳定，在多数情况下都不能达到常规意义上的稳定扩张。而马克思安排下的"计划性"的扩大再生产是可以实现两个部门同步的稳定扩张的，所以政府只要把握好部门 1 的计划性，经济自然稳定增长。所以我们可以这么总结，社会生产无时不处在发展中，计划使之有序，市场使之无序。换句话说，如果我们全面采取了自由市场的经济政策，那么一个不可避免的事实就是经济的不稳定性。而凯恩斯所发展出来的宏观经济学就是在这个自由市场的背景下产生的。就是因为经济的不稳定性，所以需要财政政策和货币政策的搭配达到经济的稳定增长。

二、推导中观经济学的整体架构

我已经详细地论述了中观经济学和微观经济学以及宏观经济学的不同。那么我是如何发展出来中观经济学的呢？首先，我要探讨为什么马克思本人不发表中观经济学，为什么我要越俎代庖呢？让我们回顾一下历史，看看微观经济学是如何压制马克思的中观经济学的。

首先，我断断续续花了 10 年的时间仔细阅读了亚当·斯密的《国富论》和马克思的《资本论》。我发现我过去 40 年引为经典的微观经济学以及随之孕育出来的自由主义经济学竟然与历史完全背离。这就是第一章我要阐述的内容。我在第一章指出，当我仔细阅读了亚当·斯密的《国富论》的时候，我发现亚当·斯密和马克思一样严厉地批判了资本主义。举例而言，亚当·斯密在《国富论》中像马克思一样痛斥资本家通过操纵和贿赂政客来剥削工人[1]，他不仅对工人的贫困痛心疾首，也痛切地感受到他们心智的衰退；他还强烈谴责资本的贪婪摧毁了资本家的灵魂。[2] 此外，亚当·斯密也一样谴责帝国主义剥削殖民地人民，而且帝国主义国家内部的工人也遭受了严重剥削。[3]

亚当·斯密以及马克思的理论精髓就是要打破这种腐败，只是路径的选择不同。在 18 世纪的英国，亚当·斯密选择了"看不见的手"。亚当·斯密在《国富论》提出官商勾结阻碍英国的进步，又提出官商勾结是有害的，所以他提出了"看不见的手"，也就是说市场的运作完全不需要政府的干预，

① ［英］亚当·斯密：《国民财富的性质和原因的研究》下卷，商务印书馆 2009 年 6 月版，第 479 页。
② ［英］亚当·斯密：《国富论》下册，上海三联书店 2009 年 3 月版，第 281 页。
③ ［英］亚当·斯密：《国民财富的性质和原因的研究》下卷，商务印书馆 2009 年 6 月版，第 522 页。

干预反而是有害的①。这才是"看不见的手"的真正意义所在。而在19世纪的德国，马克思选择了"无产阶级革命"理论。他们的目的是一样的，都是为了达到社会和谐，人民幸福生活。

既然如此，那么亚当·斯密怎么成了资本主义自由经济的奠基人了呢？我怀着极大的好奇心想解开这个谜团。马克思在19世纪中叶提出了劳动价值理论，《资本论》的第一卷题为"资本的生产过程"，详细阐述了劳动价值理论和剩余价值理论。马克思以通俗易懂的方式讨论劳动的剩余价值是如何产生的，资本家无情地占用了工人创造的剩余价值，因此资本主义的生产过程必然导致社会矛盾的加剧，并最终孕育出自己的掘墓人——无产阶级。在19世纪60—70年代，欧洲经济学家的内心深处非常畏惧马克思的无产阶级革命理论，他们必须证明资本也能创造价值，所以资本家的利润不来自于剥削，从而将无产阶级革命的理论土壤完全铲除掉。我在第二章指出，为了彻底铲除劳动价值理论，奥地利学派的经济学家们登高一呼，进行了一场不为人知的学术革命——于是"边际理论"横空出世。这个理论完全放弃了劳动价值理论，而且创造出了今天大专院校所学习的微观经济学。

"边际理论"反对劳动价值理论，认为商品的价格由消费者购买最后一件商品的价格所决定。那么劳动者和资本家的贡献怎么得到回报呢？仍旧透过"边际理论"的运作。劳

---

① ［英］亚当·斯密：《国民财富的性质和原因的研究》下卷，商务印书馆2009年6月版，第30页。

动者的工资取决于其所投入的最后一单位劳动对于生产的贡献。而资本家的回报由其所投入的最后一元资本对生产的贡献所决定。① 这个由"边际理论"得出的市场均衡就是一个完美的瓦尔拉斯一般均衡理论，这也就是每一位读者辛辛苦苦学习的微观经济学。我们在第三章就把瓦尔拉斯的一般均衡理论做了一个比较仔细的回顾。这个大专院校所用的微观经济学教科书里，没有劳动价值理论，没有剩余价值，更没有剥削，所以根本就没有爆发无产阶级革命的土壤。

我在第二章引经据典地指出，以剑桥学派为主体的马克思主义经济学家们当然提出了反击。由于根本不可能观察到剩余价值，英国剑桥学派首先对"边际理论"当中机器资本得到 100 元回报做出理论反击。"边际理论"学派的庞巴维克提出，机器资本所以有价值是因为在生产过程中，资本家采用的更加"迂回"的生产技术更有效率，所以才能创造 100 元机器回报。针对这个主题，英国剑桥和美国剑桥（哈佛和MIT）进行了长期争论。最终，美国剑桥的新古典学派的创始人萨缪尔森在 1966 年发表文章承认争论失败，"边际学派"

---

① 讲得更具体一点，我在第二章举了一个铁锹的例子。22 个消费者购买最后一单位的铁锹价格是 10 元，而 5 个工人中的最后 1 个工人的产出是 10 把铁锹，也就是总价值 100 元，所以资本家只愿意付给 5 个工人每人的边际产出 100 元。那么资本回报率怎么计算呢？在 5 个工人的情况下，投入 5 台机器的最后一台的边际产出只有 100 元，这个就是每个机器的回报。22 个消费者，每人用 10 元价格购买 5 把铁锹，所以总支出是 22×5×10 = 1100 元。生产工厂每天投入 5 个工人、5 台机器而生产 110 把铁锹，总价值 1100 元。每个工人拿到了 100 元工资，每个机器拿到了 100 元回报。奥地利学派悄悄地把亚当·斯密拉到了自己的阵营，他们说价格在亚当·斯密"看不见的手"的运作之下供给神奇地等于了需求，消费者的总需求 110 个铁锹刚好等于工厂的总供给量 110 个铁锹。在这个神奇的价格之下，消费者效用最大，工厂利润最大。

的"迂回"生产理论正式宣告失败。英国剑桥学派继续乘胜追击，完全否定了资本在生产函数中的作用。换句话讲，生产函数中根本不能放入资本，只能放入劳动。《资本论》第一卷的理论到此基本得到了有力的证实。但是非常遗憾，马克思以及英国剑桥的胜利只是一个苍白无力的反击，根本没有改变历史前进的巨轮。资本能够创造价值的谬误反而呈现变本加厉之势头。毫不夸张地说，现在所有的微观教科书中，生产函数不但有劳动，还有资本。而且在这个错误的基础上还继续发展出了经济增长理论，理性预期等新的理论——微观经济学横空出世，马克思应当发展的中观经济学于是乎烟消云散。

当我们认清楚了历史的事实后，我如何重新发掘出中观经济学呢？其实中观经济学的灵魂就在《资本论》第二卷的再生产模型中。马克思将生产分成了简单再生产（类似于瓦尔拉斯的静态一般均衡）和扩大再生产（类似于瓦尔拉斯的动态一般均衡）。我们在第五章讨论简单再生产，第七章讨论扩大再生产。在简单和扩大再生产模型中，马克思始终坚持将社会生产分为两个部门——生产资料部门和生活资料部门，类似于重工业和轻工业的划分。由于重工业部门更加资本密集，马克思将其设置为扩大生产的优先部门。重工业部门的资本家通过节约剩余价值的消费而将积攒的剩余价值部分用于购置生产资料和劳动力，来扩大生产。所以，重工业部门是扩大再生产的发起方，资本家通过积累资本不断投入，可以使该部门的规模不断稳定地扩大。轻工业部门处于从属地位，重工业部门在生产扩大之后，如果有用不完的生产资料，则轻工业部门可以用重工业部门剩余的生产资料来扩大轻工业部门的规模。如果没有剩余，那轻工业部门就不能扩大规模。我用数学证明最终两个部门的规模都可以获得稳定的扩张速度。

从这种意义上来讲，马克思是现代计划经济的鼻祖。虽然马克思的扩大再生产是基于资本主义的生产，但是其关于产业部门的再生产安排却带有很强的"计划性"，而不是"市场化"地任由两个部门在自由竞争的环境中实现扩大。本书的第八章的一个重大贡献就是改变马克思的再生产安排，我们将马克思的例子当中的"计划性"去掉，来研究在自由市场下进行的扩大再生产。我透过案例和数学证明"市场化"的扩大再生产将变得极不稳定。由于这是一个震撼的结论，因此我在第九章进一步讨论更一般性的"市场化"的结果。我用案例和数学证明在多数情况下"市场化"都不能达到常规上的稳定扩张。如果没有本书所引入的线性代数和差分方程的数学体系，我们根本无从得知这些震撼性的结论。

《资本论》的第三卷题为"资本主义生产的总过程"。马克思本人很清楚地知道资本主义的生产交换过程是靠着价格而不是价值，但是价值是不可衡量的。由于缺乏数学工具，马克思在第三卷中也只能举一些简单的数字案例来说明价值和价格的转换过程。① 但是由于马克思没有借助数学的推导，他本人在书中也时不时搞混了价格和价值，所以我们在此处

---

① 马克思提出了五个价格和价值的关系，有兴趣的读者可以直接参考英文《资本论》第三卷。这五个价格和价值的推论分别在（1）159–160 页，（2）165 页，（3）167 页，（4）163 页，（5）164 页。

不赘述马克思提出的价格与价值的关系。① 本书第四章和第六章的贡献就是在前人的基础之上，我们通过了自己设计的数学系统得到了四个有关价值的特性，这是《资本论》第三卷关心的主题。

第一，产品价格大于价值。

第二，价格基本上与价值成比例。

第三，剥削率大于利润率。

第四，在特定条件下，可以推导出剥削率和利润率之间的固定关系。

如果不借助数学，第三卷是不可能得出这些清楚的结论的。为了帮助读者了解价值的特性，我们必须借助《资本论》第二卷的"简单再生产"的重工业和轻工业两个部门的例子，用数字案例和数学帮助读者理解《资本论》第三卷的价格和价值在重工业和轻工业两个部门生产过程中的转换关系。由此可知，《资本论》第二卷的两个部门的分析才是整体《资本论》的灵魂。

由于马克思没有数学背景，他只能用文字来描述数学的问题，因此《资本论》第二卷和第三卷特别深涩。再加上马克思有着极深的哲学历史造诣，他在第二卷和第三卷中加入了很多哲学和历史的讨论，这么一来，这两卷更是格外的艰

---

① "边际学派"的"迂回生产"理论的发明人庞巴维克认为《资本论》第三卷中价值和价格的转换是逻辑上不可能的事。"边际学派"的目的很清楚，如果价值和价格之间的转换存在逻辑的谬误的话，那么劳动价值理论就失去了普遍性和实用性。很多学者针对价值和价格的转换提出了辩解，例如 Ronald Meek, "Some Notes on the 'Transformation Problem'", *Economic Journal*, 1956, pp. 94-106., Francis Seton, "The Transformation Problem", *The Review of Economic Studies*, 1957, pp. 149-160。

涩难懂。此外，《资本论》第二卷和第三卷是恩格斯在马克思
过世后编辑而成，因此逻辑顺序是有一些问题的。为了本书
逻辑的流畅性，我首先剥离了哲学和历史部分，只关注经济
学的讨论。然后根据自己的逻辑重新编排，将第二卷和第三
卷打碎，再融合在一起。所以在本书正文中，我不会强调哪
一部分属于《资本论》哪一卷，以免影响读者阅读本书的逻
辑连贯性。

　　本书的定位是一本学术的著作，当然也可以作为本科生
和研究生为主的经济学主要或者辅助教材。本书的特点就是
从第二章开始逐步数量化，第四章之后就以数字案例和数学
证明相互搭配方便读者阅读，目的就是写全世界第一本以数
学解读马克思中观经济学的学术著作。① 这本马克思中观经
济学的学术水平绝对可以匹敌微观经济学和宏观经济学。如

---

　　① 在 1950—1970 年前后大量的文献企图以数学解读《资本论》，本书不敢
掠人之美，本书的数学推理基础根基于森岛通夫，Michio Morishima，*Marx's Eco-nomics*，Cambridge University Press.，1973，萨缪尔森，Paul A. Samuelson，"Under-standing the Marxian Notion of Exploitation：A Summary of the So-called Transformation Problem Between Marxian Values and Competitive Prices"，*Journal of Economic Litera-ture*，1971，pp. 399 - 431.，米克，Ronald Meek，"Some Notes on the 'Transformation Problem'"，*Economic Journal*，1956，pp. 94 - 106.，塞通，Francis Seton，"The Transformation Problem，"*The Review of Economic Studies*，1957，pp. 149-160. 还有许多欧美探讨《资本论》的学者。但是本书的结构是重新设计数学系统然后求解，这一点应该算是一种创新，而且本书的所有数字案例全部都是我们自己设计的。此外，我对于国内马克思的研究也相当关注，我的助理团队经过大量的数据搜集发现，我们整个学术界对马克思的研究是不足的。我本人阅读了大量国内学者的文献。我阅读过的国内相关的马克思专著研究包括了刘思华、朱钟隶、于金富、胡乐明、张宇、陈岱孙、邱兆祥、张旭等教授和专家的专著研究。此外，我阅读过的学术论文包括了周绍东、王松、石佳、付文军、马天俊、卜祥记、周巧、高超、万晓飞、陈俊明、王庆丰、冯金华、李建平、崔唯航、张雷声、李良美、洪银兴、顾准、张爱国、程倩春等专家学者的学术论文。由于篇幅所限，我就不一一列举每一位专家学者的文献索引了。

果读者没有像样的数学背景，那么"马克思中观经济学"是非常难读懂的。为了照顾数理背景不同的读者，本书做了如下的处理。

1. 第一章，第二章——没有任何数理背景的读者都能读懂。

2. 第三章开始到第九章，数学就非常多，但是正文中我在所有数学推导之前都会用简单的数字案例做说明，没有数理背景的读者只要看完本书的案例就能够完全理解《资本论》的精髓，数学部分可以跳过不看。

3. 对于那些有着初级微积分背景的读者，可以阅读正文中有关一种和两种商品的数学推导（基本都是简单的几何运算）以及附录一。

4. 对于学习过线性代数的读者，可以阅读多种商品的数学推导，以及附录二。

5. 对于学习过差分方程的读者，可以阅读附录三。

最后我要感谢我的学生李建伟。他在北京大学读的数学本科，在新加坡国立大学读的统计学硕士，在香港中文大学读的金融学博士。讲得更具体一点，他就是我的博士生。他目前在深圳的一家颇富盛名的证券公司工作。由于我年纪大了，对于数学推导已经力不从心。李建伟在我的指导下，帮我辛苦完成了所有案例以及数学的推导，在此对他表示最大的感谢。没有他的参与，本书就不可能出版。

第一章　亚当·斯密和马克思的相似之处

1.1　重新审视亚当·斯密

1.1.1　亚当·斯密：自由主义经济学的奠基人吗？

普遍认为，亚当·斯密（Adam Smith，1723—1790 年）是自由主义经济学的奠基人，被誉为现代经济学之父。美国前总统里根（Ronald Reagan）时期，为政府服务的自由主义经济学家还设计并佩戴印有亚当·斯密肖像的领带，可见亚当·斯密对现代资本主义的影响力之大。亚当·斯密的思想孕育了现代的资本主义国家，他也被称为现代资本主义之父。而另一个现代体系就是马克思理论所孕育的社会主义国家。

如果大家认真读过这本开启现代自由经济思潮和现代资本主义先河的《国富论》之后，我相信大家一定会感到震惊不已。亚当·斯密像马克思一样批判资本家和资本主义制度，关心民众生活，反对政府腐败，官商勾结。他对英国殖民印度抱以愤慨和不平，痛斥东印度公司的暴行。而且亚当·斯密敏锐地察觉到，英国对外扩张对于本国百姓来说并不是福利，反而是负担，因为殖民的好处被少数资本家垄断，但是维护殖民地的军队成本却要老百姓负担，死伤的也是平民。

后来的经济学家也证实了亚当·斯密的判断，维护殖民地的成本大于政府获得的收入，殖民只是让少数资本家获利。

亚当·斯密在《国富论》中痛斥资本家通过操纵和贿赂政客来剥削工人，他说"大资本家，大商家，或则直接参加政府的管理，或则间接具有左右政府的势力"①；他不仅对工人的贫困痛心疾首，也痛切地感受到他们心智的衰退；他还强烈谴责资本的贪婪摧毁了资本家的灵魂。同时，亚当·斯密也谴责帝国主义剥削殖民地人民，而且帝国主义国家内部的工人也遭受了严重剥削。

马克思在《共产党宣言》中对议会制度的批评竟然和亚当·斯密如出一辙，他也认为资产阶级腐蚀议会建立图利资本家的规则，进而奴役劳动者。《共产党宣言》第一章讲到："资产阶级在现代的代议制国家里夺得了独占的政治统治。现代的国家政权不过是管理整个资产阶级的共同事务的委员会罢了。"亚当·斯密以及马克思的理论精髓就是要打破这种腐败，只是路径的选择不同。在18世纪的英国，亚当·斯密选择了"看不见的手"，而在19世纪的德国，马克思选择了"无产阶级革命"。他们的目的是一样的，都是为了达到社会和谐、人民幸福生活。

所以，今天我们应当重视亚当·斯密和马克思所热切关注的腐败问题。如果放任利益集团透过"看不见的手"而获得操纵价格的权力，那么这两位大学者所担心的老百姓的惨况也就为时不远了。我写作本书的目的不是走回头路去研究"看不见的手"的市场机制和"无产阶级革命"的行动纲领，

① ［英］亚当·斯密：《国民财富的性质和原因的研究》下卷，商务印书馆2009年6月版，第479页。

而是研究他们这种悲天悯人的社会主义情怀，进而理顺 21 世纪的中国所需要的适合本国国情的政策。

1.1.2 亚当·斯密的学术背景

亚当·斯密 15 岁进入格拉斯哥大学（University of Glasgow）就读，在这里，他首次接触到了苏格兰启蒙运动，并成为被誉为"苏格兰启蒙运动之父"的哈奇森（Francis Hutcheson，1694—1746 年）的学生，之后进入牛津大学学习。1751 年，28 岁的亚当·斯密回到格拉斯哥大学任教，并成为逻辑学教授，后又担任道德哲学教授。在亚当·斯密的时代，经济学属于伦理学的范畴，是伦理学的一个分支，因此理解亚当·斯密的经济学理论必须整体看待他的著作和思想。

亚当·斯密的著作有《道德情操论》《国富论》《法学讲稿》。《国富论》自然是现代经济学的开山之作，怎么褒奖都不为过。经济学家内森·罗森伯格（Nathan Rosenberg）曾说①，在《国富论》出版以来 200 多年的时间中，经济学的理论和观点就是对亚当·斯密著作的不断注释和深入挖掘。当你认真读亚当·斯密的《国富论》时，你会发现，他旗帜鲜明地反对资产阶级通过贿赂等方式干预政治，他认为市场有只"看不见的手"就能使得整个社会得益，无需政府干预。因此他要求政府退出经济舞台，不要干涉经济的自然运作。故他把此项（经济学）研究领域命名为"政治经济学"（Political Economy）。亚当·斯密说："一切特惠或限制的制度，一经完全废除，最明白最单纯的自然自由制度就会树立起来。每一个人，在他不违反正义的法律时，都应听其完全

---

① 罗卫东：《坐过山车的〈国富论〉》，《大学生》2015 年第 5 期。

自由，让他采用自己的方法，追求自己的利益，以其劳动及资本和任何其他人或其他阶级相竞争。"① 大家看到这里一定以为这就是今天新自由主义者倡导的自由市场经济，实际上根本不是。因为亚当·斯密这句话后面说的是："这样，君主们就被完全解除了监督私人产业、指导私人产业，使之最适合于社会利益的义务。"② 也就是说，亚当·斯密的直接目的是让君主放弃监督、指导私人产业的权力，因为在那个年代，资本家通过政府的手垄断市场、实行专卖、剥削工人、限制工资、禁止集会等。最后，亚当·斯密说，如果让君主履行监督市场的义务，不是人间智慧或知识所能做到的。道理很简单，他们本能地要把手中的权力变现。那么亚当·斯密认为君主应该做什么呢？他认为君主有三个义务：第一，国防安全，保证不受其他国家（社会）侵犯。第二，司法公正，保证个人不受其他人的压迫。第三，公共工程和公共机关，维护社会运转正常。而且他特别强调，公共设施建设（道路、桥梁、运河）与维持绝不是为了少数人的利益，必须由社会经营。

《法学讲稿》始终坚持市场运行的框架必须首先有以公正为核心的法律制度，如果没有公正的法律，强调市场自由就是危险的，是少数人获利的市场自由。

《道德情操论》认为参与交换的主体必须是以同情为基础的，具有道德的自我约束，而非如十七世纪思想家霍布斯

---

① ［英］亚当·斯密：《国民财富的性质和原因的研究》下卷，商务印书馆 2009 年 6 月版，第 258 页
② ［英］亚当·斯密：《国民财富的性质和原因的研究》下卷，商务印书馆 2009 年 6 月版，第 258-259 页。

所说的弱肉强食。目前经济学所谓的"理性经济人假设"完全抛弃了亚当·斯密当初的道德和自我约束，陷入了自私自利，不能不说是一种极大的讽刺。甚至还说亚当·斯密自我矛盾，或者对于道德情操论避而不谈，装作它不存在。

如果说《国富论》深入研究了国民财富的性质和原因，以及如何通过"看不见的手"切断资本家和政府的勾结，达到国民财富的增值，那么《道德情操论》就是发展国民财富，让全民共享经济发展的成果。亚当·斯密在《道德情操论》里说："个人决不应当把自己看得比其他任何人更为重要，以致为了私利而伤害或损害他人，即使前者的利益可能比后者的伤害或损害大得多。"① "与其说仁慈是社会存在的基础，还不如说正义是这种基础。虽然没有仁慈之心，社会也可以存在于一种不很令人愉快的状态之中，但是不义行为的盛行却肯定会彻底毁掉它。"② 马克思所批判的资本主义社会也一定是亚当·斯密所厌恶的社会，有一种说法，说资本主义"是人和人之间除了赤裸裸的利害关系、除了冷酷无情的现金交易，就再也没有任何别的联系了"。这个社会运行的基础不是亚当·斯密所说的正义，而是"资本"。

要知道亚当·斯密生命的最后20多年就是在不停地修改这两本书，交替创作，修订再版，至少在亚当·斯密看来它们同等重要，因此这两本书必须联系起来看。读者看完应该和我一样能看到亚当·斯密的社会主义情怀。

---

① ［英］亚当·斯密:《道德情操论》，商务印书馆 2010 年 10 月版，第186 页。

② ［英］亚当·斯密:《道德情操论》，商务印书馆 2010 年 10 月版，第127 页。

也许是历史的巧合，《国富论》发表于1776年，美国也是在这一年脱离英国独立，而且美国在某种程度上实践了亚当·斯密的自由经济思想——小政府大社会，或者至少在成立之初是这样的。这种思维孕育了以自由经济为主导的现代资本主义，因此亚当·斯密也堪称现代资本主义之父。美国实行"小政府"的原因很多。美国本来就是在抗税运动（抵抗茶叶法案）中独立的，他们对强势政府有天然的仇视。《独立宣言》说："大不列颠国在位国王的历史，是接连不断的伤天害理和强取豪夺的历史，这些暴行的唯一目标，就是想在这些州建立专制的暴政。"① 整个独立宣言有三分之二的篇幅都是在控诉和谴责英国的暴行。

1.1.3　亚当·斯密对资本主义的批判

亚当·斯密非常关注工人的政治权利，而且强烈谴责资本家的剥削。亚当·斯密指出，雇主的人数较少，团结起来较为容易，而且不受法律的禁止。但是法律禁止劳动者结合。议会通过很多法律取缔为提高劳动工资而结合的团体，但从来没有取缔过为降低劳动价格而结合的组织②。当雇主企图降低劳动工资而互相联合时，他们通常是缔结一种秘密的同盟或协定，相约不得支给定额以上的工资，违者惩处。如果劳动者也成立一种对抗的团体，约定不许接受定额以下的工资，违者惩处，法律就将严厉地制裁劳动者③。这说明法律本身是不公正的，亚当·斯密谴责资本家取得了议会的权力，

①　《独立宣言》。
②　［英］亚当·斯密：《国富论》上册，上海三联书店2009年3月版，第52页。
③　［英］亚当·斯密：《国富论》上册，上海三联书店2009年3月版，第112页。

直接参政或者左右政治①，劳动工人被资本家压榨，权利被剥夺。乔治三世执政第八年的法令还规定："除国丧场合，伦敦及其附近五英里以内的裁缝业者，每日不得支给二先令七便士以上的工资，而其雇工也不得领受此金额以上的工资，违者科以重罚。"② 从来立法当局在规定雇主及雇工关系时，总是以雇主为顾问。而且一旦发生罢工等冲突，资本家完全可以靠资本生活，一年两年都没有问题，但是工人却连一周也撑不了。所以，谁能胜利可想而知。

亚当·斯密对工人非常同情，对人民智力的退化非常担忧。他说如果大多数人民都在机器面前从事那种极其单调的操作，那么他很容易变成最愚钝最无知的人。"他精神上这种无感觉的状态，不但使他不能领会或参加一切合理的谈话，而且使他不能怀抱一切宽宏的、高尚的、温顺的情感。其结果，对于许多私人日常生活上的平常义务，他也没有能力来做适当的判断……就是他肉体上的活动力，也因这种单调生活毁坏了，除了他已经习惯了的职业外，对于无论什么职业，他都不能活泼地、坚定地去进行。这样看来，他对自身特定职业所掌握的技巧和熟练，可以说是由牺牲他的智能、他的交际能力、他的尚武品德而获得的。但是，在一切改良、文明的社会，政府如不费点力量加以防止，劳动贫民，即大多数人民，就必然会陷入这种状态。"③ 亚当·斯密也渴望改变

---

① ［英］亚当·斯密：《国富论》下册，上海三联书店 2009 年 3 月版，第384 页。

② ［英］亚当·斯密：《国富论》上册，上海三联书店 2009 年 3 月版，第112 页。

③ ［英］亚当·斯密：《国富论》下册，上海三联书店 2009 年 3 月版，第281 页。

这种状态，他寄希望于资产阶级政府的教育。

马克思对劳动者的惨况批判和亚当·斯密又是如此之类同，他指出抽象的私有财产使得人们之间变得疏远、冷漠，同时也恶化了人际关系，在资本主义制度之下，工人们把他们的劳动看作是愚笨的苦差事，然而资本家只是把工人看作被剥削的对象、挣钱的机器。《马克思恩格斯选集》中曾说："由于推广机器和分工，无产者的劳动已经失去了任何独立的性质，因而对工人也失去了任何吸引力。工人变成了机器的单纯的附属品，要求他做的只是极其简单、极其单调和极容易学会的操作。因此，花在工人身上的费用，几乎只限于维持工人生活和延续工人后代所必需的生活资料……挤在工厂里的工人群众就像士兵一样被组织起来。他们是产业军的普通士兵，受着各级军士和军官的层层监视。他们不仅仅是资产阶级的、资产阶级国家的奴隶，他们每日每时都受机器、受监工、首先是受各个经营工厂的资产者本人的奴役。"《资本论》第一卷第23章马克思描述资本主义积累的一般规律时说："在资本主义体系内部，一切提高社会劳动生产力的方法都是靠牺牲工人个人来实现的；一切发展生产的手段都变成统治和剥削生产者的手段，都使工人畸形发展，成为局部的人，把工人贬低为机器的附属品，使工人受劳动的折磨，从而使劳动失去内容，并且随着科学作为独立的力量被并入劳动过程而使劳动过程的智力与工人相异化；这些手段使工人的劳动条件变得恶劣，使工人在劳动过程中屈服于最卑鄙的可恶的专制，把工人的生活时间变成劳动时间，并且把工人的妻子儿女都抛到资本的札格纳特车轮下……不管工人的报酬高低如何，工人的状况必然随着资本的积累而日趋恶化。因此，在一极是财富的积累，同时在另一极，即在把自己的产品作为资本来生产的阶级方面，是贫困、劳动折磨、受奴役、无知、粗野和道德堕落的积累。"①那么要如何解决这个问题呢？马克思的解决方法不同于亚当·斯密，他认为只有废除私有财产才能重建和谐社会，而资本主义由于其内在的矛盾一定会崩溃，并最终由无产阶级所取代。

和马克思一样，亚当·斯密也对资本主义的生产方式进行批判，但是他只看到了表象，只看到了社会上的人们（包括资本家和工人）对财富的追逐，没看到背后的逻辑。他在《道德情操论》中批判说："为了挤进这些阶层，他投身于对财富和显贵地位的追逐之中……为了达到这一目的，他向所有的人献殷勤；他为自己所痛恨的那些人效劳，并向那些他所轻视的人献媚。他用自己的整个一生，来实行享受他也许永远不能享受的某种不自然的、讲究的宁静生活的计划，为此他牺牲了自己在任何时候都可以得到的真正安逸。而且，如果他在垂暮之年最终得到它，他就会发现，它们无论在哪方面都不比他业已放弃的那种微末的安定和满足好多少。正是在这时候，他那有生之日已所剩无几，他的身体已被劳苦和疾病拖垮，他的心灵因为成千次地回想到自己所受的伤害和挫折而充满着羞辱和恼怒……最后他开始醒悟：财富和地位仅仅是毫无效用的小玩意……不能用来实现我们的肉体舒适和心灵平静……他在内心深处诅咒野心，徒然怀念年轻时的悠闲和懒散，怀念那一去不复返的各种享受，后悔自己曾

---

① 马克思：《资本论》第一卷，人民出版社2004年1月版，第743—744页。

经愚蠢地为了那些一旦获得之后便不能给他带来真正满足的东西而牺牲了它们。"①

亚当·斯密还认为，资本主义的生产方式不仅在肉体上和心灵上伤害了工人，也同样伤害了资本家。他说，如果权贵失去了他所拥有的地位和财富，他就会重新体会自己的处境，并考虑什么才是自己的幸福所真正需要的东西。"那时，权力和财富就像是为了产生肉体上微不足道的便利而设计出来的、由极为精细和灵敏的发条组成的庞大而又费力的机械，必须极其细微周到地保持它们的正常运转，而且不管我们如何小心，它们随时都会突然爆成碎片，并且使不幸的占有者遭到严重打击。它们是巨大的建筑物，需要毕生的努力去建造，虽然它们可以使住在这座建筑物中的人免除一些小小的不便利，可以保护他不受四季气候中寒风暴雨的袭击，但是，住在里面的人时时刻刻面临着它们突然倒塌把他们压死的危险。"② 一次又一次的经济危机也验证了亚当·斯密的观点，但是他没有马克思的观察更透彻。

马克思在《1844年经济学哲学手稿》(*Economic and Philosophic Manuscripts of 1844*) 中讲述了类似的相关内容，一方面他大量引用亚当·斯密的论述，一方面痛陈资本主义运作对工人和多数资本家的共同伤害："在福利增长的社会中，只有最富有的人才能靠货币利息生活。其余的人都不得不用自己的资本经营某种行业，或者把自己的资本投入商业。这样

---

① ［英］亚当·斯密：《道德情操论》，商务印书馆2010年10月版，第241—243页。

② ［英］亚当·斯密：《道德情操论》，商务印书馆2010年10月版，第243—244页。

一来，资本家之间的竞争就会加剧，资本家的积聚就会增强，大资本家使小资本家陷于破产，一部分先前的资本家就沦为工人阶级，而工人阶级则由于这种增加，部分地又要经受工资降低之苦，同时更加依赖于少数大资本家。资本家由于人数减少，他们为争夺工人而进行的竞争几乎不再存在；而工人由于人数增加，彼此间的竞争变得越来越激烈、反常和带有强制性。正像一部分中等资本家必然沦为工人等级一样。由此可见，即使在对工人最有利的社会状态中，工人的结局也必然是：过度劳动和早死，沦为机器，沦为资本家的奴隶（资本的积累作为某种有危险的东西而与他相对立），发生新的竞争以及一部分工人饿死或行乞。"①

亚当·斯密发出悲观的预言，说"不能期望自由贸易在不列颠完全恢复，正如不能期望理想岛或乌托邦在不列颠设立一样"②。原因在于，资本家"胁迫立法机关"，他说："赞助加强此种独占权（垄断）提案的国会议员，不仅可获得理解贸易的佳誉，而且可在那一个以人数众多和财富庞大而占重要地位的阶级（资产阶级）中，受到欢迎与拥护。反之，要是他反对这类提案，要是他有阻止这类提案的权力，那么，即使他被公认是最正直的人，有最高的地位，有最大的社会功绩，恐仍不免受最不名誉的侮辱与诽谤，不免受人身的攻击，而且有时有实际的危险，因为愤怒和失望的独占者，有

---

① 马克思《1844 年经济学哲学手稿》，人民出版社 1985 年 4 月版，第12 页。

② ［英］亚当·斯密：《国民财富的性质和原因的研究》下卷，商务印书馆 2009 年 6 月版，第 45 页。

时会以无理的暴行，加害于他。"① 不能否认，今天的世界依旧存在这种情况。

1.1.4　亚当·斯密对大英帝国主义的批判

1763 年英国和西班牙签订《巴黎条约》标志着英国取代西班牙成为世界头号殖民强国。1815 年击败法国，之后的 100 多年英帝国成为绝对的世界霸主，历史上英国领土面积一度达 3400 万平方公里。英国经济学家杰文斯 1865 年描述当时的英国："北美和俄国的平原是我们的玉米地，芝加哥和敖德萨是我们的粮仓，加拿大和波罗的海之滨是我们的林区，澳大利亚是我们的牧羊场，阿根廷和北美西部大草原给我们放牧牛群，秘鲁人送来白银，南非和澳洲人送来黄金，印度和中国为我们提供茶叶，东印度群岛给我们提供咖啡、甘蔗和香料。"②

亚当·斯密像马克思一样看到了资本主义制度的弊端，他还进一步批判大不列颠对海外殖民地的掠夺政策。马克思所处的德国没有什么殖民地，因此马克思的批判只针对资本家，对帝国主义的批判最后由列宁来完成。亚当·斯密和后来的列宁对帝国主义的批判很相似。比如："产砂糖各殖民地每年输往英格兰的生产物的价值，比它们由英格兰输入的一切货物的价值要大得多……许多产糖大农场的主要所有者，都住在英国。"③ 英国完全为保障殖民地而发生的最近战争，

---

① ［英］亚当·斯密：《国民财富的性质和原因的研究》下卷，商务印书馆 2009 年 6 月版，第 46 页。

② 丛胜利、李秀娟：《英国海上力量：海权鼻祖》，海洋出版社 1999 年 1 月版，第 120—121 页。

③ ［英］亚当·斯密：《国民财富的性质和原因的研究》下卷，商务印书馆 2009 年 6 月版，第 517 页。

所费在九千万英镑以上。但是战争花费却都是百姓负担，而不是大资本家。《国富论》的结尾写道："百余年来，英国统治者曾以我国在大西洋西岸保有一个巨大帝国的想象，使人民引为快慰。然而这一个帝国，迄今仍只存在于想象中。不是帝国，只是建立帝国的计划，不是金矿，只是开发金矿的计划。这计划，在过去以至现在，已使英国耗费得太多了，设今后仍同样继续下去，将来费用一定极其浩大，而且，还收不到一点利润。因为，前面说过，殖民地贸易独占的结果，于人民大众是有损无益的。"① 从这个角度看，美国的独立似乎是必然的事情，因为殖民美国只让大资本家受益，英国政府和人民所获有限。

1600 年，伊丽莎白一世授权给东印度公司 21 年的贸易垄断权，大家知道这意味着什么吗？资本家因此获得了惊人的利润，坑的还是老百姓。垄断经营的利润率都在 300%～2600%，英国民众对此买单。直到荷兰人也介入这个市场，价格才逐步回落。表 1 罗列了几种产品的印度收购价和伦敦售价，中间存在巨大利润。

表 1　东印度公司产品的印度收购价和伦敦售价②

产品	印度收购价 （便士）	伦敦售价 （便士）
胡椒	3	20
豆蔻	3	78

① ［英］亚当·斯密：《国民财富的性质和原因的研究》下卷，商务印书馆 2009 年 6 月版，第 522 页。
② ［苏］M·A·巴尔格：《克伦威尔及其时代》，莫斯科，1960 年，第 34 页。

续表

产品	印度收购价 （便士）	伦敦售价 （便士）
丁香	9	72
生丝	7	20
蓝靛	13	60

亚当·斯密是何其的睿智，他在英国还没有完全成为世界霸主（1815 年英国击败法国成为世界霸主，此时亚当·斯密已经去世 25 年了）的时候就已经预言庞大的殖民地不会给老百姓带来多少福利，获利的只是资本家，而殖民地的统治成本却要老百姓负担。历史学家通过研究英国的经济也进一步证实了亚当·斯密的推断，殖民地对于英国政府来说是个累赘，因为保卫殖民地、镇压反抗的成本太高，大资本家又不愿意为镇压掏钱。

进入 20 世纪后，当殖民地的价值被榨干，英国政府的统治成本越来越高，庞大的殖民地逐渐成为英国的累赘。1899年 10 月 11 日—1902 年 5 月 31 日，英国同荷兰移民后裔布尔人建立的德兰士瓦共和国和奥兰治自由邦为争夺南非领土和资源进行了一场战争，又称南非战争。为征服仅有数十万人口的布尔人，战争持续了三年多，英国先后投入四十多万兵力，英国通过海路运到南非的军队前后共计 38 万，此外还运送了 35 万匹马、10 万匹骡子，134 万吨军事装备和其他物资，先后动用了 1027 艘舰船。战争中英军共阵亡两万两千余人，耗费两亿两千万英镑。最终英国在战争带来的巨大损失与国际舆论压力下，与布尔人签订和约，战争结束。

布尔战争引起了大英帝国内部的巨大变化。高额的战争开支使英国无力再花巨大的代价来维持帝国体系，连一向热衷于帝国殖民事业的张伯伦也在战后感叹道"这是个负担"①。戴维斯（Davis）和哈登贝克（Huttenback）以 482 家公司作为样本，计算投资与回报的比例。他们认为，在1860—1884 年，帝国投资更有利可图，投资回报率为：国内5.8%，海外5.8%，帝国内9.7%；而在 1885—1912 年，情况发生了变化，这些投资回报率分别为：5.5%，5.3% 和3.3%。他们得出结论，在 1885 年以后，帝国投资不再那么有利可图，它是"得不偿失"②。此外，研究发现，"早在1880 年，英帝国的经济回馈就低于英国国内的投资，而为了维持它，英国纳税人要比其他任何发达国家的国民多支付两倍半的税款来保护帝国"③。

　　亚当·斯密进一步指出高昂的进口关税以及向英国出口的限制损害了印度人民的利益④。这和马克思对资本家的谴责惊人地一致。1853 年 7 月 11 日马克思在《纽约每日论坛报》发表了《东印度公司的历史与结果》的文章，谴责英帝国主义的邪恶。17 世纪，英国资本家的丝织品无法和印度竞争，于是威廉三世禁止用印度、波斯、中国的丝织品做衣服，也不可以收藏和买卖，违者罚款 200 英镑。后来的乔治一世、二世、三世都颁布过类似的法律。18 世纪英国运来印度的工

---

① 赵刚：《布尔战争，英帝国开始衰落》，环球时报，2005 年 9 月 12 日，23 版。

② Sarah Stockwell edited, *The British Empire: Themes and Perspectives*, Oxford: Blackwell Publishing Ltd, 2008, p.147.

③ Avner Offer, "The British Empire, 1870-1914: A Waste of Money?", *The Economic History Review*, New Series, Vol.46, No.2, 1993, p.215

④ 托马斯和麦克洛斯基：《海外贸易与帝国 1700—1860》，第 94—102 页。

业品都倾销到了欧洲大陆，这让英国的纺织业得以发展。随着纺织技术的进步，成本的下降，英国纺织品更具竞争优势。这时候他们的棉织品、毛织品开始充斥全世界，其中最重要的市场就是印度。英国的殖民统治沉重地打击了印度的手工业，使千百万的手工业者失去了生活来源，大批人因饥饿而死亡。达卡城的人口由18世纪中期的15万下降到1840年的三四万人。"这种灾难在商业史上几乎是绝无仅有的，织布工人的尸骨把印度的平原漂白了。"① 一位东印度总督曾经这样说。英国东印度公司为了赚钱而横征暴敛，在其统治印度东部以后不久就将田赋提高了近一倍，造成了连年的饥荒，仅1770年的孟加拉大饥荒就饿死了一千万人，约占孟加拉人口的三分之一！"在1769年到1770年间，英国人用囤积全部大米，不出骇人听闻的高价就拒不出售的办法制造了一次饥荒。"② 在西欧殖民者到来之前，印度一直是世界上最繁荣富庶的地区之一，而在变为英国的殖民地之后，印度就成了一个被西方人鄙视的"落后国家"。

虽然英国人至今为他们曾经的日不落帝国而自豪，但本质上不过是资本家掠夺财富的肮脏工具而已。亚当·斯密看到了大英帝国内部的矛盾和不平衡。他看到了英国内部资产阶级对平民的剥削，也看到了大英帝国作为资本家的代言人对殖民地的掠夺。读者是不是觉得很震惊，这简直是马克思和列宁观点的合体。马克思批判资本主义，列宁批判帝国主义。接下来我们就详细解释经济学是如何从政治经济学中脱胎出来的。

① 马克思：《资本论》第1卷，人民出版社2004年1月版，第497页。
② 马克思：《资本论》第1卷，人民出版社2004年1月版，第863页。

1.1.5 亚当·斯密利用"看不见的手"对抗资本主义的腐败

资本主义发展的早期，资产阶级为了获取政治上的优势地位腐蚀官员的情况非常普遍。亚当·斯密所处的时代比我们这个时候有过之而无不及。比如东印度公司，他们持续地行贿议员、国王。1693 年在给权贵送礼项下的支出每年就达到了 9 万英镑，国王本人也受贿 1 万英镑。到了 1767 年，东印度公司同政府达成协议，每年献给国库 40 万英镑。东印度公司的付出是有回报的，在英、法两家东印度公司争夺印度统治权的三次卡纳提克战争中，英国政府断然拒绝了法国提出的双方都不干预的建议，动员皇家军队支持英国东印度公司。但是一旦没有了经济支持，这种联盟自然宣告瓦解。当英国东印度公司遭遇财政危机，无法纳贡时，英国议会通过法案收回了东印度公司的领土和属地的民政、军政或赋税的法令、业务和事务。

亚当·斯密敏锐地观察到了这种现象，并且忧虑英国的未来。他写作《国富论》的目的也是告诉世界，告诉当政者国家财富是如何积累的，为什么官商勾结会阻碍英国的财富进步。但是为了纠正这种现象，他必须从经济的角度论证，为什么"勾结"是有害的，所以他提出了"看不见的手"，也就是说市场的运作完全不需要政府的干预，这种干预反而是有害的。他多次说："他管理产业的方式目的在于使其生产物的价值能达到最大程度，他所盘算的也只是他自己的利益。在这场合，像在其他场合一样，他受着一只看不见的手的指导，去尽力达到一个并非他本意想要达到的目的。也并不因为事非出于本意，就对社会有害。他追求自己的利益，往往使他能比在真正出于本意的情况下更有效地促进社会的利益。"① 这才是"看不见的手"的真正意义所在。

在"看不见的手"的运作之下，政府的角色是什么呢？亚当·斯密《国富论》的核心观点是，政府应当只履行三个职能：第一，保护社会不受其他社会侵犯；第二，保护个人不受其他个人侵犯；第三，建设公共事业。政府应该废除一切特惠或者限制制度，无权监督指导私人产业②。这个目的绝对不是后来资产阶级解读的，为了促进资本主义的自由发展。亚当·斯密的主要目的是遏制腐败，遏制官商勾结。他说，垄断价格在各个时期都是最高价格，当时英国的同业组合的排他特权和垄断是一样的，是一种扩大的垄断。这种形式后来我们把它叫托拉斯。亚当·斯密呼吁自由竞争的原因正在于此——打破垄断。而这种垄断都是政府合谋的，比如乔治三世第十二年的法令，几乎废止了其他一切取缔囤积及垄断的古代法令。原因就在于资本家的操控。

---

① ［英］亚当·斯密：《国民财富的性质和原因的研究》下卷，商务印书馆 2009 年 6 月版，第 30 页。
② ［英］亚当·斯密：《国富论》下册，上海三联书店 2009 年 3 月版，第 211 页。

第二章 新古典主义"边际学派"横空出世

2.1 新古典经济学派推翻马克思的革命

2.1.1 劳动创造价值的理论

英国经济学家配第（William Petty，1623—1687 年）首先提出劳动创造价值的观点①，亚当·斯密在他观点的基础上和马克思一样系统地论述了劳动价值论。亚当·斯密在考察与分析了分工、交换和货币以后，提出劳动是衡量一切商品的交换价值的真实尺度。"任何一种物品的真实价格，即要取得这物品实际上所付出的代价，乃是获得它的辛苦和麻烦。"②李嘉图进一步发展了劳动价值论，他强调公认的劳动创造价值，机器不创造价值。即"生产出来的商品的交换价值与投在它们生产上的劳动成比例，这里所谓劳动不仅是指在商品的直接生产过程中的劳动，而且也包括投在实现该种劳动所需要的一切器具或机器上的劳动"③。

---

① ［英］配第：《赋税论献给英明人士货币策论》，商务印书馆 2013 年。
② ［英］亚当·斯密：《国民财富的性质和原因的研究》上卷，商务印书馆 2009 年 6 月版，第 25 页。
③ ［英］李嘉图：《政治经济学及赋税原理》，商务印书馆 2013 年 2 月版，第 17 页。

马克思进一步区分了劳动与劳动力的本质，利用劳动价值论科学地揭示了剩余价值的起源，即资本家是靠剥削剩余价值而积累资本。马克思认为劳动力作为一种特殊商品，工人在生产过程中不仅能再生产出劳动力的价值，并且生产中能够创造出比劳动力本身更大的价值，实现了价值增殖。超出劳动力自身价值的那部分价值就是剩余价值。资本家无偿占有超过生产者劳动力价值以上的那部分价值，这就是剩余价值。

马克思和亚当·斯密都谴责剥削的残酷，但是两个人给出的方案并不相同。亚当·斯密是改良式的，他希望透过"看不见的手"切断资本和腐败的关系，进而增进社会整体利益。马克思则从根本上解决问题，认清了资本与权力结合的弊端，做出了无产阶级一定会取代资产阶级、资本主义一定会崩溃的预言。马克思和亚当·斯密的不同只是方式和手段，但是亚当·斯密是如何被拉到资产阶级阵营并且用来对抗马克思的理论的呢？这要从新古典经济学后来的发展去研究。

马克思的研究主要基础就是劳动价值理论，而对于微观消费过程和生产过程的均衡并未做过于深入的讨论。这就为资产阶级的经济学家们找到了切入点。所以奥地利学派的经济学家们不谈劳动剩余价值，他们从更微观的角度入手，重组亚当·斯密和李嘉图的古典经济学，通过边际理论把亚当·斯密"看不见的手"扩展到整个价格机制，避而不谈马克思和亚当·斯密所共有的悲天悯人的社会主义情怀，不谈对资产阶级的谴责。我们一步步分析这个转变的过程，看一下新古典经济学如何一步步成为主流，而把亚当·斯密和马克思活生生切割对立起来。

2.1.2　奥地利"边际学派"打出革命第一枪

新古典主义经济学派从我们现在所熟悉的微观入手避免讨论劳动价值论，甚至直接否认劳动和价值的关系。19世纪70年代，边际理论革命由此展开！这一批经济学家都在奥地利，所以也被称为奥地利学派，他们的代表是门格尔（Carl Menger，1840—1921年）、维塞尔（Friedrich Freiherr von Wieser，1851—1926年）、杰文斯（William Stanley Jevons，1835—1882年）等。

边际理论就是为了反对劳动价值论才被奥地利学派吹捧起来的。德国的戈森（Hermann Heinrich Gossen，1810—1858年）在1854年写了《人类交换法则及由此产生的人类行为准则的发展》一书，提出了两个基本观点：第一，一个人对某种物品的需要，随着需要的不断满足，享受数量的不断增加，他所感受到的享受程度则不断减少；第二，当各种需要都得到满足，有多种物品可供享受时，一个人会去选择最大程度的享受。戈森的观点在当时根本没有引起资产阶级经济学界的重视，因为他从根本上认为价值是从主观出发的，这自然站不住脚。直到19世纪末，随着马克思主义在工人运动中的广泛传播，资产阶级畏惧马克思所提出的无产阶级革命，出于新的辩护需要，才把戈森提出的这两个论点重新加以吹捧，称之为"戈森定律"，当作边际效用理论的基础。经过了二三十年的完善，20世纪初庞巴维克系统全面地论述了边际效用理论。

边际理论认为价值是人的主观意识决定的。门格尔说："价值就是经济人对于财货所具有的意义所下的判断。因而它绝不存在于经济人意识之外。"① 庞巴维克（Eugen Bohm-Bawerk，1851—1914 年）认为，"没有它就得不到喜悦或愉快感"，得到商品就能够"免除一种没有它就必须忍受的痛苦"②。而交换价值则是由稀缺性决定的。用庞巴维克的话说就是："一切物品都有用途，但并不是一切物品都有价值。物品要具有价值需要既具有有用性，也具有稀缺性。"③

边际理论反对劳动价值理论，认为商品的价格由消费者购买最后一件商品的价格所决定，这个时候就开始将亚当·斯密的"看不见的手"和价格机制联系起来了。一般非专业的读者可能不懂这是怎么回事。我举个简单的例子，对于市场上的铁锹，消费者看中的是它的"使用价值"，这个在经济学中称为"效用"。而随着消费者购买越来越多的铁锹，它能带给人们的满足感就越来越小。比如人们买第 1 个铁锹愿意出 30 元，买第 2 个愿意出 25 元，等他已经拥有 4 个铁锹的时候，他再买第 5 个的时候只愿意出 10 元。这样在他买第 5 个铁锹的时候，价格应该是 10 元。也就是铁锹的价格由人们最后一次购买行为决定。那么为什么叫边际理论呢？边际的英文是 marginal，而其英文字面的意义就是最后一个的意思，而最后一个人的购买行为决定价格的理论就叫作"边际理论"。

表 2 铁锹的总效用与边际效用

拥有铁锹数量	总效用（货币计价）	边际效用（货币计价）
1 个	30 元	30 元

---

① ［奥］门格尔：《国民经济学原理》，商务印书馆 1958 年版，第 69 页。
② ［奥］庞巴维克：《资本实证论》，商务印书馆 1964 年版，第 105 页。
③ ［奥］庞巴维克：《资本实证论》，商务印书馆 1964 年版，第 150 页。

续表

拥有铁锹数量	总效用（货币计价）	边际效用（货币计价）
2 个	55 元	25 元
3 个	75 元	20 元
4 个	90 元	15 元
5 个	100 元	10 元

2.1.3 庞巴维克的资本家创造价值理论：迂回生产理论

边际理论的目的是论证资本家的贡献，所以必须把工人的劳动创造价值观点抛弃。在马克思的理论中，资本家是靠剥削剩余价值积累财富，他们对于价值本身全无贡献。庞巴维克创立了"迂回生产理论"为资本家辩护，他构建了历史上第一个有关资本家收入来源的理论模型。迂回生产理论认为"迂回"的生产技术（更费时、更复杂、更系统化）效率更高①。因为使用机器（资本品）的劳动生产效率高于使用简单工具，资本家将多余的资本投入到研发更加"迂回"的生产技术上，生产效率就会提高，社会因此得到发展，所以拥有机器的资本家也就获得相应的迂回投资回报。所以庞巴维克的这一理论认为资本家的回报是来源于生产过程的"迂回"属性，来源于资本家自身的资本投入和对迂回生产的贡献，是生产技术的进步产生了"超额"收益，而这一部分是资本家应得的。

庞巴维克认为，社会生产会逐渐"机器化""资本化"。而在这一过程中，随着资本的逐步积累和生产过程中资本投入占比的增加，资本回报率会逐步下降，即社会利息水平会逐步下降。而且，新古典经济学认为"资本化"和"机器化"

① [奥] 庞巴维克：《资本实证论》，商务印书馆 2009 年版，第 44—51 页。

是不可逆的过程，且资本回报率和利息水平长期来讲必然会逐渐下降到零。

2.2　马克思学派的反击

2.2.1　萨缪尔森对于迂回生产再转换的公开表态

剑桥学派的学者斯拉法在《用商品生产商品》①、罗宾逊1953 年的论文②都发现了庞巴维克迂回生产的"再转换"现象，而且都有相近的表述。即随着利息水平的下降，社会生产的转换可能存在反复，可能转换回原来在高息水平时适用的技术。庞巴维克的理论大厦开始倒塌。

最终诺贝尔经济学奖得主、经济学泰斗萨缪尔森（Paul A. Samuelson，1915—2009 年）肯定了马克思学派，新古典经济学家们不得不公开发表文章认输③。但是，新古典经济学派的公开认输并没有对经济学界产生多少实质影响，目前经济学家仍继续使用"边际理论"的概念来定价资本，也就可以简单地用劳动投入和资本投入来决定生产，也就是经济学家所谓的"生产函数"。而且继续发展出包括经济增长理论、理性预期模型等新的理论。直到现在，仍有很多年轻的经济学家根本就没有意识到社会总产出方程是有理论缺陷的，他们的老师并没有负责任地教给他们正确的理论。

由于萨缪尔森这篇历史巨著对于马克思经济理论的救赎实在太重要了，因此我在附录一将萨缪尔森的文章在数学上

---

①　[英] 斯拉法：《用商品生产商品》，商务印书馆 2009 年版。

②　Joan Robinson, *Review of Economic Studies*, 21, 1953-1954, pp. 81-106。

③　Paul A. Samuelson, *The Quarterly Journal of Economics*, 80, 1966, pp. 568—583。

和案例上都重新做了进一步的推导，下面的讨论只是附录一的一小部分比较简单的内容。

庞巴维克认为资本可以提高生产率，提高生产率的表现就是生产更迂回。所以资本家愿意牺牲一些短期消费，将攒下来的资金用于生成资本品、升级技术（更迂回），期待未来可以获得更高的产量。庞巴维克的理论从根本上基于以下两个前提假设：

（1）对于两种生产技术，资本家能完全清晰地辨别出哪一个更加迂回。

（2）对于两种不同的迂回技术，资本家一定会选择更迂回的生产技术，因为只有这样才能提高生产技术，产生超额收益。而这就意味着，资本家一定愿意以更低的利息、出更多的钱来支持更加迂回的技术。

这两个基本假设，不仅第一个很难做到，就连第二个也不成立。我们先看他的经典模型。

为简单起见，我们假设生产只投入劳动力一种要素，生产同一产品的三种技术。三个子图代表三种不同的生产技术。按照新古典经济学的理论设定，图（a）到（b）到（c）是逐渐升级的技术，其有如下特性：

（1）三种生产技术的劳动投入都是均匀的，即每个周期投入的劳动力数量相等，(a) 中每期均投入 5 单位劳动，(b) 3 单位，(c) 2 单位；

（2）从 (a) 到 (b) 到 (c)，劳动力投入数量递减（案例中均匀递减，从 10 到 9 到 8），这意味着技术改进之后人均产出提高了；

（3）从 (a) 到 (b) 到 (c)，平均生产周期逐渐拉长

（案例中匀速拉长，从 1.5 到 2 到 2.5），这对应了庞巴维克所谓的社会生产趋向更加"迂回"。

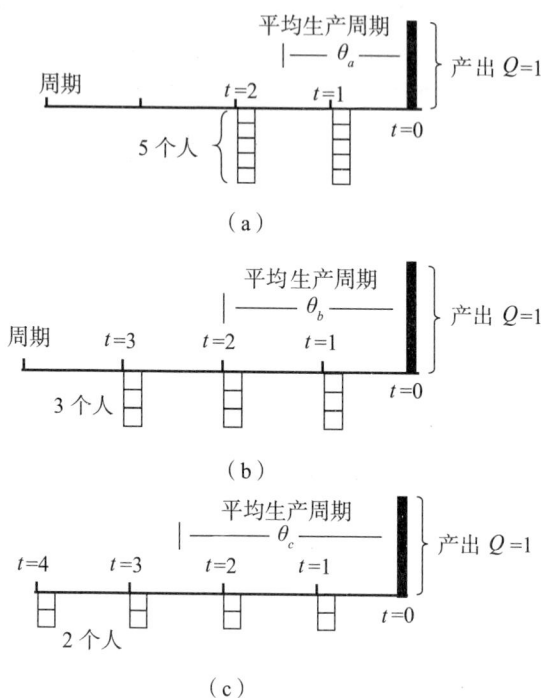

（a）

（b）

（c）

图 1　庞巴维克的经典模型

下面我们在不同利息水平下计算每种生产技术下产成品的成本。

在生产过程中投入的只有工资一项，而利息的影响使当期的 ¥1 会因为孳息而在下一期变为 ¥1+i，所以每期投入的工资 W 在下一期会因为孳息而变为 $W(1+i)$，而且会随着时间的推后而利滚利。一般而言，在工资 W 投入 t 期之后，因为利息的影响，该投入会因为孳息而变为 $W(1+i)^t$。

如图 1 所示的生产过程，最终产成品都是 1 单位，所以其生产成本即为累积每期投入的工资及其到产成品时复利孳息之和。我们假设每单位劳动力的工资 $W = ¥1$，消费品的价格 P 等于其生产成本 C，每期投入的劳动力为 L_t，而 t 为周期距离最终产成品的时间，则有

$$C = P = \sum_t L_t (1 + i)^t。$$

将其应用在三种生产技术（a）~（c）上，我们有

$C\big|_{经典(a)} = P\big|_{经典(a)} = 5(1 + i) + 5(1 + i)^2，$

$C\big|_{经典(b)} = P\big|_{经典(b)} = 3(1 + i) + 3(1 + i)^2 + 3(1 + i)^3，$

$C\big|_{经典(c)} = P\big|_{经典(c)} = 2(1 + i) + 2(1 + i)^2 + 2(1 + i)^3 + 2(1 + i)^4。$

如表 3 所示。在利息较低时，(c) 的成本最低，价格最低，(b) 和 (a) 依次升高。但是在利息较高的水平下，由于 (c) 生产周期较长，利息费用较高，反而成本最高，(a) 的成本最低。例如，在利息为零即不计息的情况下，(a) ~ (c) 的生产成本分别为 10、9、8，即为总共投入的劳动力单位数，很明显在此情况下 (c) 的生产成本更低，生产技术更具竞争力。

根据各生产技术的生产成本，我们可知对应不同利息水平下最优的生产技术：在利息较低时 (c) 占优，而在利息很高时 (a) 占优。生产技术 (c) 比 (a) 和 (b) 更迂回或者说更机器化，而且随着利息水平下降，社会会单向地从 (a) 转换到 (b) 再转换到 (c)，而不会出现逆转。庞巴维克的《资本实证论》① 和哈耶克的《物价与生产》② 中也有论述。

---

① ［奥］庞巴维克：《资本实证论》，商务印书馆 2009 年版，第 44—51 页。

② ［英］海约克（又译哈耶克）：《物价与生产》，上海人民出版社 1958 年 11 月版，第 33—59 页。

表3 经典模型下三种技术的生产成本表

利息 i	生产成本（a）	生产成本（b）	生产成本（c）
0%	10	9	8
5%	10.76	9.93	9.05
10%	11.55	10.92	10.21
20%	13.20	13.10	12.88
50%	18.75	21.38	24.38
100%	30	42	60

由上面我们的计算可知，在经典案例下，当社会总体利息水平很高时，社会生产会选择生产技术（a），而随着社会利息水平的下降，生产技术会逐渐转换到（c）。而且即使利息水平进一步下降，生产技术也不会再重新转换回更老旧的技术（a）了，这一点对于庞巴维克的理论实际上极为重要。庞巴维克一系列推论均建基于此。如果随着利息水平的下降，生产技术会在不同技术间来回转换，则庞巴维克的很多推论会因此被推翻。

我们通过下面的例子可以看到，如果不同时段用到的劳动力不同，则这一假设将不再成立。请看下面的例子：假设（a）和（b）对应两种不同的香槟酿造方法，最终制作出来的香槟酒完全一样。

（a）方法：7个工人花一个周期制作1单位白兰地，然后1单位白兰地自己继续发酵一个周期变成1单位香槟；

（b）方法：2个工人花一个周期制作1单位葡萄汁，然后1单位葡萄汁自己酝酿一个周期变成1单位葡萄酒，然后6个工人摇晃1单位葡萄酒一个周期，最终生成1单位香槟。

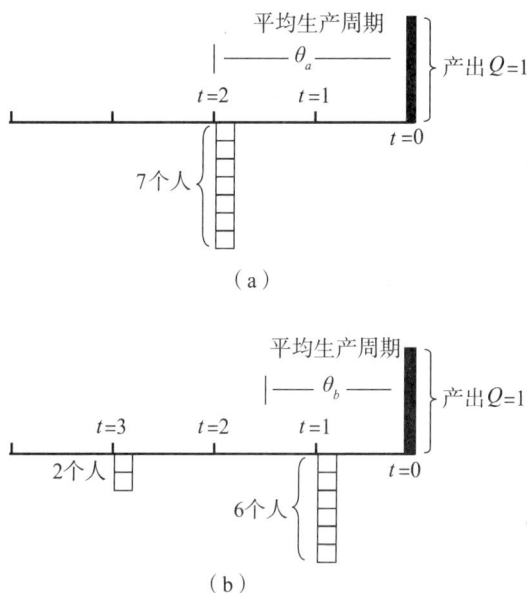

图 2　再转换模型：劳动力投入不均匀

我们来计算该模型下两种技术的生产成本或者说产成品价格，

$$C\big|_{再转换(a)} = P\big|_{再转换(a)} = 7(1 + i)^2,$$

$$C\big|_{再转换(b)} = P\big|_{再转换(b)} = 2(1 + i)^3 + 6(1 + i)。$$

表 4　再转换模型下两种技术的生产成本表

利息 i	生产成本（a）	生产成本（b）
0%	<u>7</u>	8
20%	<u>10.08</u>	10.66
50%	15.75	15.75
70%	20.23	<u>20.03</u>

续表

利息 i	生产成本（a）	生产成本（b）
100%	28	28
150%	<u>43.75</u>	46.25

在利息低于 50% 的情况下，（a）的成本占优（较低）；利息在 50% ~ 100% 时，（b）占优；而当利息大于 100% 时，（a）再次占优。（当然这里的利息水平看起来有点高，不太合理。不过，我们只需要把图中一个周期看作是 10 年，那这样的利息水平就看起来合理了。）当利息水平超过 100% 时，生产技术（a）优于（b），所以社会会选择（a）进行生产。而当利息逐渐下降开始低于 100% 时，技术（b）变得优于（a），这时社会生产就转换到技术（b）。但是，当利息继续下降开始低于 50% 的时候，（a）又开始占优，这时社会生产会再转换回技术（a）。

这些就是"再转换模型"，是因为最优的生产技术随着利息水平的下降出现了反复。"再转换"和新古典经济学宣称的技术单向升级是相矛盾的。

按照庞巴维克的观点，如果资金足够充裕，利息足够低，资本家会选择更加迂回的技术。在本例中，利息从 100% 降至 50% 时，资本家倾向于选择技术（b），但是利息再继续往下降时，资本家却反过来选择技术（a）。那到底哪种技术更为迂回呢？无论说哪一种更为迂回，庞巴维克的基本假设都是错的！

更一般的问题是在不考虑利息水平的前提下，我们怎么样仅凭肉眼就能分辨哪种生产技术更加"迂回"呢？尤其是现在的生产技术都经过了千百道工序，是技术本身更"迂回",还是我们如何分辨它们更"迂回"呢?这一环确认不了,迂回的生产技术创造价值这一说法更加是无稽之谈。

2.2.2 新古典学派的生产者均衡

我们顺着庞巴维克的迂回理论继续评判。假设资本家获得了"迂回生产"的回报,那么劳动者和资本家的贡献怎么得到回报呢?仍旧透过"边际理论"的运作,劳动者的工资取决于其所投入的最后一单位劳动对生产的贡献,而资本家的回报由其所投入的最后一元的资本对生产的贡献所决定。

还用前面的例子,对于一个生产铁锹的工厂,在其他投入相同的情况下(例如每天资本投入固定为 5 台机器),使用一个劳工每天能生产 40 把铁锹,产值为 400 元,而使用两个人工能产出 65 把铁锹,那么第二个员工的边际产值就是250 元,而如果雇到五个员工,则每天总共可生产 110 把铁锹,此时第五个员工的边际产出仅为 10 把铁锹,也就是 100元。这样,对于这个工厂而言,人工的边际成本就是最后第5 个人的边际产值 100 元。那老板就只愿意付给每个工人每天 100 块钱的工资。这样 5 个工人的每天总工资就是 500 元。

表 5 铁锹的产出

总投入人力	总铁锹产出	边际产出	边际产值
1 人	40 把	40 把	400 元
2 人	65 把	25 把	250 元
3 人	85 把	20 把	200 元
4 人	100 把	15 把	150 元
5 人	110 把	10 把	100 元

资本回报率的计算方法也是相同的,比如在上述 5 个工

人的情况下，使用 1 台机器锻压的时候能产出 400 元的铁锹，投入增加到 5 台时，最后 1 台投入的边际产值只有 100 元。所以每天每台机器的成本（日租赁价格）就应该是 100 元。如果每台机器价值 500000 元，则该设备的日租赁回报率就应该定为 0.02%，年化回报（假设一年 250 个工作日）为 5%。他们所共同生产的产品怎么定价呢？那就是由前面所说的最后一个消费者所愿意付的价格所决定，根据前面的效用计算，这个产品价格就是 10 元。在这个 10 元的价格下，消费者不再愿意多购买一把铁锹，同时工厂既不会再多雇人工也不会再多投入机器设备，在这个价格下，商品的价格恰好等于消费者的边际效用，也等于工厂投入单位人工的边际成本，也等于工厂投入单位设备的边际成本。在这个价格下，消费者达到最大效用，工厂达到最大利润，市场出清，资源达到完美分配，使用效率达到最大。

我们假设市场上一共有 22 个消费者和一个生成铁锹的工厂，消费者的效用函数是完全相同的。那么在上面这种状态下，也就是当铁锹的市场价格是 10 元/把，当每个消费者都购买 5 把铁锹，当生产工厂每天投入 5 个工人和 5 台机器而产出 110 把铁锹的时候，消费者的总需求就恰好等于工厂的总供给量，这时候市场出清，消费者效用最大，工厂利润最大，一切达到完美状态。这就是由边际理论得出的市场均衡，是一个在数学上、经济上都堪称完美的状态。

2.3 现代生产函数的起源

2.3.1 克拉克的边际生产力学说

实际上这里面有一个重大的问题。那就是，资本到底如何定价，到底能不能同样按照边际理论来定价。新古典学派当然认为可以，美国经济学家克拉克（John Bates Clark，1899）在庞巴维克的基础上提出了边际生产率学说[1]，他认为，工人工资水平的下降，是由于工人数量增加造成的边际生产率下降。那么利润呢？他认为应该是动态的，取决于资本家所使用的技术的高低，而利润是资本家采用新技术的回报，听上去似乎合情合理。但是这与马克思的观点针锋相对！马克思认为，资本家的利润是他们对工人残酷剥削的结果。因为所有的价值都是劳动创造的。那么往前推算，任何资本在最原始的一点都是劳动创造的，比如最原始的资本可能是一个石头做的锄头，锄头也是劳动创造的。所以是劳动创造了资本，但资本并不能创造锄头。既然劳动能创造产出，那么通过"边际理论"可以给劳动者的工资定价，但是资本就不能用"边际理论"的观念来定资本回报率，因为资本不能创造锄头。道理是这么回事儿，可是如何用数学证明呢？克拉克可是有数学理论依据的。

克拉克的理论假设有以下三条：

（1）社会劳动力均匀无差别，可统一度量，可相加合并（假设社会总劳动力投入为 L）；

（2）社会各种产出和各项资本投入可统一度量，可相加合并（假设社会总产值为 Y，总资本投入为 K）；

（3）社会总产值 $Y = F(K, L)$，是 L 和 K 的增函数，但二者的边际产出递减。

基于上述假设，整个经济的目标是最大化利润 $F(K,$

① ［美］克拉克：《财富的分配》，商务印书馆 2009 年版。

L) – K–L。这个 F 就是我们经济学教科书里最熟悉的生产函数。很讽刺地说,这个生产函数是错的。

简单求导可知:经济最优状态下工人和资本家的收入分配情况为,工人的工资等于劳动力对产出的边际贡献 $\partial F/\partial L$,资本的回报等于资本的边际贡献 $\partial F/\partial K$。由于边际产出递减,如果劳动力(或资本)的供给减少,其边际贡献会相应增加,于是工人工资(或资本回报)也将相应地上涨。简单来讲,供应少了,价格就会上升,供应多了,价格就会下降。这一理论及其结论就相当于资本和劳动力价格的供需理论。所以,新古典学派认为劳动和资本都是供需平衡的结果。克拉克的边际理论看上去很完美。

2.3.2 罗宾逊对生产函数的批判

直到 50 多年以后,1953 年马克思主义经济学家罗宾逊发表《生产函数与资本理论》[①] 一文,指出了资本边际定价理论存在的漏洞。

我们假设资本投入全部为机器投入,即资本完全表现为资金和机器的形式(金融资本和实业资本)。基于克拉克的前提假设,他们就有如下有趣的推理:

(1)我们希望算出全部机器的市场价值 K,其等于所有机器货币价值的加总;

(2)每台机器的货币价值等于其未来可产生利润的折现值,折现的方法是将未来不同时间产生的利润 p_t($t = 1, \cdots, T$),按照资金的利率 r 逐年折算回现在,就是

---

① Joan Robinson, *Review of Economic Studies*, 21 (2), 1953–1954, pp. 81–106.

$$K = \frac{p_1}{1+r} + \frac{p_2}{(1+r)^2} + \cdots + \frac{p_T}{(1+r)^T}$$

（3）资金的利率 r 取决于金融市场的供需，金融市场（与实业市场）供需的平衡，将导致金融资本的利率 r 等于实业资本的回报率 h；

（4）实业资本的回报率 h 等于全部机器投入的回报率 h；

（5）由于我们知道了全部机器未来不同时间产生的利润 p_t，我们只需要知道机器的总价值 K 就可以算出实业回报率 h；

（6）啊！我们现在不就是在计算全部机器投入的总价值 K 吗？绕了一圈又回来了……

所以在克拉克的系统下，资本的定价是一个自我循环，是自己解释自己的"套套逻辑"。透过已知的 r 求 K，再透过 K 求 h 的套套循环。一台机器如此，简单加总的资本投入和实业资本回报率之间也是一样的"套套逻辑"。所以，将资本回报率解释为资本投入的边际贡献根本就是错误的，而克拉克的收入分配理论也就失去了根基。

但是，克拉克的理论已经流传了 50 多年，影响了一代经济学者。由边际理论所决定的价格机制早已经风靡全球。价格机制和亚当·斯密的"看不见的手"画上了等号，我们所学的主流经济学基本上就从这里开始，价格理论就是我们现在熟知的微观经济学，强调价格本身就是一切。从此以后亚当·斯密就这么被拉入了资本主义的阵营，主流学界也根本不谈马克思的劳动剩余价值论。

2.4 "看不见的手"被拉入了资本主义阵营

2.4.1 哈耶克的价格理论

资产阶级的经济学家仍然用已经被证明包含错误的价格

理论来否定马克思。按照哈耶克（Friedrich August von Hayek，1899—1992 年）的说法，苏联（社会主义国家）缺乏"看不见的手"这个价格机制，所以政府调配资源就会低效。举例而言，政府所投资的国营企业可能生产出社会根本不需要的大炮，大量的劳动和资本被投入了军工部门，因而造成资源配置的大量浪费。此外，劳动者都是被命令到这个部门，因此缺乏积极性而造成低效率，因为他们的工资都是政府给定的，而不是由市场决定的（市场以劳动者投入的最后一单位劳动力决定他们的工资)①。哈耶克也就是因为这个理论而获得了 1974 年的诺贝尔经济学奖，他的意见经常被美国总统里根和英国右翼首相撒切尔夫人任职期的政府采用。

2.4.2　瓦尔拉斯的一般均衡理论

瓦尔拉斯（Leon Walras，1834—1910 年）认为透过这个"看不见的手"的价格机能调整，整个社会将会达到最完美的境界。他在自己的代表作《纯理论经济学要义》中以边际效用理论为基础提出了"一般均衡理论"（General Equilibrium)。瓦尔拉斯分析了由交换均衡、生产均衡、资本积累均衡、货币均衡四个方面构成的整个经济体系的一般均衡。并将它们联系起来构成一个庞大的方程体系，借助数学方法建立起了一个包罗万象的经济学理论体系。但是要达到这种最美妙最佳资源配置的世界有一系列不切实际的前提假设，这些条件有：

- 任何厂商都不存在规模报酬递增，即市场不存在超额需求；

---

① ［英］哈耶克：《通往奴役之路》，中国社会科学出版社 1997 年版。

- 社会的纯资本收入率等于货币利息等于实物资本纯收入率；
- 每一种商品的生产至少必须使用一种原始生产要素；
- 每个消费者都可以提供所有的原始生产要素；
- 任何消费者所提供的原始生产要素都不得大于它的初始存量；
- 每个消费者的序数效用函数都是连续的，消费者的欲望是无限的；无差异曲线凸向原点，等等。

这一理论体系问世一百多年来，在西方经济学界产生了巨大的影响。它不仅构成了新古典理论的重要基础，而且即使在宏观经济学始祖凯恩斯理论占据统治地位之后，仍然是西方经济学的一个重要组成部分，并被一些"后凯恩斯主义者"当作凯恩斯宏观经济学的"微观基础"。

具体到铁锹的例子来解释这个一般均衡理论就是，社会透过产品价格 10 元、工人每天工资 100 元和资本按年回报率 5% 生产铁锹。劳动者必须接受每天 100 元的工资，设备资本家也必须接受 5% 的资本回报率，他们不能决定自己的工资和资本回报，而单个消费者也不能改变购买价格，必须是 10 元，否则均衡就达不到。所以，瓦尔拉斯更多的是在做精准的积木游戏，而不是解释现实世界。因为这些条件不可能被同时满足，社会也就永远达不到均衡状态。比如工资价格并不统一，同样生产西服企业利润率也不相同，甚至地方政府招商引资的结果是税收在各地也有差异。所以，与其说是达到"一般均衡理论"的条件，还不如说是一个根本达不到"一般均衡理论"的警告。

2.4.3　一般均衡的"帕累托改进"

瓦尔拉斯的学生帕累托（Vilfredo Pareto，1848—1923

年）继续他老师的思路，想要构建一条资源配置的最佳路径——我们称为"帕累托改进"①，即让一部分人富起来，但是其他人不能变得更贫穷。为了达到帕累托最优，他提出了更多的假设："比如假设没有规模经济（也就是大量生产不会降低单位成本），没有溢出效应（如污染），掌握未来价格和技术的完全信息，消费者和生产者今天就做好了未来所有的选择，达到市场均衡所需的市场容量，甚至这个供求均衡是在不确定的遥远未来。"大家看了这些假设，应该更加明白，他们的理论和实际脱节有多么严重，可以说完全不可能达到。

还用铁锹的例子。张三有个铁锹，他认为这个铁锹价值10元，李四想要得到这个铁锹，这个铁锹对他来说价值20元。对张三来说10元以上卖出都是有利的，对李四来说20元以下买到都是划算的。假如张三出价19元，李四接受，对他们两人来说总交易收益10元，李四得到1元，张三得到9元。相对于没有交易，这个交易对他们二人就是帕累托改进。但是如果引入第三方，王麻子愿意用17元购买，那么这个交易对于王麻子来说他就受损了。所以帕累托改进对于三人组成的世界就不成立了。

2.5 新古典学派创建了现代"微观经济学"

无论这些理论和实际脱节有多么严重，新古典主义经济学在数学上、经济上，甚至社会影响力方面都获得了不只是近乎而确实是完美的结果。它可以在纸面上精确指导消费者的消费，精确指导生产者的生产，精确指导社会如何实现均

---

① 一般经济学教科书都会谈到帕累托改进，但是它的原始出处很难寻获。

衡，精确指导社会如何从一个均衡走向另一个均衡，精确指导人们如何分配以实现最大的福利。换句话说，它给人们指出了一条通往完美世界的道路，即使人"各亲其亲，各子其子"，最终按照他们的精确推理演绎，都可以达到"齐家治国平天下"的目标。在物理学上，牛顿的经典力学指导人们创造了无数有用的机器，帮助世界实现了工业革命；法拉第的电磁理论指导我们实现了无线电通信，帮助世界实现了信息革命；爱因斯坦的质能方程指导人们如何使用核能，帮助世界实现能源革命。但是在新古典经济学诞生百年之后，我们并没有看到任何消费者在买东西时拿出计算器根据自己的效用函数来计算商品价格。我们并没有看到任何厂家在办厂之前已经计算好自己的最大利润才投入生产。我们并没有看到社会分配自动走向帕累托最优（反而是富者愈富，贫者愈贫，损不足而奉有余）。不知道是社会大众太过愚笨还是这些经济学家误入歧途。

　　新古典经济学给我们展现了完美的推理过程，获得了完美的结果。但是如果我们仔细追究起来，为什么他们的世界是如此的完美，而现实世界看起来远远不是呢？只要仔细追究，任何人最终都会发现一个基本但核心的真理，那就是完美的过程和完美的结果完全是基于完美的假设，再无其他。我们现在来审视一下他们的一系列假设是什么样子。(1) 假设消费者追求最大效用、生产者追求最大利润。这首先需要消费者不仅知道而且精确知道自己的最大效用，生产者不仅知道而且精确知道自己的利润函数，这需要人类必须是完全"自知"的；又假设社会上的所有信息（注意是"所有"，不仅知道世界上所有商品的生产过程，而且知道每个人在想什么会做什么，维基百科也远远做不到）都是完全对称且公开的，人们实时可以观察到，这需要人类必须是"知人"的，所谓"知人者智，自知者明"。他们是假设社会上的人都是"智"的，而且不是一般的智，必须是"大智"，是要"上律天文，下袭水土""学贯中西，博古通今"。（2）人们都追求其最大化目标，不为其他因素所干扰，是"义则取，不义不取"，他们是假设社会上的人都是"义"的。（3）人们都追求其最大化目标，不会觉得做不到，不会半途而废，他们是假设社会上的人都是"勇"的。（4）人们的行为不会受到其他同类或对手的影响，也不会受到自己非理性情绪的影响，他们是假设社会上的人都是"正"的……就简单综合以上这几点，新古典经济学得出的完美结论，是基于"人人皆为尧舜"的前提假设之下。而我们老祖宗早就告诉我们，在这个前提条件之下，不仅"家国天下"可得（经济均衡），"大同世界"（社会均衡）也是没问题的！他们的这一前提并不是在人间，而是在天堂。他们研究的不是人间的经济学，而是天堂的经济学。

我们举个非常恰当的比喻，新古典经济学的完美演绎和结果就类似于以下的物理学推论。（1）假设小球在重力作用下倾向于向下滚动；（2）假设有一个半球形（注意此时形状参数函数已经定好，包括凸性和边际下降递减）正放向上的碗，它与小球之间存在轻微的摩擦力；（3）假设初始条件为若干个小球放在碗内的边缘。新古典经济学的假设就类似于以上几条系统性假设和初始状态。我们据此就可以得到非常完美的推论和结果。（1）如果只有一个小球，那它最终将静止于碗底的正中央，而且不论碗的大小和小球的初始位置

（单球均衡）；（2）如果有两个小球（或者前一情况下在碗边追加一个小球），它们最终将静止于碗底，且相切于碗的正中央（双球均衡）；（3）如果有3个小球（或初始或任意追加），它们最终将静止于碗底，且两两相切，且其重心连线组成正三角形，且正三角形的重心即为碗的正中央（三球均衡）；（4）如果有4个小球……如此我们可以推出无数个完美的结果，甚至比新古典经济学的结论还要完美。但是这种完美并不是结果的完美，也不是推理者的完美，而是前提假设的完美。我们回过去仔细审视一下新古典经济学的每一项推理，和上述这个简单的小球与碗的试验没有任何区别。甚至新古典经济学的每一步推理都是"当且仅当"（价型无损推理）的关系，所以他们最终才能得出瓦尔拉斯均衡都是帕累托最优而帕累托最优也都是瓦尔拉斯均衡的结论。这一点恰好说明了他们结果的完美性完全基于前提假设的完美性。回到现实世界，新古典经济学和这个小球与碗的试验有什么不同吗？它们唯一的不同就在于小球与碗的试验是近乎真实的，它可以在现实世界实现并指导人们的行为。但是新古典经济学是不可以的，我们不仅在微观上看不到，在中观上看不到，在宏观上也看不到，它仅仅存在于教科书上！经济学原本属于伦理学的分支，属于社会科学，现在他们把自己打扮得越来越像自然科学，所有问题无论是否需要一定要用数学来解释，于是问题必须简化，简化到最后变成了和社会无关的数字游戏，否则他们解不出数学答案，这样的论文比比皆是！

综上，新古典经济学的前提假设并不是基于人性，而是基于他们设想下的机器人（而且这些机器人是互相联网的，一百年之前他们的设想很超前），所以他们得出了一个机器人在他们安排的系统下的经济均衡，而这放在人类社会是完全行不通的。人类社会的经济学是社会科学的一部分，是基于人性的，而不是机器性。所以跟马克思提出的"价格的阶级斗争决定论"这一伟大理论比起来，新古典经济学家的理论就像还在玩弹珠的小朋友的幻想一样的天真。

我希望大家看到，新古典经济学的分析实际上告诉我们一个结果，价格机能和实际是脱节的，如果用它指导实践，结果只能是周期性的经济危机不断出现、社会贫富悬殊越来越大，我们如果完全采用自由主义那一套，也会距中国梦越来越远！所以应当回到问题本身，社会发展过程中，公平和效率同样重要，不存在先后，新古典经济学家只谈效率，漠视公平，虚伪的帕累托改进也只能停留在纸面上。

第三章 瓦尔拉斯均衡简介与马克思中观均衡理论

作为伟大的经济学家，马克思几乎和瓦尔拉斯在同一时期建立了经济学中的一般均衡模型，《资本论》第二卷中的再生产理论便是经济均衡理论。《资本论》第二卷的出版时间是在马克思去世之后的 1885 年，但是其写作时间却和瓦尔拉斯的《纯粹政治经济学纲要》的出版时间基本相同，这说明马克思研究经济均衡理论比瓦尔拉斯要早一些。

马克思和瓦尔拉斯关于资本生产均衡的模型有很多相似之处。比如马克思的简单再生产（规模不变的再生产）对应瓦尔拉斯的静态一般均衡，而马克思的扩大再生产对应瓦尔拉斯的动态一般均衡。当然，他们的理论也有不同之处，马克思的视野要比瓦尔拉斯更广。瓦尔拉斯只关注商品的再生产，而马克思则同时关注资产阶级和工人阶级的再生产，即如何维持两个对立阶级的关系。生产力的再生产加上生产关系的再生产，才能完整描述整个生产过程的资本主义特性。不过，马克思和瓦尔拉斯支持者们却形成完全对立的两派，即便在马克思逝世百年以后的今天还在互相吵架。

3.1 各层面的经济均衡

社会是一个复杂的集合体。仅仅从经济上来看，有各种层面的参与者。而整个社会经济处在时时的变化过程中，变化之中存在相对的均衡，还有较少的时间处在急剧的变化甚至崩溃失灵的状态。所以，社会生产的均衡一般来讲是一个动态的过程，但是在相对较短的时间内，比如一年以内或者几年的时间，可能存在一个相对稳定的均衡状态。我们一般称相对稳定的时候为"均衡状态"，而取得这一状态的过程为"均衡过程"。在从学术研究的角度上，这些稳定或匀速变化的均衡状态是容易进行量化研究的。

在我们一般所说的社会生产均衡中，实际上可以自上而下地分解为多个层面的均衡。如果各个层面均达到了稳定的均衡状态，则社会经济总体就达到了充分的均衡水平。当然各个层面的均衡也可能没有全部达到。

微观均衡。我们这里的微观层面，是指经济的最小参与主体。从生产与消费的层面来看，生产的最小单位我们称作"生产者"，它可以是一家工厂，可以是自由职业者（如农民、手工业者），也可以是现代意义上的公司或其他组织。对于消费端，我们统称为"消费者"，一般指自然人，但实际上包括作为购买行为的所有主体，包括公司等。这样我们说的微观均衡就包括"生产者均衡"和"消费者均衡"两方面。生产者均衡状态是指生产者在该状态下达到了一种自发稳定的状态，其生产方式、投入要素数量和价格、产出数量和价格等均自发保持稳定状态，不随时间而变动。消费者均衡状态，是指消费者在该状态下所达到的一种自发的稳定状态，其消费方式、消费金额、消费物品和价格等均自发保持稳定。以瓦尔拉斯为代表的边际学派在微观均衡层面的研究上做出了决定性的贡献。边际学派通过设定生产者和消费者的目标函数来量化描述生产和消费的目标，通过限定范围内最大化目标函数来求解二者的均衡状态。由于在均衡状态二者达到了目标最大化，偏离该状态会导致其利益受损，所以二者的均衡状态均是自发达到的稳定状态。

中观均衡。产业一般是指单个或若干相近的行业。行业的划分是按照商品进行的，即生产该商品的所有生产者视为该行业的生产者，而消费该商品的消费者则视为该行业的消费者。这样某行业就以某商品为唯一标识和线索形成了。当然，同一个消费者可以消费很多种商品，同一个生产者也可以生产很多种商品。这样行业对于生产者和消费者的划分并不是互不重合的。所谓的产业均衡，就是指在产业层面上，生产者作为一个整体和消费者作为一个整体，二者之间自发形成了对该商品生产消费数量和价格的相等出清，产业内所有个体执行一价原则，同时生产者内部和消费者内部也自发达成了生产数量和消费数量的稳定分配。在经济学上，为了研究方便，通常假设产业内的生产者和消费者的生产和消费可以进行算数加总，参与者的行为不会互相影响。

最终社会经济取得均衡状态，需要所有产业均达到均衡，所有商品生产消费数量和价格均达到均衡，同时一般还涉及所有经济参与体的总收支的平衡。我们注意到，仅仅中观层面的均衡，不意味着微观层面也达到了各自的均衡；而反过来，即使所有个体均达到各自的均衡，也并不意味着中观层面就可以达到均衡。通常在更高一层的限制设定之后，微观的均衡过程实际是一种自我适应自我调节过程。这就好比国家制定了某条法律之后，每个公民都要自行适应该条法律一样。

马克思对经济均衡的研究，主要针对中观层面的均衡，而对于个体微观生产消费过程并未做多少深入的讨论。与之相反，瓦尔拉斯的边际理论（新古典经济学）的学术贡献主要侧重于个体微观均衡，从个体微观均衡出发研究中观均衡。所以从这一点上，二者的侧重点有所不同。马克思更偏重于中观层面均衡，而边际理论更偏重微观层面均衡；马克思的视野更大，而瓦尔拉斯的关注更细。鉴于微观均衡过程是一种外生边界约束下的自我适应自我调节过程，在我们研究中观均衡问题时，隐含假设微观层面均衡已经达到或可以达到，即个体会自发调节以适应外生的中观均衡。这样，我们就可以将研究的焦点放在中观层面上，而不用担心被细节问题所干扰。

所以，我们这里有必要先把消费和生产过程的微观均衡介绍一下，在后面再详细介绍马克思的社会生产均衡，彼时我们将不再纠结于消费者和生产者的微观均衡问题，而假设它们通过我们介绍的瓦尔拉斯边界理论而达到了各自的均衡。在下文的介绍中，我们先给出简单直观的瓦尔拉斯均衡的图解，后面再给出数学的表述和推导。在数学推导中，我们用粗体小写字母代表列向量，粗体大写字母代表矩阵，非粗体字母代表普通一维常数或变量。关于向量与矩阵的相关知识，可以参见"附录一"中的相关内容。

3.2 瓦尔拉斯一般均衡图解

3.2.1 简单消费均衡

现代经济学中，消费者行为中可以被经济量化的基础变量叫作"效用"，它指商品对于消费者的使用价值。效用可

以是实际的实用性价值，也可以是精神虚拟的价值。在经过
对效用的一番约束性假设之后，消费者行为的基本原则就简
化为"效用最大化"。

通常，消费者的效用会随着拥有商品的数量的增加而增
加。但是一般而言，在人们已经拥有一定数量的该商品后，
对该商品的需求会越来越低。这就是效用理论中的"边际效
用递减"假设，这是效用的核心假设之一。如果用图形来表
示，则消费者的效用对商品数量的曲线是向右上角延伸的，
但是其切线斜率却是越来越小的，参见图 3 和图 4 中的示意。

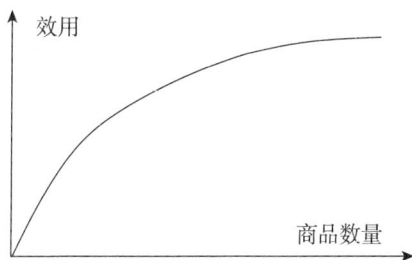

图 3　消费者的效用

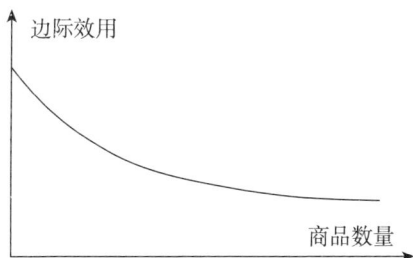

图 4　消费者的边际效用

我们简单假设市场上有两种商品 X 和 Y。对于消费者而

言，自己拥有的商品越多，一般而言满足感越高，即效用越大。但是在消费者财富一定的情况下，拥有商品 X 越多，则可拥有的商品 Y 就越少。所以，在消费者的最优决策中，最佳的商品组合 X、Y 的数量，将使得消费者在商品 X 和 Y 上的边际效用比值恰好等于两商品的价格比。换句话说，在效用最大时，消费者花一块钱买商品 X 或买商品 Y 所获得的边际效用相等，即在最优解处，二商品对消费者而言等效。所以，消费者在等效用的各种商品组合中做选择时，总是会选择总价格最低的一种组合；或者反过来说，消费者在总价相等的各种商品组合中，总是会选择效用最大的一种组合。

由上可得，经过消费者效用的最优化过程之后，只要总预算约束固定，那么消费者的最优商品选择就是固定的。他对某商品的需求量一般而言会随着商品的价格升高而减少，反之价格越低人们消费越多。另外，一般而言，最优需求量是总预算的递增函数，也就是随着消费者财富越多，需求量越大，反之财富越少人们消费越少。最优需求量作为价格的曲线称为"需求曲线"。

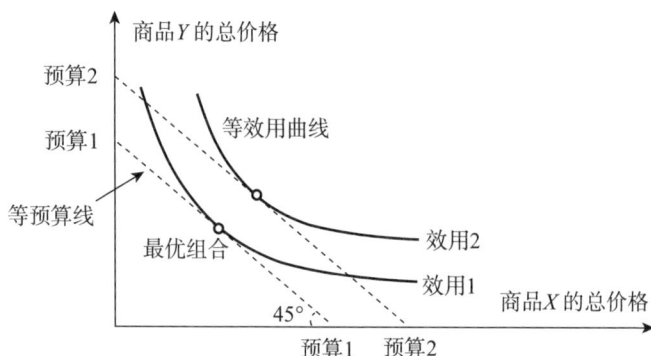

图 5　两种商品的等效用曲线及最优组合

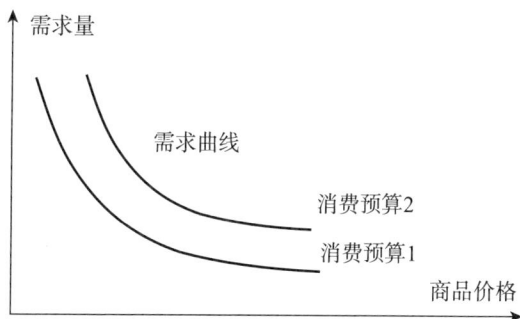

图6　消费者的需求曲线

3.2.2　简单生产均衡

在市场中，生产者（资本家）是提供商品的一方。生产者的目标是通过生产商品来获取利润。生产者的生产是一个过程，我们简单假设其通过消耗原材料（资本）和劳动力（人力）来生产某商品。在实际生产中，一般而言，产量是投入项（资本和人力）的递增函数。这个是很直观的，要想制造更多的商品，需要更多的投入。

此外，类似边际效用递减假设，在生产中，有边际生产率递减的一般性假设。这是说在其他条件保持不变的前提下，不可能简单通过增加单一项目的投入而可无限地线性产出商品，生产率会随着不断的投入而下降。当然这主要指短期的情况，随着时间的拉长，技术的进步，生产率会逐步提高。这里假设短期生产技术没有变化。

在给定商品价格不变时，生产者的最优生产方式，就是使得每投入一块钱的资本正好得到一块钱的产出，同时每投入一块钱人工也正好能得到一块钱的产出。也就是说，边际产出正好等于其边际成本，即任一投入项目的边际利润都为

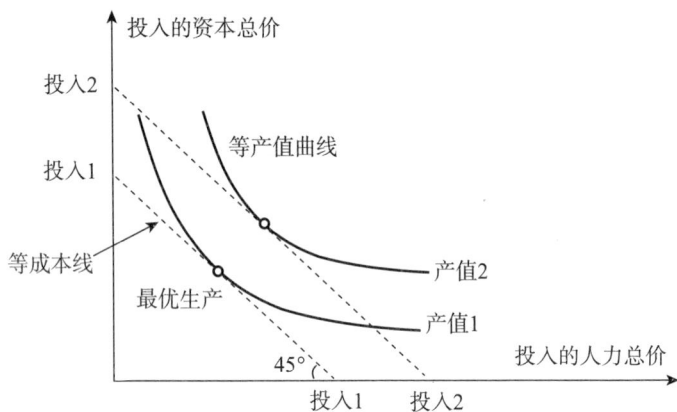

图7 生产的等产值曲线和最优生产方式

零。这样，在生产者进行生产的时候，会选择在成本相同的总投入下，产值最高的一种投入组合；或者反过来，会选择在产值相等的各种可能的投入组合中，成本最低的一种投入组合。这两种选择是等价的。

这样，生产者在给定生产预算之后，就可以得到一个最优的产量。最优产量一般会随着商品价格的升高而增加，同

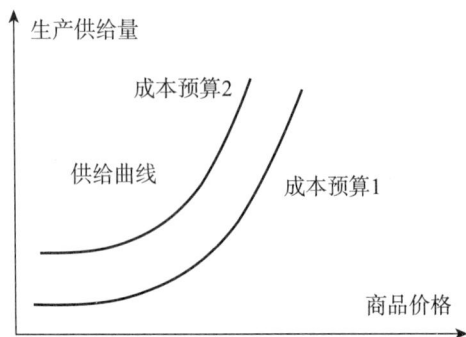

图8 生产者的供给曲线

时最优产量也会随着生产成本预算的增加而增加。最优产量
作为价格的曲线，就称为"供给曲线"。

3.2.3　简单供需一般均衡

现在我们把消费者的决策和生产者决策放在一个系统中
考虑，来确定消费者和生产者共同的均衡过程。在完全竞争
市场假设下，消费者和生产者数量众多，大家都是价格接受
者，没有谁可以凭自己的供需而改变市价；同时市场上信息
充分完全，所有人全都知晓；市场上没有交易成本，所有交
易价格都一样。

现在生产者和消费者在同一个市场中，这样在最终达到
整体均衡的时候，必然同时满足两个条件：第一市场出清，
即生产者的供给量等于消费者的需求量；第二就是价格完全
相等。同时在这两个条件下，生产者达到其利润最大化，而
消费者达到其效用最大化。

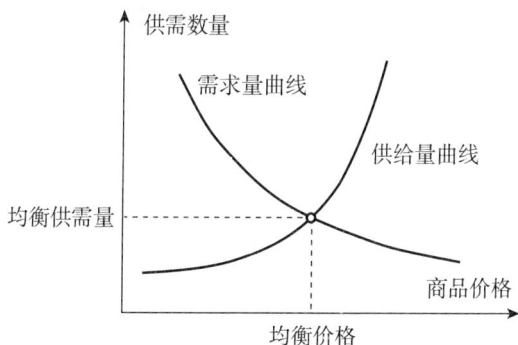

图9　生产消费一般均衡

于是，在市场均衡状态下，消费者的需求曲线和生产者
的供给曲线必然相交于市场均衡点。这一点的价格就是均衡

市价，这一点的数量就是市场均衡的供需量。

3.3 消费均衡过程的数量分析

3.3.1 两种商品的效用最大化

我们简单假设市场上有两种商品 X 和 Y，其价格分别为 p_X、p_Y，其数量分别为 q_X、q_Y，消费者的财富总值为 W。对于消费者而言，自己拥有的 X 商品越多，一般而言满足感越高，即效用越大。但是拥有该商品 X 越多，则可拥有的商品 Y 就越少。我们用 U 代表消费者的效用函数，U 有三个参数，商品 X、Y 的数量 q_X、q_Y，以及总财富 W，即

$$U = U(q_X,\ q_Y,\ W)，满足 p_X q_X + p_Y q_Y = W。 \qquad (1)$$

当我们仅仅考察效用 U 对商品数量的变化时，W 可以看作外生变量（我们用大写字母来标识）。一般而言，消费者拥有的商品数量越大则效用越高，同时拥有的财富剩余越高效用也越高。这在数学上，即为 $U(q_X,\ q_Y,\ W)$ 是 q_X、q_Y、W 的单调递增函数。我们记 X、Y 的边际效用函数分别为 MU_X 和 MU_Y，即

$$MU_X(q_X,\ q_Y,\ W) \triangleq \frac{\partial U(q_X,\ q_Y,\ W)}{\partial q_X},$$

$$MU_Y(q_X,\ q_Y,\ W) \triangleq \frac{\partial U(q_X,\ q_Y,\ W)}{\partial q_Y}。 \qquad (2)$$

所以这样单调假设即为

$$MU_X(q,\ w) > 0,\ MU_Y(q,\ w) > 0。 \qquad (3)$$

一般而言，在人们已经拥有一定数量的该商品后，对该商品的需求会越来越低。这就是消费者效用理论中的"边际效用递减"假设，这是效用的核心假设之一。在数学上，这

等价于说 $U(q_X, q_Y, W)$ 对 q_X、q_Y 而言均是上凸函数（或称为凹函数），即其对 q_X、q_Y 的二阶导数为负数，即

$$\frac{\partial MU_X(q_X, q_Y, W)}{\partial q_X} = \frac{\partial^2 U(q_X, q_Y, W)}{\partial q_X^2} < 0, \quad (4)$$

$$\frac{\partial MU_Y(q_X, q_Y, W)}{\partial q_Y} = \frac{\partial^2 U(q_X, q_Y, W)}{\partial q_Y^2} < 0。 \quad (5)$$

前文图 3 展示的效用函数即为上凸函数，而图 4 展示的边际效用函数（效用函数的导数）是商品数量的递减函数。

消费者在做决策的时候，其目标即为最大化其效用函数，同时要满足其财富总约束，即

$$\max U(q_X, q_Y, W)，使得 p_X q_X + p_Y q_Y = W。 \quad (6)$$

我们将 $q_Y = \dfrac{W - p_X q_X}{p_Y}$ 代入目标函数，即为 $\max U\left(q_X, \dfrac{W - p_X q_X}{p_Y}, W\right)$。我们知道，其解为

$$\frac{\mathbf{d}U\left(q_X, \dfrac{W - p_X q_X}{p_Y}, W\right)}{\mathbf{d} q_X} = 0, \quad (7)$$

即为

$$\frac{\partial U(q_X, q_Y, W)}{\partial q_X} + \frac{\partial U(q_X, q_Y, W)}{\partial q_Y} \cdot \frac{-p_X}{p_Y} = 0, \quad (8)$$

所以

$$\frac{MU_X}{p_X} = \frac{MU_Y}{p_Y}，或者说 \frac{\partial U(q_X, q_Y, W)}{\partial(p_X q_X)} = \frac{\partial U(q_X, q_Y, W)}{\partial(p_Y q_Y)}。$$

$$(9)$$

这就是说，在消费者的最优决策中，最佳的商品组合 X、

Y 的数量所在的点位 q^*，将使得消费者在商品 X 和 Y 上的边际效用比值恰好等于两商品的价格比。换句话说，在最佳的决策中，消费者花一块钱买商品 X 或买商品 Y 所获得的边际效用相等，即在最优解处，二商品对消费者而言等效。

如前文图 5 所示，最佳商品组合落在等效用曲线和等预算线的切点上。在这个点上，等效用曲线的切线斜率等于两商品的价格比值 [我们使用商品的总价格，即数量×价格，作为坐标轴，则此时切线斜率为 1，对应公式（10）的后半部分]。而等效用曲线的切线方向即为两商品的边际效用之比。而从图形上来看，这一切点也确实是在等预算线上效用最大的一个点，或者说是等效用曲线上预算最小的一个点。

在我们确定了 $U(q_X, q_Y, W)$ 的具体函数形式及 W、p_X、p_Y 的初值之后，我们就很容易根据上式推导出消费者在具体情况下的最优决策 q^* 的符号解或数值解。为后边计算方便，我们记消费者在给定其效用函数及其参数 W、p_X、p_Y 的情况下，通过上述效用最大化得到的最终消费数量为 $Q_D(p, W)$，有时简记为 $Q_D(p)$，下标 D 代表需求（与供给相对应）。在消费者的最优决策中，一般而言，$Q_D(p)$ 是 p 的递减函数，也就是随着商品的价格 p 越高，消费者会消费 X 越少，反之价格越低人们消费越多。另外，通常 $Q_D(p)$ 是 W 的递增函数，也就是随着消费者财富越多，消费 X 越多，财富越少人们消费越少。需求曲线的形状一般如图 6 所示。至此，使用边际分析，可以在单一市场中获得消费者在给定条件下基于效用最大化的消费选择，及消费者的需求函数 $Q_D(p)$。

3.3.2 多种商品的效用最大化

对于更一般的多种商品的情况，我们也可以给出类似的效用函数。我们记多商品数量为向量 $\boldsymbol{x}=(x_i)$，记商品的价格为 $\boldsymbol{p}=(p_i)$，消费者的效用函数 $U(\boldsymbol{x},W)$，其中 W 为消费者的总消费约束，即有 $\boldsymbol{p}^T\boldsymbol{x}\leqslant W$，所以多商品下消费者的目标为

$$\max U(x,W)，同时 \boldsymbol{p}^T\boldsymbol{x}\leqslant W。\qquad(10)$$

和两种商品时相同，在效用达到最大化时，各种商品的边际效用必然相等，否则消费者可以少消费一些边际效用低的商品，而将这些钱花在边际效用更高的商品上，这样可以提高其总效用。通过求解（10）式，我们有

$$\frac{\partial U}{\partial x_i}:\frac{\partial U}{\partial x_j}=p_i:p_j，或\frac{\partial U}{\partial(p_ix_i)}=\frac{\partial U}{\partial(p_jx_j)}=1。$$

由于效用函数是总财富 W 的递增函数，所以效用极大时总财富将花费完，即 $\boldsymbol{p}^T\boldsymbol{x}=W$。

在给定商品价格 $\boldsymbol{p}$、效用函数 U 和财富约束 W 之后，我们就可以得到消费者的最优消费需求函数 $\boldsymbol{x}_D(\boldsymbol{p},U,W)$，它主要作为商品价格 $\boldsymbol{p}$ 的函数。也就是说，当消费者的财富和商品价格给定时，其最优消费的商品就是恒定的。假如消费者效用对商品的数量是线性的，则总财富并不会对各商品的比例产生影响，此时消费者对各商品的偏好只由各商品的价格决定。

3.4　生产均衡过程的数量分析

3.4.1　仅生产一种商品的情况

在市场中，生产者（资本家）是提供商品的一方。生产者的目标是通过生产商品来获取利润。生产者的生产是一个过程，我们简单假设其通过消耗 k 单位原材料和 l 单位人工

来生产 q 个商品 X，其生产过程的数量对应关系即为如下式所示的生产函数，

$$q = F(k, l)。 \tag{11}$$

通常在实际生产中，$F(k, l)$ 是 k 和 l 的递增函数。这是很直观的，要想制造更多的商品，需要更多的投入。这对应着 k 和 l 的边际生产率都是正数。

$$MP_k \triangleq \frac{\partial F(k, l)}{\partial k} > 0, \quad MP_l \triangleq \frac{\partial F(k, l)}{\partial l} > 0。 \tag{12}$$

除此之外，类似边际效用递减，在生产中，有边际生产率递减的一般假设，就是说在其他条件保持不变的前提下，生产率会随着不断的投入而下降。即有：

$$\frac{\partial MP_k}{\partial k} = \frac{\partial^2 F(k, l)}{\partial k^2} < 0, \quad \frac{\partial MP_l}{\partial l} = \frac{\partial^2 F(k, l)}{\partial l^2} < 0。 \tag{13}$$

在微观经济学中，生产者的目标被定义为利润最大化。而利润等于收入减成本，收入又简单地等于产品的销量乘以价格。所以生产者的目标可以表达为：

$$\max \{ pF(k, l) - (p_k k + p_l l) \}。 \tag{14}$$

其中 p_k、p_l 分别为资本和人工的单位价格。上式分别对 k、l 求导可得：

$$\frac{p_k}{MP_k} = \frac{p_l}{MP_l} = p, \quad \text{或者} \frac{\partial F(k, l)}{\partial (p_k k)} = \frac{\partial F(k, l)}{\partial (p_l l)} = 1。 \tag{15}$$

所以说，生产者在给定商品价格 p 时的最优生产方式就是使得每投入一单位的资本项目的边际产值正好等于一单位资本的价格，而每投入一单位人工的边际产值正好等于一单位人工的价格。也就是说，生产者为使利润最大化，要做到在资本和人力上一元钱的投入都恰好产生一元钱的产出，其

边际产出正好等于其边际成本，即投入项目的边际利润都为零。这一思想在生产多项商品时同样适用。生产者的最优投入可参见前文图 7，最优生产方式为等产值曲线和等成本线的切点。在这一切点上，两种投入的边际成本相等。这一切点是等成本线上产值最高的点，也是等产值线上成本最低的点。

在我们确定生产函数 $F(k, l)$ 的具体函数形式及 p、k、l 的初值之后，我们就很容易根据上式推导出生产者在此情况下的最优产量 q^* 的符号解或数值解。为后边计算方便，我们记生产者在给定其生产函数及其参数 p、k、l 的情况下，通过利润最大化所最终决定的商品 X 的产量为 $Q_S(p, k, l)$，简记为 $Q_S(p)$，也就是上述的 q^*。在生产者的最优决策中，一般而言，$Q_S(p)$ 是 p 的递增函数，也就是商品 X 的价格 p 越高，生产者会生产 X 越多，价格越低生产越少。供给曲线的形状可以参见前文图 8。至此，使用边际分析，可以在单一市场中获得生产者在给定条件下基于利润最大化的生产选择，且可以获取生产者的生产函数 $Q_S(p)$。

3.4.2 两种商品的生产均衡

对于一个厂商同时生产两种商品时，我们使用埃奇沃思（Edgeworth）盒状图来研究这一问题。我们依旧假设工厂有资本 k 和人力 l 两种投入。因为现在要同时生产两种商品 X 和 Y，所以我们先行假定资本 k 和人力 l 的各自总投入都是恒定的，分别为 K 和 L，就是说假设投入在 X、Y 上的资本和人力分别为 k_X、k_Y、l_X、l_Y，且有

$$k_X + k_Y = K, \ l_X + l_Y = L。 \tag{16}$$

我们就可以使用盒状图来表示二者的投入（点 A）的所

有可能性，见下图。

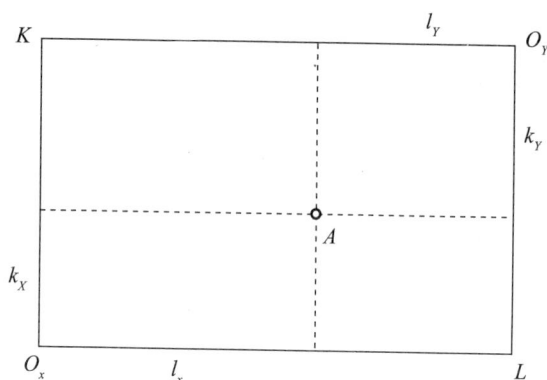

图 10　埃奇沃思盒状图：投入的可能组合

实际上在图 10 中，并不是盒子中的任何点的投入都是有效的。因为厂商对于商品 X 和 Y 都有各自的生产函数 $Q_X = F_X(k, l)$ 和 $Q_Y = F_Y(k, l)$，它们将决定投入的有效边界。

参考图 11，图中 A 点是盒状图中任意一点。通过 A 点有商品 X 的等产量线 Q_X 和商品 Y 的等产量线 Q_Y。图中有另外两点 E_1 和 E_2，它们分别是等产量线 Q_X 和 Q'_Y 的切点以及 Q'_X 和 Q_Y 的切点。易知，点 E_1 和 E_2 的产量都大于 A 点的产量，这两点严格优于 A 点。所以在实际生产中，理性厂家一定会选择在 $O_X E_1 E_2 O_Y$ 连线上进行生产，这条线以外的任何点都是没有效率的。这条曲线就叫作投入的效率曲线。

这样，只要给定资本总投入 K 和人力总投入 L，就可以得到厂商的效率曲线，以及在此曲线上的二商品产量 Q_X 和 Q_Y 的对应关系，比如我们可以表示为 $Q_Y = Q_Y(Q_X, K, L)$。一般而言，Q_Y 是 Q_X 的减函数，而是 K、L 的增函数。如图 12

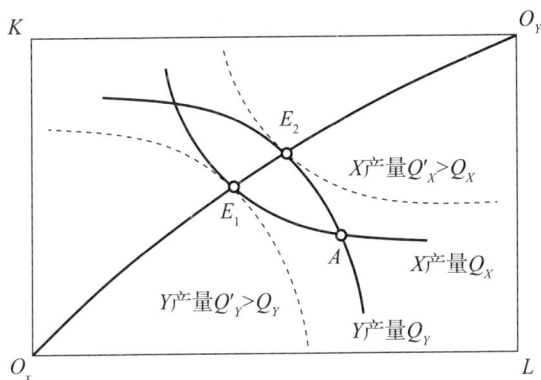

图 11 埃奇沃思盒状图：效率曲线

所示，我们注意到，在这条曲线上，投入的总成本是固定的，都是 K 个资本和 L 个人力。而且这条曲线一般而言是上凸的。

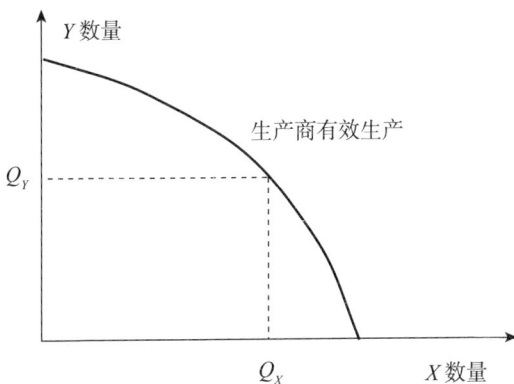

图 12 有效产出曲线

3.4.3 多种商品的生产均衡

对于更一般的多种商品的情况，我们也可以给出其生产函数。我们同样记多商品数量为向量 x，商品的价格为 p。生产者在生产商品量为 x 时，需要投入的资本和人力分别为向量 k 和 l，生产函数为 $x = f(k, l, K)$。记单位资本和人力的价格分别为 p_K 和 p_L，K 为生产者的总资本约束，即有 $p_K \mathbf{1}^T k + p_L \mathbf{1}^T l \leqslant K$。则生产者的目标函数为最大化其生产利润，即

$$max\{p^T f(k, l, K) - p_K \mathbf{1}^T k - p_L \mathbf{1}^T l\}。$$

在生产者利润最大化时，我们有

$$\frac{\partial(p_i f_i)}{\partial(p_K k_j)} = \frac{\partial(p_i f_i)}{\partial(p_L l_j)} = 1, \quad \forall i, j。$$

也就是说，不管生产何种商品，最优的社会生产方式会使得生产时投入各项资本、人力的边际价格成本均相等，且都等于商品的售价，即任何边际价格投入等于边际价格产出。

由于生产函数是总资本约束 K 的递增函数，所以利润极大化时，总资本将完全投入，即有 $p_K \mathbf{1}^T k - p_L \mathbf{1}^T l = K$。

在给定商品价格 p、生产函数 f 和资本约束 K 之后，我们就可以得到生产者的最优生产供给函数 $x_s(p, f, K)$，它主要作为商品价格 p 的函数。也就是说，当生产者的总资本和商品价格给定时，其投入生产的方式 f（资本和人力）就随之确定了。如果生产是规模线性的，则总资本 K 对生产的各项投入比例并不造成影响，生产方式仅仅是由各商品的价格决定的。

3.5 一般均衡过程的数量分析

3.5.1 单商品均衡过程

现在我们把消费者的决策和生产者决策放在一个系统中考虑，即当商品 X 的市场价格为 p 时，在市场出清的情况下，会产生生产消费多少个商品 X 的问题。

在这个过程中，我们假设市场是完全竞争市场。当生产者和消费者在同一个市场中，由于市场出清，这时生产者的供给量等于消费者的需求量，而且生产者在此价格下已经达到利润最大化，而消费者在此价格下也达到了效用最大化。

综合上述几个条件，在数学上我们可以表示如下。

（1）市场出清：$q_D = Q_D(p, w) = Q_S(p, k, l) = q_S$，

（2）消费者效用最大化：$\{w\} = \mathrm{argmax}\, U(q_D, w)$，s. t. $pq_D + w = W$，

（3）生产者利润最大化：$\{k, l\} = \mathrm{argmax}\{pq_S - p_k k - p_l l\}$，s. t. $p_k k + p_l l = K$。

上边有 6 个等式，同时有 6 个变量 p, k, l, w, q_D, q_S，所以方程组通常有唯一解。

如果从图形的步骤上来看：

（1）我们将消费者的需求函数 $Q_D(p, w)$ 和生产者的供给函数 $Q_S(p, k, l)$ 画在一张图中，就可以看到供给和需求的结合点，也就是市场出清点，就得到了商品的均衡价格和数量（可参见前文图 9）；

（2）得到需求量 $Q_D(p, w)$ 之后，我们就可以通过消费者的效用最大化原理，在消费者的等效用曲线上找到对应的 w 点，这样就得到了消费者在市场出清下的最优决策；

（3）对于生产者，在得到需求量 $Q_S(p, k, l)$ 之后，我们通过生产者的等产量曲线，找到图中资本 k 和人力 l 的边际成本相等的点，则生产者使用的资本 k 和人力 l 就可以找到。

通过以上三步，就可以比较简单地理解在边际分析理论下市场均衡是如何达到的。在基于消费者效用最大化和生产

者利润最大化的前提下，市场好像有只"看不见的手"一样，使得消费者和生产者自行达到均衡的价格和产量销量，而且每一个步骤都是最优的选择。

3.5.2　多商品均衡过程

在多商品的社会生产消费过程中，在给出各商品的价格向量 p 之后，前述我们已经可以分别通过消费者均衡和生产者均衡得出消费者的最优消费需求为 $x_D(p, U, W)$，生产者的最优生产供给量为 $x_S(p, f, K)$，我们只需令市场出清，即

$$x_D(p, U, W) = x_S(p, f, K),$$

即可解得均衡市场的唯一价格及总量，进而根据均衡价格和产量消费量，反推得到消费者的最优效用和生产者的最优各项生产投入。这与单一商品的情形是相同的。

上述我们介绍的这些均衡过程就是瓦尔拉斯的一般均衡过程。在全行业的均衡层面，瓦尔拉斯均衡就是基于数量出清和价格出清两个基本假设来获得最终全行业均衡状态。后面我们将讲述马克思的均衡过程。马克思的均衡考虑了工人和资本家的问题，同时也深入探究了价值、剩余价值在社会生产均衡中的流向、分配等问题。所以马克思的均衡问题会多出一个价值出清的问题，这也是马克思的核心思想所在。

第四章　商品的价值与价格

马克思极为关注价值、剩余价值和剥削，所以马克思的再生产模型（均衡模型）中，除了瓦尔拉斯一般均衡模型所具有的价格决定系统和产出决定系统之外，还包含马克思独创的价值计价系统，它是独立于价格系统之外的另一套系统，它揭示了价值在社会经济中的流动和资本家对工人剩余价值的剥削。这也是马克思经济学比瓦尔拉斯经济学更加深刻的重要原因。

4.1　价值与价格

价值理论是马克思经济学的核心之一。价值和价格都是衡量商品交换比例的尺度。但是在形式上和背后的价值观上有很大的不同。我们下边从商品的生产过程入手讨论价值与价格的关系，因为我们认为生产过程是商品的形成过程，是价值动态转移的过程，也是商品价值的形成过程。所以我们从这一动态角度切入对价值进行分解。

4.1.1　商品的生产过程

现实社会商品的物理生产过程，总是要投入两种要素，一个是生产资料，一个是劳动力。二者中可能有一种为零，但是这种情况极为少见，我们暂时不予考虑。在经济学中，一般记生产函数为 $Q=F(k, l)$，其中 Q 是商品的产量，k 是投入的生产资料（或称为资本）数量，l 是投入的劳动力数量。在数学上或数量经济学上，生产函数的形式多种多样，典型的例如柯布-道格拉斯函数 $Q=ck^{\alpha}l^{\beta}$，或更简单的 $Q=ak+bl$。其中 a、b、c、α、β 都是固定常数。

生产函数是一个纯粹物理上商品数量与投入资源数量的关系，并不涉及价值或价格的计量。所以不管在什么社会什么计价体系下，生产函数是不受价格体系影响的，它只是物理上的生产方法描述。但是当我们将商品作为经济对象研究时，就需要研究生产过程中价格或价值的转移。很简单，因为商品的生产过程，包括投入、生产方式、生产时间等，决定了其生产的成本，并进而影响产成品的定价。可以这么说，社会上大部分商品的定价和其生产方式有着极大的关系。如果生产技术有了重大进步或者原材料有了大幅降价，则商品价格大概率会下降。

不管商品的生产函数是怎么样（例如资本和劳动如何相互影响），只要生产函数确定且不再改变之后，那么生产 1 件商品所投入的资本量和劳动力数量就确定下来了。这样对于这 1 件商品，其投入的成本（资本量总价和劳动力总价）就可以用某种价值尺度来度量，并可以进而按某种形式影响其最终售价。

但是，如果生产函数不是线性的，那么生产 2 件商品的成本就不一定等于生产 1 件成本的 2 倍。这时候商品的价值就不那么容易计量。所以在马克思的生产假设中，均假定生产过程对于投入的资本和劳动是线性的。这就是规模线性假设。有了这一前提假设，单位商品的生产成本就是确定的，不会随着规模的变化而变化，这样商品的价格就有稳固的基础，不会在生产扩大中发生变化。我们后边的讨论都基于规模线性假设，这相当于假设生产函数为 $Q = ak + bl$ 的形式。

4.1.2 生产与分配中的价值

价值理论认为只有人类的劳动是有价值的，不经过任何劳动便可自由获取的物品没有价值。所以价值可以看作劳动价值的简称，它是有深刻的社会属性的。马克思认为商品价值来源于凝结于商品中的无差别的人类劳动，其中，"凝结于"三个字就是指前面我们讨论的生产过程中所投入的劳动力，"无差别"指的是可以用按效率折合的劳动工时数来统一计量。

我们从生产函数 $Q = ak + bl$ 来看商品的劳动价值，就会显得非常简单直接。如果我们用 Λ 代表商品的价值（对应产出的 Q 个商品的价值），用 C 代表所投入的生产资料（对应投入的 ak 单位资本的价值）的价值，用 L 代表所投入的劳动价值（对应投入的 bl 单位劳动力的价值），则对应商品的物理生产过程，其价值流动等式表示为

$$\Lambda = C + L。 \tag{1}$$

投入价值为 C 的生产资料，工人付出价值为 L 的劳动，则生产出的商品总价值就是 Λ。如果生产资料售价为 C，劳动者获得的报酬为 L，商品的售价为 Λ，那么社会就是完全公平的按照劳动价值进行交易和分配，就是完美的社会。

但是在资本主义生产中，虽然物理生产过程不变，但是工人获得的报酬却不是 L。劳动价值 L 的分配可以分为两部分，第一部分是劳动力价值 V，第二部分是剩余价值 S。劳动

力价值是维持工人投入这些劳动所需要的生活资料的价值，而剩余价值就是除此之外剩下的部分。由于工人劳动创造的价值超过维持劳动力所需要的日用品的价值，所以剩余价值 S 为正。资本家支付给工人的工资一般仅涵盖（等于）其劳动力价值，而剩余价值则被资本家占有了。根据这一分解，我们有

$$\Lambda = C + V + S 。 \tag{2}$$

上式右侧，前两部分是资本家需要投入的部分，前者生产资料 C 称为不变资本，后者劳动力 V 称为可变资本。不变资本是用作生产的生产资料的价值，例如机器等；可变资本是用作维持劳动力的工资，也等价于维持劳动力所需要的生活资料的价值；而剩余价值则是被资本家占有劳动价值中的部分，被用于资本家自己的消费或用于再生产。

上述即是价值在社会生产和分配中的流动与转移。

4.1.3 生产与分配中的价格

上述价值的分解过程是看不见摸不着的过程，因为商品的实际售价并不等于其所蕴含的劳动价值。在现实生活中，没有人清楚自己购买的商品包含的劳动价值是多少。

我们现在讨论商品的价格。

仍然从生产函数出发，$Q = ak + bl$。假设产出商品的总价为 P，生产资料的总价为 C_P，劳动投入的总价为 V_P，那我们有 $P = C_P + V_P$ 吗？如果有的话，说明生产没有任何利润，售价等于成本。这是不现实的！企业是以盈利为目的的。所以，正确的形式为

$$P = (1 + \pi)(C_P + V_P) 。 \tag{3}$$

其中 π 为生产的利润率。如果记

$$\Pi = \pi(C_P + V_P)。 \qquad (4)$$

则（3）式即为

$$P = C_P + V_P + \Pi。 \qquad (5)$$

这是价格的分解。其中，C_P 是投入的生产资料的价格，V_P 是支付的工人的工资，而 Π 是资本家的利润所得。

4.1.4　价值与价格的不同

从价值和价格分解式（1）和（3）就可以看出二者背后价值观的本质区别。

（1）价值的分解为 $\Lambda = C + L$。这其中劳动价值 L 是核心，因为生产资料价值 C 也是自身历史累积生产过程中所积累的劳动价值的凝结，可以视 L 为当期投入的劳动，而 C 是已逝去的劳动。所以价值是"劳动"为本的体现，是"人本主义"。劳动面前人人平等，没有不劳而获的回报。价值的分解是站在劳动的角度，认为劳动增加了商品的价值。而我们知道在资本主义社会中，工人是劳动的绝对主体，资本家的劳动贡献是可以忽略不计的。所以价值是站在工人角度的度量体系。

（2）价格的分解 $P = (1+\pi)(C_P + V_P)$。很明显，与价值分解的加法分解不同，价格的分解是乘法。这就体现了不同的理念。加法是平等的象征，表明历史的劳动和当期的劳动是平等的。乘法表现出的意义就完全不同。$(1+\pi)K$ 的形式，这是生息的概念，是要求回报的理念。K 是投出去的"资"金，是生息的"本"金，这就是"资本主义"的完美诠释。很明显，价格是站在资本家角度的度量体系，投出去了资金（包括生产资料和工人工资都是资本家的投资），就需要有超额回报，它认为是资本创造了价值，而不是劳动。

（3）请谨记，价格与价值虽然都是商品的计价体系，但它们是两套独立的计价体系，它们之间不能直接拿来比较。它们各自完整，不依赖于对方，但有一定的关联和转换关系。所以，价格与价值之间是不能互相加减的。比如，我们不能说支付给工人单位劳动时间¥1的工资，就认为这¥1等于了工人这1单位劳动时间的劳动价值（定义为1），所以就没有剥削。虽然数值上都是1，但是价格（工资）的单位是¥（元），而价值的单位是劳动时间。虽然支付给工人1价值的劳动¥1，但是这¥1实际上仅仅是支付了劳动价值中劳动力价值的部分，而这部分的价值肯定是小于1的，而余下的剩余价值部分没有支付给劳动者，所以劳动者这1单位时间的劳动价值应该对应的价格就大于¥1。所以，不能被价格和价值的简单数字关系所迷惑，时刻谨记它们是完全独立的两套计价系统。

后文我们介绍完简单再生产以后，还会进一步分析资本主义生产中价值和价格的关系。

4.2　资本投入结构

对于生产中的价值，我们有 $\Lambda = C+V+S$；而对于价格，我们有 $P = C_P+V_p+\Pi$。其中，价值中的剩余价值和价格中的利润部分都是被资本家所占用的。站在资本家的角度，作为不变投入的 C、C_P 和可变投入 V、V_p 是资本家为了生产而付出的两项资本投入。

我们称资本家再生产中所投入的不变资本与可变资本的比值为生产的资本投入比。以价值为例，资本投入比即为 $C:V$，一般我们记 $k=C:V$。资本投入比高的行业是更加资本密集的行业，比如重工业、房地产等等；而资本投入比低的行业，是劳动密集型的行业，比如家庭农业、家庭养殖、轻工业等等。

如果对于两个行业，其资本投入比相等，我们称两个行业的资本投入结构相同。后面我们将证明，如果两个行业资本投入结构相同，它们的商品价格将会以同样的比例反映其内在价值。如果社会所有的行业资本投入结构都相同，那么社会所有的商品价格间的相对关系等于其内在价值的相对关系。此时商品的价值就"显性"地反映在价格上，不再显得难以计算、难以捉摸。

在各行业生产均衡的状态下，各行业的利润率是相等的。所以，当一个资本家在考虑进入哪一个行业时，资本投入结构将是一个重要的考量。如果两个行业资本投入结构相同，这就意味着，对于资本家即将投入的资金，不管投资哪个行业，投入不变资本的资金都相等，同时用于支付工人工资的资金也相等。反之，如果某个行业资本投入比更高（更加资本密集），则意味着该行业需要将更多的资金用于购买机器和原材料，用更少的资金用于雇用工人。

对于资本家而言，随着资本的积累，他会越来越倾向于投资于资本密集型行业，以令手中的资本更快地增值。一般来讲，生产资料部门是更加资金密集的，资本投入比更高，而生活资料部门更加劳动密集，资本投入比更低。所以，后文在扩大再生产中，生产资料部门将有扩大再生产的优先权。而通过修正的扩大再生产，我们可以看到，如果生产资料部门反而资本投入比更低（劳动密集），则扩大再生产将变得极不稳定，社会的生产规模会大起大落。只有在生产资料部门资本投入比高的情况下，扩大再生产才是稳定增长的。

由此看出，资本投入比高是资本家的天然偏好，是资本主义生产的本质特征之一。

4.3 剥削率与利润率

在价值体系下，剥削程度 e 定义为劳动的剩余价值除以劳动力价值，即

$$e = \frac{S}{V}。$$

而价格体系下的利润率 π 定义为利润总价除以资本投入总价，即

$$\pi = \frac{\Pi}{C_P + V_P}。 \tag{6}$$

这样，我们可以将前述（2）、（5）式改写为

$$\Lambda = C + V + eV， \tag{7}$$

$$P = C_P + V_P + \pi(C_P + V_P)。 \tag{8}$$

我们看到，剩余价值是劳动价值的一部分，是劳动力价值的倍数。所以，如果没有劳动，就没有剥削，剥削率 $e=0$。而利润率 π 是乘在所有不变资本和可变资本上的。所以，从价格的角度来看，利润不仅来自于劳动投入，而且来自于生产资料投入。所以，从价值和价格上来看，利润来源有本质区别。价值论认为所有利润均来自于劳动，死物不可以被剥削；而价格论认为非人力的生产资料也可以产生利润。

我们后面将证明，

$$\pi \leqslant e， \tag{9}$$

当且仅当 $\pi = e = 0$ 时，等号成立，即没有剥削和利润，生产是乌托邦式的生产。

第五章　简单再生产

　　所谓简单再生产，就是每期的生产和消费规模都维持不变的生产过程。工人阶级和资产阶级的所有当期收入均用于消费，没有剩余，不需要扩大再生产。社会每一期的生产和消费都是完全一样的，社会简单地重复每一期的活动，循环往复。

　　马克思的再生产模型较瓦尔拉斯的模型要复杂且深入。瓦尔拉斯仅考虑到最简单的生产和消费的均衡问题，而马克思的均衡模型虽然形成时间可能早于瓦尔拉斯，但是其思考则更加深入。这主要体现在以下几点上。

　　第一，马克思考虑到了社会分配的问题，工人和资本家在收入来源和消费上均有所不同，这一点在瓦尔拉斯的模型中是没有的。瓦尔拉斯假设所有消费者是完全相同的，且消费者也是生产者，他们自产自销，这就没有分配问题，他们在社会生产中没有分工，社会生产利润在他们之间平均分配，类似乌托邦。所以瓦尔拉斯的生产像是乌托邦式的生产，而马克思研究的是实实在在的资本主义生产。

　　第二，马克思是价值理论的集大成者，其将价值体系贯穿社会生产均衡全过程，所以马克思经济学不仅讨论了价格下的均衡问题，还揭示了价值在其中的分配过程。

第三，瓦尔拉斯社会生产并不分部门，但是马克思经济学中将社会各行业分为两个部门：一个生产资料部门（类似重工业），一个生活资料部门（类似轻工业）。将工业分两个部门在简单再生产（对应瓦尔拉斯静态均衡）中意义不是很明显，但是对于扩大再生产（对应瓦尔拉斯动态均衡）有着重要的意义。这是资本家剥削本质在社会行业分工上的表现。由于生活资料部门仅仅用于生产维持广大工人（资本家基本可以忽略）生存的商品，这个部门注定会被资本家所抑制，社会扩大再生产基本上主要针对资本化程度更高的重工业部门。这一点我们在后面扩大再生产章节会详细谈到。

5.1 单一商品简单再生产模型

我们先来研究最简单的情形，即社会上只有一种商品 X，后面我们再扩展到多种商品的情况。虽然只有一种商品，但是整个再生产均衡的思路是相同的。

5.1.1 再生产过程描述

为了得到社会最终均衡生产消费状态，我们需要确定商品 X 最终的均衡数量 x、均衡价格 p 和均衡价值 v。除此之外，我们需要进一步求解消费者（工人和资本家）消费的商品 X 的数量以及资本家如何安排生产，即如何安排生产资料（商品 X）投入和人力投入。

如前所述，实际上这里边涉及中观和微观均衡。对于整个社会生产的均衡问题，它涉及的就是上述均衡数量 x、均衡价格 p 和均衡价值 v。而对于消费者的消费和生产者的生产，属于微观均衡的层面，它们各自由消费者最大化效用和生产者最大化利润得来。当社会各行业均衡确立后，微观均衡会在此基础上自行适应得出相应的安排。因为我们这里关注的是社会经济的问题，所以主要研究社会生产层次的均衡问题，对于微观层面的均衡，我们不妨假设它们已经通过前述的瓦尔拉斯一般均衡过程达到了各自最优，不再展示其最优化均衡过程，而直接给出相应的假设。

例如，对于资本家的微观生产，其微观生产均衡是总资本限制下，在资本投入和人力投入中做出最优配比选择，选择最优的生产方式。而在此，我们不再纠结于此，直接假设出生产函数。我们假设生产是规模线性的，也就是说需要投入的商品数量和劳动力数量都是产量 x 的固定倍数。这样，我们假设投入的商品 X 的数量为 ax，投入的劳动力数量为 lx。即，

生产 1 件商品 $\Leftarrow$ 投入 a 件商品 + 投入 l 个劳动力。

$$(10)$$

参数 a 和 l 就决定了资本家的生产方式，而它们都是资本家微观生产均衡的结果。

对于工人和资产阶级的消费也是同样的。我们直接假定工人在给定工资收入 w 后，其所消费的商品数量为 x_0。并且由于资本家的剥削最大化，工人所消费的商品数量 x_0 实际上仅够其维持生活需要，没有任何剩余及奢侈消费的可能。商品数量 x_0 也是工人效用最大化的结果。进一步，我直接假设工人的单位工资 $w = ¥1$，所以我们有 $px_0 = 1$。对于资产阶级（所有资本家的总体）而言，我们假定资产阶级的收入为社会生产的总利润，资本家不储蓄，将其全部用于消费。而整个资产阶级所消费的商品数量为 x_1，x_1 也是资产阶级效用最

大化的结果。

最后，对于社会生产和资本家而言，我们假设生产的利润率为 π。(本来，利润率是各行业竞争的均衡结果，但是此处只有一种商品一个行业，我们在此仅作此假设。)

请注意，上述各假定参数 a、l、x_0、x_1、π 均为固定常数。基于以上符号假定，在均衡状态下我们有如下结果。

5.1.2　单一商品的再生产均衡模型

第一，产量出清，生产量等于消耗/消费量。每一期的商品 X 产量为 x，而消费/消耗的去向有 3 个：用作生产资料部分（生产一件产品需要的个数×产量，为 ax）、供工人消费（生产一件产品需要的劳动力×产量×单位劳动消耗的商品数，为 lxx_0）、供资产阶级消费（x_1）。所以，我们有

$$x = ax + lxx_0 + x_1。 \tag{11}$$

第二，价格出清，售价等于成本价加利润。生产 1 件商品 X 的成本包括原材料成本（a 个商品 X 的价格 $a×p$）和人力成本（l 个劳动力的价格 $l×¥1$），

$$p = (1 + \pi)(ap + l)。 \tag{12}$$

第三，价值出清，产出价值等于投入价值。生产 1 件商品 X 投入的价值包括投入的生产资料的价值（a 个商品 X 的价值 $a×v$）和投入的人力价值（l 个劳动力的价值 l），

$$v = av + l。 \tag{13}$$

最后，生产消费满足预算约束，即消费额等于当期收入。对于工人，其每期工资收入为 ¥1，而消费的商品 X 数量为 x_0，总价为 px_0；对于所有资本家，每期收入为社会生产的总利润，为利润率 π 乘以单件商品的成本 $ap+l$ 再乘以总产量 x，而资产阶级的消费为 x_1 个商品，总价为 px_1，所以我们有

$$1 = px_0，工人消费约束， \tag{14}$$

$$\pi(ap + l)x = px_1，资产阶级消费约束。 \tag{15}$$

上述方程式（11）～（15）就完整地描述了单商品的简单再生产过程。

5.2 与瓦尔拉斯均衡的比较

对于微观层面，消费者和生产者的均衡过程，实际上马克思的简单再生产模型和瓦尔拉斯均衡过程没有任何不同。当然它们也并不是我们关注的重点，我们更加关注社会的生产均衡。而在下边，我们将分析马克思的上述再生产模型与瓦尔拉斯均衡的不同。

我们会看到，马克思的简单再生产模型比瓦尔拉斯的模型更加深刻。而其深刻性并不仅仅体现在数学的模型设置上，而是因为马克思抓住了资本主义的本质。没有了这些，社会生产就不是资本主义生产，就退化成理想国乌托邦的生产。马克思经济学的着眼点，正是这些最本质的东西，而绝对不是其数学过程。这也正是马克思的伟大之处。科学研究本身是没有任何色彩和阶级之分的，但是研究的标的和方向却反映了作者的立场和人文关怀所在。

5.2.1 商品的价值

在经济学中，价值和价格非常深刻地体现了资本主义与共产主义的区别。价值理论是人本主义的表现，认为商品的价值应该基于凝聚于其中的人类劳动来衡量。对于不经过人类劳动就可以获得的物品，其价值归于零。物品的交换，应该基于对人类本身的尊重，尤其是对劳动者的尊重，以凝聚于其中的劳动多少来进行计价。而价格理论则更多的是资本主义的表现，资本主义商品的价格，大多基于成本加成，资本家在其中必须要获取超额利润。这反映出资本家对所投入资本的重视，甚至大大超过对工人劳动的重视程度。

如上，马克思的简单再生产过程可以用 5 个方程式 (11) ~ (15) 来表述，而瓦尔拉斯的静态均衡只需要 3 个等式就可以完整地表述：产量出清等式、价格出清等式以及社会整体消费约束等式。瓦尔拉斯模型比马克思的模型缺少了价值系统。

价值等式是马克思的核心贡献之一。通过价值等式，我们可以研究劳动价值在生产中的流向和分配问题。从本质上来讲，商品的所有价值都是劳动创造的。马克思通过在生产均衡中加入价值等式，发掘出资本家剥削的本质，以及作为表象的价格体系与背后价值体系的背离。我们后面会进一步讨论价格体系与价值体系的背离和二者一些变量之间的转换关系。

5.2.2　工人和资本家

瓦尔拉斯均衡模型是不区分工人和资本家的。在瓦尔拉斯的均衡模型中，认为消费者都是完全相同的，同时消费者即生产者，并没有阶级之分。所以，在瓦尔拉斯的模型中，并不会出现资本家的消费部分。因为没有区分阶级，可以认为瓦尔拉斯的模型是一种乌托邦式的生产模型，人们之间是平均分配的。

所以，瓦尔拉斯的静态均衡可以表述为以下方程组，它比马克思的模型要更简单

$$\begin{cases} 产量出清：x = ax + lxx_0, \\ 价格出清：p = (1 + \pi)(ap + l), \\ 预算约束：l + \pi(ap + l) = lpx_0. \end{cases} \quad (16)$$

瓦尔拉斯的产量出清与价格出清与马克思的简单再生产类似。但是，由于瓦尔拉斯的模型中不区分资本家和工人，所以在产量出清和消费约束中，不会出现资本家的消费 x_1。社会生产的工资收入和利润，在工人之间平均分配。

区分阶级与否，数学上仅仅是多一个数字少一个数字的问题，经济学工具和数学工具并不会体现出背后有什么不同。但这背后却有着对现实世界刻画的深刻程度的区别，这是瓦尔拉斯模型的根本缺陷之一。

5.2.3　利润率 $\pi=0$ 假设

进一步，在更加简单的瓦尔拉斯均衡中，通常假设利润率 $\pi=0$，因为市场竞争将导致生产者边际利润率为 0（乌托邦式的生产确实不需要利润，利润和利息是资本主义的本质），这样瓦尔拉斯均衡就可以进一步简化为

$$\begin{cases} 产量出清：x = ax + lxx_0, \\ 价格出清：p = ap + l, \\ 预算约束：px_0 = 1。 \end{cases} \tag{17}$$

上式（17）构成了简单的瓦尔拉斯静态均衡模型。

但是，在马克思的经济模型中，从来没有假设过资本家的利润率可以等于零。马克思认为追逐利润是资本家的本性，资本家不是慈善家。不仅利润率不可能为零，资本家会千方百计地追求更高的利润。关于企业利润率会不会长期趋于零的问题，各类经济学家有很多的争论。如果按照瓦尔拉斯等经济学家的自由竞争假设来讲，资本家的利润率长期必将趋于零。但是在现实社会中，不管经济好坏、企业利润上下波动，企业仍然以追求利润为目标，没有利润的企业是"事业单位"。所以利润率为零这一假设不仅仅是一个经济学假设，

它是一个政治立场假设。马克思坚定地认为资本主义的生产中，利润不可能为零，因为这是资本家本质、资本本质的表现，如果放弃这一前提假设，社会将变为社会主义乃至共产主义社会。

5.3 单一商品简单再生产案例

我们下面举一个简单的实例，来简单演示一下单一产品的简单再生产过程。

我们假设社会中有若干工人和一个资本家，生产由工人进行。社会上只有一种商品：小麦。小麦既作为资本品，又作为消费。由于社会上只有一种商品，所以只有一个行业，就是小麦种植业。

具体地，社会生产消费设定如下：

（1）社会生产的周期为年，小麦的重量以千斤计算；

（2）每个工人每年维持生活需要消费 $x_0 = 1$ 千斤小麦；

（3）资本家每年需要消费小麦 $x_1 = 2.4$ 千斤；

（4）工人每人每年使用 0.2 千斤小麦作为种子，可以种出 2 千斤小麦，也就是说，每生产 $x = 1$ 千斤小麦，需要投入 $ax = 0.1x = 100$ 斤小麦（于是 $a = 0.1$），同时投入 $l = 0.5$ 个劳动力；

（5）假设工人每年的工资为 1 千元，则由于工人每年消费 1 千斤小麦，所以小麦的价格为 1 千元/千斤；

（6）假设最终均衡产量为 x 千斤小麦，则需要 $L = lx = 0.5x$ 个工人。

（7）资本家的生产利润率为 π。

根据产量出清（11）式，即

$$x = ax + lxx_0 + x_1。$$

将各已知量代入得

$$x = 0.1 \times x + 0.5 \times x \times 1 + 2.4。 \tag{18}$$

解得 $x = 6$，即社会均衡产量为 6 千斤小麦，需要工人为 $lx = 0.5 \times 6 = 3$ 人。

而根据价格出清等式

$$p = (1 + \pi)(ap + l)。$$

代入已知量，得

$$1 = (1 + \pi) \times (0.1 \times 1 + 1 \times 0.5)。 \tag{19}$$

解得 $\pi = \dfrac{2}{3}$，资本家利润率为 66.67%。

这样社会的最终生产状态就求解出来了。社会生产有 3 个工人和 1 个资本家；每一年，社会总产量为 6000 斤小麦；而这 6000 斤小麦中，其中有 $ax = 0.1 \times 6000 = 600$ 斤作为种子用于种植小麦，另外有 $Lx_0 = 3 \times 1000 = 3000$ 斤小麦用于工人消费，剩余的 2400 斤用于资本家消费，社会生产和消费恰好出清。

我们知道，小麦的价格为 1 千元/千斤。下面，我们来计算小麦的价值。根据价值等式（13），即

$$v = av + l，$$

我们将已知量代入，得

$$v = 0.1 \times v + 0.5，$$

解得

$$v = \frac{5}{9} < 1 = p。 \tag{20}$$

于是我们就得到了小麦的价格为 1，价值为 $\dfrac{5}{9}$。另外对

于单位工人的劳动力，其价格按假设为 1，而其价值等于单位工人所消费的 1 千斤小麦的价值，即 $\frac{5}{9}$。所以，在本案例中，我们看到，商品的价格价值之比等于劳动力的价格价值之比。

至此，我们计算出了生产中所有要素的价格和价值。这样整个生产过程可以表示如下。

表 6　小麦简单再生产过程表

	总产出	不变资本投入	可变资本投入	剩余价值/利润
数量	社会总产出 6 千斤小麦 ⇐	生产资料投入 0.6 千斤小麦 +	3 个工人 消费 3 千斤小麦 +	1 个资本家 消费 2.4 千斤 小麦
价格	6×1 $=6$ 千元 ⇐	0.6×1 $=0.6$ 千元 +	3×1 $=3$ 千元 +	按面包消费 2.4×1 $=2.4$ 千元 或 $\Pi=\pi(C_p+V_p)$ $66.67\%\times(0.6+3)$ $=2.4$ 千元
价值	$6\times\frac{5}{9}$ $=\frac{10}{3}$ 单位 ⇐	$0.6\times\frac{5}{9}$ $=\frac{1}{3}$ 单位 +	$3\times\frac{5}{9}$ $=\frac{5}{3}$ 单位 +	$2.4\times\frac{5}{9}$ $=\frac{4}{3}$ 单位

下面我们计算资本家的剥削率。我们知道根据定义，每年每个工人的劳动总价值为 1。而工人的工资为 1 千斤小麦的价值，也就是 $\frac{5}{9}$，所以被资本家剥削的剩余价值为 $1-\frac{5}{9}=\frac{4}{9}$。剥削率 e 为剩余价值除以劳动力价值（$=80\%$），为

$$e = \frac{4}{9} \div \frac{5}{9} = \frac{4}{5} > \frac{2}{3} = \pi。 \tag{21}$$

关于剥削率，我们知道它等于剩余价值除以劳动力价值，这对应表6中的剩余价值和可变资本两列。我们可以注意到，在本例中，剥削率（80%）等于用数量计算的剩余价值除以可变资本（=2.4÷3），也等于以价格计算的剩余价值除以可变资本（=2.4÷3），还等于以价值计算的剩余价值除以可变资本$\left(=\frac{4}{3} \div \frac{5}{3}\right)$。当然，剥削率是基于价值定义的。本例由于所有项目都可以折合为小麦，所以三者相等，更复杂的情形一般是不相等的。

另外，我们注意到，在本案的生产中，资本投入比（按价格）

$$k = \frac{ap}{l} = \frac{0.1 \times 1}{0.5} = \frac{1}{5},$$

我们可以发现

$$\pi = \frac{2}{3} = \frac{e}{1+k} = \frac{\frac{4}{5}}{1+\frac{1}{5}}。 \tag{22}$$

这一等式在一定条件下都是成立的。

5.4 多商品简单再生产模型

从单商品到多商品的研究，我们需要借助向量和矩阵的形式。关于线性代数的简单介绍，请看附录的相关内容。

在社会上有多种商品（多个行业）的情况下，马克思始终是按照生产资料部门（早期重工业）和生活资料部门（早期轻工业）将社会生产分为两个部门。这两个部门有不同的分工，后面我们将会看到，这样的分类对扩大再生产有更重要的意义。但是，这样分部门之后数学展示上会更加复杂，且对简单再生产而言作用不大。这里我们暂时不区分部门而给出简单再生产的模型，可以方便展示它与瓦尔拉斯均衡的异同点。

5.4.1 多商品下的简单再生产参数

类似于单商品时的生产假设，我们做如下的符号假定。

（1）目标变量：令向量 x、p、v 为社会生产投入的（同时也等于产出的）商品的数量、价格和价值向量，它们均为 n 维向量，x、p、v 是我们需要计算求解的最终目标。我们假定社会上有 n 个行业，每个行业生产一种商品，商品 i 的数量、价格和价值分别为 x_i、p_i、v_i。

$$x = \begin{pmatrix} x_1 \\ x_2 \\ \vdots \\ x_n \end{pmatrix}, \ p = \begin{pmatrix} p_1 \\ p_2 \\ \vdots \\ p_n \end{pmatrix}, \ v = \begin{pmatrix} v_1 \\ v_2 \\ \vdots \\ v_n \end{pmatrix}。$$

（2）生产参数：为了生产数量为 $x = (x_i)$ 的一组商品，需要投入相应的商品（生产资料）和劳动。同时为了维持社会人群消费，也需要消耗一定的商品（生活资料），我们假设这些参数是社会生产所固有的，维持不变的，它们都是微观均衡的结果。

我们假设各商品的生产过程为

生产 1 件商品 $X_i \Leftarrow$ 投入 l_i 个劳动力 $+ \sum_{j=1}^{n}$ 投入 a_{ji} 件商品 j。

$$(23)$$

不变资本投入系数方阵 A：记 $A = (a_1, \cdots, a_n) = (a_{ij})$，为商品投入系数矩阵，其中 a_i 为矩阵 A 的列向量，a_{ij} 即为（23）式中的商品投入数量。记 $l = (l_1, l_2, \cdots, l_n)$ 为生产各商品均为 1 单位时所需要的投入劳动数量。另外，我们简记 $L = l^T x = x^T l = \sum l_i x_i$ 为生产 x 的商品所需要的总劳动投入量。

A 展开表示为

$$A = \begin{pmatrix} a_{11} & a_{12} & \cdots & a_{1n} \\ a_{21} & a_{22} & \cdots & a_{2n} \\ \vdots & \vdots & \ddots & \vdots \\ a_{n1} & a_{n2} & \cdots & a_{nn} \end{pmatrix} = (a_1, \cdots, a_n)。$$

这对应的生产 1 件商品 X_1，需要投入的各商品 X_i 的数量分别为矩阵 A 的第一列元素 $(a_{11}, a_{21}, \cdots, a_{n1})$。这对应数学上，当商品数量 $x_* = (1, 0, \cdots, 0)$ 时，即生产 1 单位商品 X_1 时（其他商品数量都是 0），所需要投入的商品组即为

$$a_1 = \begin{pmatrix} a_{11} \\ a_{21} \\ \vdots \\ a_{n1} \end{pmatrix} = \begin{pmatrix} a_{11} & a_{12} & \cdots & a_{1n} \\ a_{21} & a_{22} & \cdots & a_{2n} \\ \vdots & \vdots & \ddots & \vdots \\ a_{n1} & a_{n2} & \cdots & a_{nn} \end{pmatrix} \begin{pmatrix} 1 \\ 0 \\ \vdots \\ 0 \end{pmatrix} = A x_*。$$

类似地，对于生产任意数量的商品组合 x，根据（23）式可以得出我们需要投入的商品数量就等于 Ax。

根据（23）式的生产过程，我们有价格及价值等式

1 件商品 X_i 的价格 $p_i = (1 + \pi) \times [\sum_{j=1}^{n} (a_{ji}$ 件商品 $j \times p_j) + l_i \times 1]$。

$$(24)$$

1 件商品 X_i 的价值 $v_i = \sum_{j=1}^{n} (a_{ji}$ 件商品 $j \times v_j) + l_i$。

$$(25)$$

由于 $\boldsymbol{a}_i = (a_{1i}, a_{2i}, \cdots, a_{ni})$，根据矩阵和向量的乘法（点乘），投入商品的总价格为

$$\sum_{j=1}^{n} a_{ji} p_j = \boldsymbol{a}_i^T \boldsymbol{p},$$

于是，（24）式就变为

$$p_i = (1 + \pi)(\boldsymbol{a}_i^T \boldsymbol{p} + l_i)。 \qquad (26)$$

由于 $\boldsymbol{p} = (p_1, \cdots, p_n)$，$\boldsymbol{l} = (l_1, \cdots, l_n)$，

$$\boldsymbol{A}^T = \begin{pmatrix} a_{11} & a_{21} & \cdots & a_{n1} \\ a_{12} & a_{22} & \cdots & a_{n2} \\ \vdots & \vdots & \ddots & \vdots \\ a_{1n} & a_{2n} & \cdots & a_{nn} \end{pmatrix} = \begin{pmatrix} \boldsymbol{a}_1^T \\ \boldsymbol{a}_2^T \\ \vdots \\ \boldsymbol{a}_n^T \end{pmatrix},$$

$$\boldsymbol{A}^T \boldsymbol{p} = \begin{pmatrix} a_{11} & a_{21} & \cdots & a_{n1} \\ a_{12} & a_{22} & \cdots & a_{n2} \\ \vdots & \vdots & \ddots & \vdots \\ a_{1n} & a_{2n} & \cdots & a_{nn} \end{pmatrix} \begin{pmatrix} p_1 \\ p_2 \\ \vdots \\ p_n \end{pmatrix} = \begin{pmatrix} \boldsymbol{a}_1^T \\ \boldsymbol{a}_2^T \\ \vdots \\ \boldsymbol{a}_n^T \end{pmatrix} p = \begin{pmatrix} \boldsymbol{a}_1^T \boldsymbol{p} \\ \boldsymbol{a}_2^T \boldsymbol{p} \\ \vdots \\ \boldsymbol{a}_n^T \boldsymbol{p} \end{pmatrix} = \begin{pmatrix} \sum a_{i1} p_i \\ \sum a_{i2} p_i \\ \vdots \\ \sum a_{in} p_i \end{pmatrix},$$

$$\boldsymbol{A}^T \boldsymbol{v} = \begin{pmatrix} a_{11} & a_{21} & \cdots & a_{n1} \\ a_{12} & a_{22} & \cdots & a_{n2} \\ \vdots & \vdots & \ddots & \vdots \\ a_{1n} & a_{2n} & \cdots & a_{nn} \end{pmatrix} \begin{pmatrix} v_1 \\ v_2 \\ \vdots \\ v_n \end{pmatrix} = \begin{pmatrix} \boldsymbol{a}_1^T \\ \boldsymbol{a}_2^T \\ \vdots \\ \boldsymbol{a}_n^T \end{pmatrix} v = \begin{pmatrix} \boldsymbol{a}_1^T \boldsymbol{v} \\ \boldsymbol{a}_2^T \boldsymbol{v} \\ \vdots \\ \boldsymbol{a}_n^T \boldsymbol{v} \end{pmatrix} = \begin{pmatrix} \sum a_{i1} v_i \\ \sum a_{i2} v_i \\ \vdots \\ \sum a_{in} v_i \end{pmatrix}。$$

所以对于所有商品的组合，我们有

$$p = (1 + \pi)(A^T p + l)。 \qquad (27)$$

类似地，对于价值我们有

$$v = A^T v + l。 \tag{28}$$

（3）消费参数：

a）单位人工消费商品组 x_0：为维持 1 单位劳动投入的生存所需要消费的各商品数量。我们假定所有工人是完全相同的，他们提供完全相同的劳动，也消耗完全相同的生活资料组合。x_0 是由工人在工资收入限制下效用最大化得出的均衡选择。

b）资产阶级消费商品组 x_1：为整个资产阶级消费的各商品数量总和，同时我们假定资产阶级的收入为社会生产的总利润，且资产阶级不储蓄，全部消费。x_1 是由资产阶级在利润收入限制下效用最大化得出的均衡选择。

（4）其他参数：

a）利润率 π：各行业资本家要求的利润率为 π_i，而在均衡状态下在各行业的利润率相等，均为 π。

b）单位工资：简单起见，我们直接假定工人的单位工资为 ¥1。另外，假定资本家支付的单位劳动投入的工资等于单位人工需要消耗的商品组的价格，即 $x_0^T p = p^T x_0 = ¥1$。

5.4.2　多商品下的简单再生产模型

基于以上符号假定，类似于单商品下的情况，我们有如下结果。

第一，产量出清，生产量等于消耗/消费量。每一期的总产量为 x，而消费/消耗的去向有 3 个：用作生产资料的 Ax、供工人阶级消费的 Lx_0、供资产阶级消费的 x_1。所以，我们有

$$x = Ax + Lx_0 + x_1。 \tag{29}$$

第二，价格出清，同前述（27）式，售价 p 等于成本价加利润，生产成本则包括原材料成本 $A^T p$ 和人力成本 l，

$$p = (1 + \pi)(A^T p + l)。 \tag{30}$$

第三，价值出清，同前述（28）式，产出价值 v 等于投入价值。而投入价值则包括投入的生产资料的价值 $A^T v$ 和投入的人力价值 l，

$$v = A^T v + l。 \tag{31}$$

最后，生产消费满足预算约束，即消费额等于当期收入。对于工人，其每期工资收入为 ¥1，而消费的商品数量为 x_0，总价为 $p^T x_0$；对于所有资本家，每期收入为社会生产的总利润，为利润率 π 乘以单件商品的成本 $A^T p + l$ 再乘以总产量 x，而资产阶级的消费为 x_1 个商品，总价为 $p^T x_1$，所以我们有

$$1 = p^T x_0，\text{工人消费约束}， \tag{32}$$

$$\pi(A^T p + l)^T x = p^T x_1，\text{资产阶级消费约束}。 \tag{33}$$

上述方程式（29）～（33）就完整地描述了多商品下马克思的简单再生产过程，它们和单商品时的等式（11）～（15）非常类似。

5.4.3　与瓦尔拉斯模型的对比

在不区分工人资本家及利润为零假设下，与单一商品时的瓦尔拉斯均衡类似，多商品下的简单瓦尔拉斯均衡可以表达为

$$\begin{cases} \text{产量出清：} x = Ax + Lx_0， \\ \text{价格出清：} p = A^T p + l， \\ \text{预算约束：} p^T x_0 = 1。 \end{cases} \tag{34}$$

多商品下的瓦尔拉斯均衡与马克思简单再生产的区别和单商品时的情况基本相同，我们此处不再赘述。

一言以蔽之，瓦尔拉斯是微观均衡边际理论集大成者，是贡献卓著的数理经济学者；马克思是伟大的资本主义经济学家，是伟大的思想家。

5.5　分部门的简单再生产

5.5.1　生产部门划分的重要意义

在马克思的经济研究中，始终坚持将社会生产分为两个部门：一个是生产资料部门（资本品，偏向于重工业），另一个是生活资料部门（消费品，偏向于轻工业）。这一做法，在数学上没有太大意义，但是马克思将生产部门与消费部门分开，有其深刻的社会原因，其背后也体现着资本主义生产的本质。

我们可以粗略地认为，生产资料部门（重工业部门、资本密集型产业）是为资本家服务的部门，而生活资料部门是为工人服务的部门。生活资料部门生产的各种产品，主要用于维持劳动力的生存，是为广大工人服务的，这个部门对于资本家而言没有积极意义，并不能给资本家带来更多的利润。而生产资料部门本身对工人而言是没有太多意义的，它们并不能为工人所消费，但是却能给资本家带来利润，可以令资本增值。而资本的本质就是要不断地流动和增值，而在生活资料部门是达不到这一目的的，所以资本家有极大的冲动扩大生产部门的生产，这就是后文我们将提到的扩大再生产。

所以，虽然我们这里不作重点地给出分部门的再生产模型，但是我们要清楚分部门的再生产模型才是完整的马克思简单再生产模型，才能完整地体现马克思的思想。

5.5.2 两商品的分部门简单再生产模型

我们仍然从单一商品的情形来讨论分部门的简单再生产模型。我们假设社会分成两个部门：一个生产资料部门，其产品只有一种，商品 X_1；另一个部门是生活资料部门，其产品也只有一种，商品 X_2。商品 X_1 是生产资料，它可以用来生产商品 X_1 和 X_2，但不能用作消费；商品 X_2 是消费品，它只用于工人和资本家的消费，不能用于生产。我们假设生产过程如下：

生产 1 件商品 $X_1 \Leftarrow$ 投入 a_1 件商品 X_1 ＋ 投入 l_1 个劳动力，

生产 1 件商品 $X_2 \Leftarrow$ 投入 a_2 件商品 X_1 ＋ 投入 l_2 个劳动力。

$$(35)$$

令 x_1、x_2 为每期资本品 X_1、消费品 X_2 的产量，p_1、p_2 为对应的价格，v_1、v_2 为对应的价值。令 $L = l_1 x_1 + l_2 x_2$ 为生产 x_1 个资本品和 x_2 个消费品所需要的劳动总投入。令 d 为每期维持每单位劳动投入（工人×天数）所需要的消费品 X_2 的数量，同时令 f 代表每期整个资产阶级所需要的消费品 X_2 的总量。则每期所有工人的必需消费品量等于 Ld。我们仍然假设两个部门工人的单位工资均为 ¥1，两个部门资本家的利润率均为 π。

第一，两部门各自产量出清，生产量等于消耗/消费量。生产资料 X_1 的消耗用作两种商品的生产 $a_1 x_1$ 和 $a_2 x_2$，生活资料 X_2 的消耗用作工人 Ld 和资本家的消费 f，所以有

$$x_1 = a_1 x_1 + a_2 x_2, \text{ 资本品出清}, \quad (36)$$

$$x_2 = Ld + f, \text{ 消费品出清}。 \quad (37)$$

第二，两部门各自价格出清，售价等于成本价加利润，而成本等于投入的生产资料成本 $a_i p_1$ 加人工成本 l_i，则有

$$p_1 = (1 + \pi)(a_1 p_1 + l_1), \quad (38)$$

$$p_2 = (1 + \pi)(a_2 p_1 + l_2)。 \quad (39)$$

第三，两部门各自价值出清，产出价值等于投入价值，而投入价值等于投入的生产资料价值 a_iv_1 加劳动价值 l_i，所以有

$$v_1 = a_1v_1 + l_1, \tag{40}$$

$$v_2 = a_2v_1 + l_2 。 \tag{41}$$

最后，生产消费满足预算约束。工人和资本家的收入均等于其消费支出 p_2d、p_2f，而消费仅涉及商品 X_2。

$$1 = p_2d，\text{工人消费约束}， \tag{42}$$

$$\Pi = p_2f，\text{资产阶级消费约束} 。 \tag{43}$$

其中 Π 为两个部门的总利润，等于总投入乘以利润率，而总投入为单位商品投入 $a_ip_1+l_i$ 乘以各自的产量 x_i，所以

$$\Pi = \pi \times \left[(a_1p_1 + l_1)x_1 + (a_2p_1 + l_2)x_2 \right]。 \tag{44}$$

上述方程式（36）~（44）给出了单一商品分部门的简单再生产模型。

5.5.3　两商品的分部门的简单再生产案例

我们下面举一个简单的实例，来简单演示一下分部门的简单再生产过程。

首先，我们假设社会系统中有若干工人和一个资本家（养了一条狗），生产由工人进行。社会上有两种产品：小麦 X_1 和面包 X_2。两种产品中，小麦作为资本品，用于种植小麦，不直接消费；面包用于工人和资本家（及所养狗）的消费品。社会上有两种商品，所以存在两个行业，每个行业生产其中一种商品。种植行业的工人负责用小麦种子种植小麦，食品行业的工人负责用小麦生产面包。

社会生产消费参数设定如下：

（1）社会生产的周期为年，重量单位为千斤；

（2）每个工人每年维持生活需要消耗 $d=1$ 千斤面包；

（3）资本家（及所养狗）每年需要消费面包 $f = 2$ 千斤；

（4）种植工人，每人每年使用 1 千斤小麦，可以种出 5 千斤小麦，也就是说，生产 1 千斤的小麦，投入 $a_1 = \frac{1}{5} = 0.2$ 千斤小麦，投入 $l_1 = \frac{1}{5} = 0.2$ 单位劳动；

（5）食品工人，每人每年使用 2 千斤小麦，可以生产 2 千斤面包，也就是说，生产 1 千斤的面包，投入 $a_2 = 1$ 千斤小麦，投入 $l_2 = \frac{1}{2} = 0.5$ 单位劳动；

（6）工人每年工资为 1 千元，所以它等于每年消费的 1 千斤面包的价钱，于是面包的价格为 1 千元/千斤；

（7）两个行业生产利润率均为 π。

我们先计算社会的均衡产量 x_1 和 x_2。根据两部门各自的产量出清（36）、（37）式，即

$$x_1 = a_1 x_1 + a_2 x_2,$$
$$x_2 = Ld + f = (l_1 x_1 + l_2 x_2)d + f。$$

将已知量代入，得

$$x_1 = 0.2x_1 + x_2,$$
$$x_2 = (0.2x_1 + 0.5x_2) \times 1 + 2。$$

解得 $x_1 = 10$，$x_2 = 8$。于是，部门 1 的种植行业需要工人数为 $l_1 x_1 = 0.2 \times 10 = 2$ 人，部门 2 的食品行业需要工人数为 $l_2 x_2 = 0.5 \times 8 = 4$ 人，社会生产一共需要 6 个工人。

社会生产的均衡状态为：种植行业 2 个工人，每年生产 $2 \times 5000 = 10000$ 斤小麦，同时需要使用 $0.2 \times 10000 = 2000$ 斤小麦作为种子，于是种植行业每年净产出 8000 斤小麦；食品行业 4 个工人，每年产出 $2000 \times 4 = 8000$ 斤面包，同时需要投入

8000 斤小麦，于是两个行业的小麦产出量和使用量正好相等；消费方面，6 个工人消费 1000×6 = 6000 斤面包，资本家消费 2000 斤面包，社会一共消费 8000 斤面包，正好等于食品行业的产量。社会的各项商品产量出清。

下面我们来计算小麦的价格 p_1 和资本家的利润率 π。根据价格出清方程（38）、（39）式

$$p_1 = (1 + \pi)(a_1 p_1 + l_1),$$
$$p_2 = (1 + \pi)(a_2 p_1 + l_2)。$$

我们将已知量代入，得

$$p_1 = (1 + \pi)(0.2 p_1 + 0.2),$$
$$1 = (1 + \pi)(p_1 + 0.5)。$$

解得 $p_1 = 0.322$ 千元/千斤，$\pi = 21.7\%$。也就是说，小麦的价格约为 3 毛钱一斤，资本家的利润率约为 21.7%。

下面我们来计算小麦的价值 v_1 和面包的价值 v_2。根据价格等式（40）、（41）式，即

$$v_1 = a_1 v_1 + l_1,$$
$$v_2 = a_2 v_1 + l_2。$$

我们代入各已知量，得

$$v_1 = 0.2 v_1 + 0.2,$$
$$v_2 = v_1 + 0.5。$$

解得 $v_1 = 0.25$，$v_2 = 0.75$。很显然，

$$v_1 = 0.25 < p_1 = 0.322，\quad v_2 = 0.75 < p_2 = 1。 \quad （45）$$

上式我们有两种商品的价格都大于其价值，但是两种商品的价格与价值的比值并不相等。$p_1/v_1 = 0.322/0.25 = 1.29$，而 $p_2/v_2 = 1/0.75 = 1.33$。这是由于两个部门（商品）资本投入结构不同导致的。

表7 小麦、面包及加总生产过程表

小麦	总产出	不变资本投入	可变资本投入	剩余价值/利润
数量	社会总产出 10 千斤小麦 ⇐	生产资料投入 2 千斤小麦 +	2 个工人 消费 2 千斤面包 +	种植业资本家 消费若干面包
价格	0.322×10 =3.217 千元 ⇐	0.322×2 =0.643 千元 +	1×2 =2 千元 +	$\Pi = \pi(C_P + V_P)$ $= 21.7\% \times (0.643+2)$ $= 0.574$ 千元
价值	0.25×10 =2.5 单位 ⇐	0.25×2 =0.5 单位 +	0.75×2 =1.5 单位 +	2.5-0.5-1.5 =0.5 单位
面包	**总产出**	**不变资本投入**	**可变资本投入**	**剩余价值/利润**
数量	社会总产出 8 千斤面包 ⇐	生产资料投入 8 千斤小麦 +	4 个工人 消费 4 千斤面包 +	食品业资本家 消费若干面包
价格	1×8 =8 千元 ⇐	0.322×8 =2.574 千元 +	1×4 =4 千元 +	$\Pi = \pi(C_P + V_P)$ $= 21.7\% \times (2.574+4)$ $= 1.426$ 千元
价值	0.75×8 =6 单位 ⇐	0.25×8 =2 单位 +	0.75×4 =3 单位 +	6-2-3 =1 单位
加总	**总产出**	**不变资本**	**可变资本**	**剩余价值/利润**
数量	10 千斤小麦 8 千斤面包	2+8 =10 千斤小麦 +	6 个工人 消费 6 千斤面包 +	全部资本家 消费 2 千斤面包
价格	3.217+8 =11.217 千元 ⇐	0.643+2.574 =3.217 千元 +	1×6 =6 千元 +	利润加总 0.574+1.426 =2 千元 或，按面包消费 1×2 =2 千元
价值	2.5+6 =8.5 单位 ⇐	0.5+2 =2.5 单位 +	1.5+3 =4.5 单位 +	0.5+1 =1.5 单位

对于工人，其单位劳动价值为 1，其中资本家支付的工

资部分为工人每年消费的 1 千斤面包的价值 $v_2 = 0.75$，剩余价值为 $1-0.75 = 0.25$，所以剥削率

$$e = \frac{0.25}{0.75} = 33.33\% > \pi = 21.7\%。 \tag{46}$$

通过表 7，我们可以注意到两个行业的剥削率都等于 33.33%。生产小麦的行业剥削率＝剩余价值 0.5÷劳动力价值 1.5，而生产面包的行业剥削率＝剩余价值 1÷劳动力价值 3。但是，此时剥削率就不等于用价格衡量的利润除以工资了（而前文表 6 则相等）。这是因为两个部门的资本投入比是不同的，所以两种商品的价格和价值不成正比。

另外，由于两个部门的资本投入比不同。所以虽然两个部门的剥削率 e 和利润率 π 都是相同的，但（22）式的 $\pi = e/(1+k)$ 对于两个部门的资本投入比都不成立。

5.5.4　多商品分部门简单再生产模型

下面我们来给出分部门的简单再生产模型。我们假设生产资料部门为部门 1，有 n 个商品；生活资料部门为部门 2，有 $m-n$ 个商品。即社会一共有 m 个商品。

令向量 x_1、x_2 为每期资本品、消费品产量，p_1、p_2 为对应的价格，v_1、v_2 为对应的价值（包含的无差别劳动量）。其中 x_1、p_1、v_1 是 n 维向量，x_2、p_2、v_2 是 $m-n$ 维向量。实际上将 x_1、x_2 叠在一起就组成了我们上边不分部门的 x，对 p、v 也同理。

$$x_1 = \begin{bmatrix} x_1 \\ x_2 \\ x_3 \\ \vdots \\ x_n \end{bmatrix}, \quad x_2 = \begin{bmatrix} x_{n+1} \\ x_{n+2} \\ x_{n+3} \\ \vdots \\ x_m \end{bmatrix}。$$

对应资本品和消费品的产出分别为 x_1、x_2，我们假设所需要的资本品投入分别为 A_1x_1、A_2x_2，其中 A_1 为 $n\times n$ 的方阵，A_2 为 $n\times(m-n)$ 的矩阵；所需的劳动投入（工人×天数）分别为 $l_1^Tx_1$、$l_2^Tx_2$，其中 l_1、l_2 分别为 n 维、$m-n$ 维向量。令 $L=l_1^Tx_1+l_2^Tx_2$ 为生产资本品和消费品所需要的劳动总投入。令 d 为每期维持每单位劳动投入（工人×天数）所需要的（必需）消费品量，同时令 f 代表每期整个资产阶级所需要的消费品总量，d、f 均为 $m-n$ 维向量。则每期所有工人的必需消费品量等于 Ld。我们仍假设工人单位工资为￥1。

第一，各部门各自产量出清，资本品的生产量 x_1 等于部门1的生产投入 A_1x_1 加上部门2的生产投入 A_2x_2，而对于消费品，其总产量 x_2 等于工人的消费量 Ld 加上资本家的消费量 f。所以有

$$x_1=A_1x_1+A_2x_2，资本品出清，\qquad(47)$$

$$x_2=Ld+f，消费品出清。\qquad(48)$$

第二，各部门各自价格出清，售价 p_i 等于成本价加利润，而成本由资本品投入 $A_i^Tp_1$ 和劳动力投入 l_i 组成，则有

$$p_1=(1+\pi)(A_1^Tp_1+l_1)，\qquad(49)$$

$$p_2=(1+\pi)(A_2^Tp_1+l_2)。\qquad(50)$$

第三，各部门各自价值出清，产出价值等于投入价值，产出价值 v_i 等于资本品投入价值 $A_i^Tv_1$ 和劳动力投入价值 l_i 组成，所以有

$$v_1=A_1^Tv_1+l_1，\qquad(51)$$

$$v_2=A_2^Tv_1+l_2。\qquad(52)$$

最后，工人和资本家消费满足以下预算约束

$$1=p_2^Td，工人消费约束，\qquad(53)$$

$$\Pi = p_2^T f,\ \text{资产阶级消费约束。} \tag{54}$$

其中 Π 为生产总利润，等于总投入乘以利润率 π，而总投入等于两个部门的投入总和，各部门的投入等于 1 件商品的投入 $A_i^T p_1 + l_i$ 点乘产量 x_i。

$$\Pi = \pi \times \left[\left(A_1^T p_1 + l_1 \right)^T x_1 + \left(A_2^T p_1 + l_2 \right)^T x_2 \right]。 \tag{55}$$

上述方程式（47）~（55）给出了分部门的马克思的简单再生产模型，是更为完整的马克思思想的体现。

第六章 生产中的价值与价格

 基于我们上文给出的马克思的简单再生产模型，我们可以详细地研究商品的价值与价格的关系。以下的结论中，有些需要社会生产达到简单均衡，而有些则不需要。这些价格与价值的转换关系，有些适合大部分经济场景，而有些只在特定条件下成立。在后面的扩大再生产，我们也会继续用到价格与价值的这些转换关系。我们的结论和证明大都给出了一种商品、两种商品和多种商品的案例及数学证明，方便大家理解。

 由于涉及价值问题，所以瓦尔拉斯均衡对这些问题完全没有涉及，这些是马克思经济学的伟大贡献。

6.1 价格一定大于价值

 马克思在再生产中着重研究了价值和价格的关系。他发现以工人工资计量的商品价格一定是大于商品的价值的。以工人工资计量的商品价格（即商品价格除以单位工人工资作为商品价格，这相当于设定单位工人工资为1），代表了商品的价格是劳动力价格的倍数，这是在价格体系下可以获得的最直观的衡量商品价格中所包含的劳动价值的方法。但是如此计算出的商品价格不等于其真实的价值，而大于真实的价值。这从根本上说，是因为劳动力的价格是低估的，有一部分劳动的价格作为剩余价值被资本家占有了，导致了商品的相对价格升高了。

我们注意，价格大于价值，是基于两项基本的假设：第一，单位劳动的价值为 1（不是单位劳动力）；第二，单位劳动力的工资为 1（即以工人工资作为物价的基准）。即我们表象性地假设了劳动价值＝劳动力价格（单位劳动价值为 1，单位劳动力工资也为 1）。而在马克思的价值体系中，劳动价值＝劳动力价值＋剩余价值，即（劳动力价格＝）劳动价值≥劳动力价值。也就是说，因为我们假设了劳动力价格≥劳动力价值，所以才有商品价格≥商品价值。当然，我们之所以做这一假设，是为了表象性地看来工人的工资为 1，则商品的价格可以简单地按工人的工资倍数计算，方便比较各商品中包含的工人的劳动力。但是这一表象性的现象并不是价值本身，而且其数值也并不等于价值。

我们在前文的两个案例中，也验证了这一结论，见（20）式和（45）式。我们下面给出几个简单的案例以及这一结果的数学证明。

6.1.1　案例（1）：单一商品

我们假设社会生产中只有一种商品小麦，且其生产投入产出为

生产 1 千克小麦⇐投入 0.2 千克小麦＋投入 1 单位劳动力，

$$(56)$$

同时，我们假设资本家要求的回报率 $\pi = 25\%$，另外 1 单位劳动力的工资为 1 元钱。于是我们来计算小麦的价格和

价值。

我们假设小麦的价格为 p，价值为 v，则根据（56）式的生产过程，其对应的价格和价值等式为

$$p = (1 + \pi)(0.2p + 1) = 1.25 \times (0.2p + 1),$$
$$v = 0.2v + 1。$$

解得

$$p = 1.66, \ v = 1.25。 \tag{57}$$

所以小麦的价格大于其价值。

6.1.2 案例（2）：两种商品，资本投入结构不同

我们假设社会生产中有两种商品小麦、面包，且其生产投入产出为：

生产1千克小麦 ⇐ 投入0.2千克小麦 + 投入1单位劳动力，

生产1千克面包 ⇐ 投入1千克小麦 + 投入1单位劳动力，

我们假设资本家要求的回报率 $\pi = 25\%$，1单位劳动力的工资为1元钱。

我们假设小麦的价格和价值分别为 p_1、v_1，面包的价格和价值分别为 p_2、v_2。则根据上两式的生产过程，其对应的价格和价值等式为

$$p_1 = (1 + \pi)(0.2p_1 + 1) = 1.25 \times (0.2p_1 + 1),$$
$$p_2 = (1 + \pi)(p_1 + 1) = 1.25 \times (p_1 + 1),$$
$$v_1 = 0.2v_1 + 1。$$
$$v_2 = v_1 + 1。$$

解得

$$p_1 = 1.66, \ v_1 = 1.25; \ p_2 = 3.33, \ v_1 = 2.25。 \tag{58}$$

所以小麦的价格 1.66 大于其价值 1.25，而面包的价格 3.33 大于其价值 2.25。

　　可见价格大于价值在两个行业的资本投入结构不同时是成立的。

6.1.3　案例（3）：两种商品，资本投入结构相同

　　假设社会生产有两种商品小麦和面包，它们的生产过程如下：

　　生产1千克小麦 ⟸ 投入0.2千克小麦 + 投入0.2单位劳动力，

　　生产1千克面包 ⟸ 投入1千克小麦 + 投入1单位劳动力。

　　同时，我们仍然假设单位劳动力的工资为1元钱，而资本家要求的利润率为25%。

　　我们注意到，两个行业投入的不变资本与可变资本的比例是相同的，比例都等于1千克小麦∶1单位劳动力。

　　我们假设小麦的价格和价值分别为 p_1、v_1，面包的价格和价值分别为 p_2、v_2。则根据上两式的生产过程，其对应的价格和价值等式为

$$p_1 = (1 + \pi)(0.2p_1 + 0.2) = 1.25 \times (0.2p_1 + 0.2),$$
$$p_2 = (1 + \pi)(p_1 + 1) = 1.25 \times (p_1 + 1),$$
$$v_1 = 0.2v_1 + 0.2。$$
$$v_2 = v_1 + 1。$$

解得

$$p_1 = 0.33，v_1 = 0.25；p_2 = 1.66，v_2 = 1.25。 \qquad （59）$$

　　所以小麦的价格0.33大于其价值0.25，而面包的价格1.66大于其价值1.25。

　　可见价格大于价值在两个行业的资本投入结构相同时也是成立的。所以该结论和资本投入结构没有关系。

6.1.4　单一商品下的证明

　　我们假设社会生产中只有一种商品 X，只有一个行业。

我们可以证明 $p > v$，且这一结论不需要生产完全处于均衡状态，不需要产量出清。

社会生产投入产出为（注意 $a < 1$，即 $1 - a > 0$）：

生产 1 件商品 $X \Leftarrow$ 投入 a 件商品 $X +$ 投入 l 个劳动力，

$$（60）$$

于是，我们有价值方程为

$$v = av + l。$$

所以有

$$v = \frac{l}{1 - a}。$$

对于价格，我们有

$$p = (1 + \pi)(ap + l)。$$

由于 $1 + \pi > 1$，于是我们有

$$p > ap + l，$$

所以

$$(1 - a)p > l \Rightarrow p > \frac{l}{1 - a} = v。$$

这就证明了 $p > v$。该结论只需要价格和价值的均衡等式，不需要产量出清。

6.1.5　两种商品下的证明

我们假设社会生产有两种商品 X_1、X_2，其生产过程为：

生产 1 件商品 $X_1 \Leftarrow$ 投入 a_{11} 件 $X_1 +$ 投入 a_{21} 件 $X_2 +$ 投入 l_1 个劳动力，

生产 1 件商品 $X_2 \Leftarrow$ 投入 a_{12} 件 $X_1 +$ 投入 a_{22} 件 $X_2 +$ 投入 l_2 个劳动力。

我们假设商品 X_1、X_2 的价格分别为 p_1、p_2，价值分别为

v_1、v_2，假设各行业利润率均为 π。

二商品的价值满足

$$\begin{cases} v_1 = a_{11}v_1 + a_{21}v_2 + l_1, \\ v_2 = a_{12}v_1 + a_{22}v_2 + l_2 \end{cases}$$

$$\Rightarrow \begin{cases} (1 - a_{11})v_1 - a_{21}v_2 = l_1, \\ (1 - a_{22})v_2 - a_{12}v_1 = l_2。 \end{cases} \tag{61}$$

二商品的价格满足

$$\begin{cases} p_1 = (1 + \pi)(a_{11}p_1 + a_{21}p_2 + l_1), \\ p_2 = (1 + \pi)(a_{12}p_1 + a_{22}p_2 + l_2) \end{cases}$$

$$\xrightarrow{1+\pi>1} \begin{cases} p_1 > a_{11}p_1 + a_{21}p_2 + l_1, \\ p_2 > a_{12}p_1 + a_{22}p_2 + l_2 \end{cases}$$

$$\Rightarrow \begin{cases} (1 - a_{11})p_1 - a_{21}p_2 = b_1 > l_1, \\ (1 - a_{22})p_2 - a_{12}p_1 = b_2 > l_2。 \end{cases} \tag{62}$$

我们比较方程组（61）和（62），将 p_1、p_2 和 v_1、v_2 视为未知数，则它们的系数完全相同，只是等号右边的常数项不相等。（62）式中的常数项对应大于（61）式中的常数项，所以（62）式的解 p_1、p_2 一定对应大于（61）式的解 v_1、v_2。这就证明了价格大于价值。

6.1.6　多种商品下的证明

根据多商品下的生产过程，多商品下的价格和价值均衡为［参见（24）、（25）式］

1 件商品 X_i 的价格 p_i

$$= (1 + \pi_i) \times \Big[\sum_{j=1}^{n} (a_{ji} \text{ 件商品 } j \times p_j) + l_i \times 1 \Big]。$$

$$\tag{63}$$

1 件商品 X_i 的价值 $v_i = \sum_{j=1}^{n} (a_{ji}$ 件商品 $j \times v_j) + l_i$。

$$(64)$$

我们记 $\boldsymbol{p} = (p_i)$ 为价格向量，$\boldsymbol{v} = (v_i)$ 为价值向量，$\boldsymbol{l} = (l_i)$ 为劳动力投入向量，$\boldsymbol{A} = (a_{ij})$ 为商品投入矩阵，$\boldsymbol{A}$ 的列向量记为 $\boldsymbol{a}_i$。我们假设各行业利润率可以不同，令 π_i 为行业 i 的利润率，记 $\boldsymbol{\Pi} = \mathrm{diag}(\pi_1, \cdots, \pi_n)$ 是由利润率 π_i 组成的对角矩阵。

对于价值，每个商品的价格 p_i 均衡为

$$v_i = \boldsymbol{a}_i^T \boldsymbol{v} + l_i。$$

用向量形式，价值均衡方程为

$$\boldsymbol{v} = \boldsymbol{A}^T \boldsymbol{v} + \boldsymbol{l},$$

所以有

$$\boldsymbol{v} - \boldsymbol{A}^T \boldsymbol{v} = \boldsymbol{l}$$

$$\Rightarrow (\boldsymbol{I} - \boldsymbol{A}^T) \boldsymbol{v} = \boldsymbol{l},$$

两边同时左乘 $(\boldsymbol{I} - \boldsymbol{A}^T)^{-1}$，得

$$\boldsymbol{v} = (\boldsymbol{I} - \boldsymbol{A}^T)^{-1} \boldsymbol{l}。$$

而对于价格，每个商品的价格 p_i 均衡为

$$p_i = (1 + \pi_i)(\boldsymbol{a}_i^T \boldsymbol{p} + l_i)。$$

对于全部商品的价格 $\boldsymbol{p}$，价格均衡为

$$\boldsymbol{p} = (\boldsymbol{I} + \boldsymbol{\Pi})(\boldsymbol{A}^T \boldsymbol{p} + \boldsymbol{l}),$$

其中 $\boldsymbol{I}$ 为单位矩阵。由于 $\boldsymbol{I} + \boldsymbol{\Pi} \geq \boldsymbol{I}$，再考虑到 $\boldsymbol{A}$、$\boldsymbol{p}$、$\boldsymbol{l} \geq 0$，于是我们有

$$\boldsymbol{p} \geq \boldsymbol{A}^T \boldsymbol{p} + \boldsymbol{l}$$

$$\Rightarrow \boldsymbol{p} - \boldsymbol{A}^T \boldsymbol{p} \geq \boldsymbol{l}$$

$$\Rightarrow (\boldsymbol{I} - \boldsymbol{A}^T) \boldsymbol{p} \geq \boldsymbol{l},$$

上式两边左乘 $(I-A^T)^{-1}$，得

$$p \geqslant (I-A^T)^{-1}l = v。$$

6.2 价格与价值成比例，当且仅当各行业资本投入结构相同

我们看到，以工人工资计价的价格一定大于其真实的价值。于是，各种商品的价格并不能反映其真实的价值。当我们比较不同商品的相对价格的时候，我们并不知道其背后的价值是怎样的关系。

那我们可能进一步关注，在什么情况下，商品的价格正比于其价值，即 $p=bv$，其中 $b \geqslant 1$，为常数。这时，各商品之间的相对价格之比等于其相对价值之比，即价格等于通货膨胀了的价值。这样在各商品之间，我们比较它们的价格，也就是在比较它们的价值了，这就相对于隐藏在商品背后的价值也显性地表达出来了。

下面我们证明，p 与 v 成比例的前提条件，那就是当且仅当各行业资本投入结构（无论用价值或价格计量，因为 p 与 v 成比例）完全相同。我们下面来证明一下。

6.2.1 单一商品，不适用

由于现在我们在讨论多种商品价格与价值成正比的问题，所以单一商品不适用于该情况。

6.2.2 案例（2）：两种商品，资本投入结构不同

我们仍然使用前述案例（2），其生产投入产出为：

生产1千克小麦⇐投入0.2千克小麦＋投入1单位劳动力，

生产1千克面包⇐投入1千克小麦＋投入1单位劳动力，

我们假设资本家要求的回报率 $\pi=25\%$，1 单位劳动力的工资

为 1 元钱。

很明显两个行业投入的不变资本和可变资本比例不同。前文（58）式已经得出小麦和面包的价格与价值，$p_1 = 1.66$，$v_1 = 1.25$；$p_2 = 3.33$，$v_1 = 2.25$。所以小麦的价格价值比为 $1.66/1.25 \approx 1.33$，而面包的价格价值比为 $3.33/2.25 \approx 1.48$。

可见当两个行业资本投入结构不同时，其价格与价值的比值是不同的。

6.2.3 案例（3）：两种商品，资本投入结构相同

假设社会生产有两种商品小麦和面包，它们的生产过程如下：

生产 1 千克小麦 ⇐ 投入 0.2 千克小麦 + 投入 0.2 单位劳动力，

生产 1 千克面包 ⇐ 投入 1 千克小麦 + 投入 1 单位劳动力。

同时，我们仍然假设单位劳动力的工资为 1 元钱，而资本家要求的利润率为 25%。

我们注意到，两个行业投入的不变资本与可变资本的比例是相同的，比例都等于 1 千克小麦：1 单位劳动力。

我们假设小麦的价格和价值分别为 p_1、v_1，面包的价格和价值分别为 p_2、v_2。则根据上两式的生产过程，其对应的价格和价值等式为

$$p_1 = (1 + \pi)(0.2p_1 + 0.2) = 1.25 \times (0.2p_1 + 0.2),$$
$$p_2 = (1 + \pi)(p_1 + 1) = 1.25 \times (p_1 + 1),$$
$$v_1 = 0.2v_1 + 0.2,$$
$$v_2 = v_1 + 1。$$

解得

$$p_1 = 0.33, \ p_2 = 1.66; \ v_1 = 0.25, \ v_2 = 1.25。 \quad (65)$$

所以小麦与面包的价格比为 $0.33 : 1.66 = 1 : 5$，而其价值比为 $0.25 : 1.25 = 1 : 5$。

可见当两个行业资本投入结构不同时，其价格与价值的比值是不同的。所以两个行业的价格价值比值相同，当且仅当其资本投入结构相同。

6.2.4　单一商品下的证明

不适用，无需证明。

6.2.5　两种商品下的证明

假设社会生产只有两个行业，生产两种商品 X_1 和 X_2，其生产过程为

生产 1 件商品 $X_1 \Leftarrow$ 投入 a_{11} 件 $X_1 +$ 投入 a_{21} 件 $X_2 +$ 投入 l_1 个劳动力，

生产 1 件商品 $X_2 \Leftarrow$ 投入 a_{12} 件 $X_1 +$ 投入 a_{22} 件 $X_2 +$ 投入 l_2 个劳动力。

我们假设商品 X_1、X_2 的价格分别为 p_1、p_2，价值分别为 v_1、v_2，假设各行业利润率均为 π。

其价格出清及价值出清等式分别为

$$\begin{cases} p_1 = (1 + \pi)(a_{11}p_1 + a_{21}p_2 + l_1), \\ p_2 = (1 + \pi)(a_{12}v_1 + a_{22}p_2 + l_2), \end{cases}$$

$$\begin{cases} v_1 = a_{11}v_1 + a_{21}v_2 + l_1, \\ v_2 = a_{12}v_1 + a_{22}v_2 + l_2。 \end{cases}$$

价格与价值成正比，即为

$$\frac{p_1}{v_1} = \frac{p_2}{v_2} = b。$$

将价值等式两端分别乘以 b，得

$$\begin{cases} bv_1 = ba_{11}v_1 + ba_{21}v_2 + bl_1, \\ bv_2 = ba_{12}v_1 + ba_{22}v_2 + bl_2 \end{cases}$$

$$\xrightarrow{p_1=bv_1,\ p_2=bv_2} \begin{cases} p_1 = a_{11}p_1 + a_{21}p_2 + bl_1 = (1+\pi)(a_{11}p_1 + a_{21}p_2 + l_1), \\ p_2 = a_{12}p_1 + a_{22}p_2 + bl_2 = (1+\pi)(a_{12}v_1 + a_{22}p_2 + l_2) \end{cases}$$

$$\xrightarrow{\text{等式两端除以}l_i} \begin{cases} \dfrac{a_{11}p_1 + a_{21}p_2}{l_1} + b = (1+\pi)\left(\dfrac{a_{11}p_1 + a_{21}p_2}{l_1} + 1\right), \\ \dfrac{a_{12}p_1 + a_{22}p_2}{l_2} + b = (1+\pi)\left(\dfrac{a_{12}v_1 + a_{22}p_2}{l_2} + 1\right). \end{cases}$$

所以必然有

$$\frac{a_{11}p_1 + a_{21}p_2}{l_1} = \frac{a_{12}p_1 + a_{22}p_2}{l_2}.$$

上式分子为生产资料（不变资本）价格，分母为劳动力价格（可变资本），所以这就说明两个部门的价格体系下的资本投入结构相同。又因为价格与价值成正比，所以价值体系下的比例也相等。

6.2.6 多种商品下的证明

我们假设 $\boldsymbol{p} = a\boldsymbol{v}$，将其代入价格等式（30），同时价值等式（31）两端都乘以 a，我们分别得到

$$\boldsymbol{p} = (1+\pi)(\boldsymbol{A}^T\boldsymbol{p} + \boldsymbol{l}),$$

$$\boldsymbol{p} = a\boldsymbol{v} = a\boldsymbol{A}^T\boldsymbol{v} + a\boldsymbol{l} = \boldsymbol{A}^T\boldsymbol{p} + a\boldsymbol{l}.$$

两式右端相等，得

$$(1+\pi)(\boldsymbol{A}^T\boldsymbol{p} + \boldsymbol{l}) = \boldsymbol{A}^T\boldsymbol{p} + a\boldsymbol{l}$$

$$\Rightarrow \pi\boldsymbol{A}^T\boldsymbol{p} = (a - 1 - \pi)\boldsymbol{l}$$

$$\Rightarrow \boldsymbol{A}^T\boldsymbol{p} = \frac{a - 1 - \pi}{\pi}\boldsymbol{l}. \tag{66}$$

上式中 $\boldsymbol{A}^T\boldsymbol{p}$ 即为投入的不变资本的价格，而 $\boldsymbol{l}$ 为投入的

可变资本的价格向量，两个向量对应元素互为倍数，所以各行业的价格下的资本投入结构相等。而由于价格与价值成正比，所以在价值下的资本投入结构也相等。

易知，本推论和产量出清状态无关，只需要各行业利润率相等。所以，当各行业的资本投入结构都相同时，各商品的价格之比就等于其价值之比，此时显性的价格可以指示其隐性的价值，价值就"显性"地表现在价格上，不再难以计算。

6.3 剥削率一定大于利润率

马克思关注的另一个和价值相关的变量就是剥削率，它代表了资本家的剥削程度。在价格体系下，剥削是看不到的。但是资本家有一个利润率的概念，它从一定程度上代表了资本家从投入中获得的比例。在现实生产中，我们能观察到的只有利润率的值，那利润率和剥削率之间又是什么关系呢？

马克思证明剥削率一定是大于表面上的利润率的。我们前边给出的案例的结果，也验证了这一结论，见（21）式和（46）式。

6.3.1 案例（1）：单一商品

我们仍然使用前述案例（1），其生产投入产出为

生产 1 千克小麦 ⇐ 投入 0.2 千克小麦 + 投入 1 单位劳动力，

资本家要求的回报率 $\pi = 25\%$，1 单位劳动力的工资为 1 元钱。前文（57）式已经解出小麦的价格 $p = 1.66$，价值 $v = 1.25$。

现在我们来求资本家的剥削率 e。由定义，剥削率等于剩余价值除以劳动力价值。对于投入的 1 单位的劳动，其价

值为1。我们来计算劳动力价值，劳动力价值等于维持其生存的生活资料的价值。我们知道，工人的工资为¥1，工人用1元钱的工资可以购买的生活资料为 $\frac{1}{1.66} = 0.6$ 千克小麦（资本家给工人的工资仅够维持生存）。所以，这 0.6 千克小麦必然就等于其劳动力价值，等于 $0.6 \times 1.25 = 0.75$。而剩余价值等于劳动价值减去劳动力价值，为 $1 - 0.75 = 0.25$。所以剥削率

$$e = \frac{0.25}{0.75} \approx 33\%。 \tag{67}$$

它大于利润率 25%。

6.3.2　案例（2）：两种商品，资本投入结构不同

我们仍然使用前述案例（2），其生产投入产出：

生产 1 千克小麦 ⇐ 投入 0.2 千克小麦 + 投入 1 单位劳动力，

生产 1 千克面包 ⇐ 投入 1 千克小麦 + 投入 1 单位劳动力，

资本家要求的回报率 $\pi = 25\%$，1 单位劳动力的工资为 1 元钱。另外，前文（58）式我们已经解出小麦的价格 $p_1 = 1.66$，价值 $v_1 = 1.25$；面包的价格 $p_2 = 3.33$，价值 $v_1 = 2.25$。

现在我们来求资本家的剥削率 e。由定义，剥削率等于剩余价值除以劳动力价值。对于投入的 1 单位的劳动，其价值为 1。我们来计算劳动力价值，劳动力价值等于维持其生存的生活资料的价值。我们知道，工人的工资为¥1，工人用1元钱的工资可以购买的生活资料为 $\frac{1}{3.33} = 0.3$ 千克面包（资本家给工人的工资仅够维持生存）。所以，这 0.3 千克面包

就等于其劳动力价值，等于 $0.3 \times 2.25 = 0.675$。而剩余价值等于劳动价值减去劳动力价值，为 $1 - 0.675 = 0.325$。所以剥削率

$$e = \frac{0.325}{0.675} \approx 48\% 。 \tag{68}$$

它大于利润率 25%。

可见，在资本投入结构不同时，剥削率大于利润率。

6.3.3　案例（3）：两种商品，资本投入结构相同

对于前述案例（3），投入产出为：

生产 1 千克小麦 $\Leftarrow$ 投入 0.2 千克小麦 + 投入 0.2 单位劳动力，

生产 1 千克面包 $\Leftarrow$ 投入 1 千克小麦 + 投入 1 单位劳动力。

假设单位劳动力的工资为 1 元钱，资本家要求的利润率为 25%。

资本家要求的回报率 $\pi = 25\%$，1 单位劳动力的工资为 1 元钱。另外，前文（59）式我们已经解出小麦的价格 $p_1 = 0.33$，价值 $v_1 = 0.25$；面包的价格 $p_2 = 1.66$，价值 $v_1 = 1.25$。

我们先来求资本家的剥削率 e。由定义，剥削率等于剩余价值除以劳动力价值。对于投入的 1 单位的劳动，其价值为 1。劳动力价值等于维持其生存的生活资料的价值。我们知道，工人的工资为 ¥1，工人用 1 元钱的工资可以购买的生活资料为 $\frac{1}{1.66} = 0.6$ 千克面包（资本家给工人的工资仅够维持生存）。所以，这 0.6 千克面包就等于其劳动力价值，等于 $0.6 \times 1.25 = 0.75$。而剩余价值等于劳动价值减去劳动力价

值，为 1−0.75＝0.25。所以剥削率

$$e = \frac{0.25}{0.75} = 33\% 。 \tag{69}$$

它大于利润率 25%。

可见，在资本投入结构相同时，剥削率也大于利润率。

6.3.4　单一商品下的证明

假设社会生产只有一种商品 X。我们假设各行业的剥削率为 e。

社会生产投入产出为（注意 $a<1$，即 $1-a>0$）

生产 1 件商品 $X \Leftarrow$ 投入 a 件商品 X ＋ 投入 l 个劳动力，

首先，对于价格，我们有价格均衡方程为

$$p = (1 + \pi)(ap + l)。$$

根据我们的单位工资为 1 的假设，我们有 $x_0 p = 1$，所以，价格均衡式可改写为

$$p = (1 + \pi)(ap + l) = (1 + \pi)(a + lx_0)p$$
$$\Rightarrow 1 = (1 + \pi)(a + l x_0)$$
$$\Rightarrow 1 + \pi = \frac{1}{a + l x_0}$$
$$\Rightarrow \pi = \frac{1}{a + l x_0} - 1。 \tag{70}$$

其次，我们有价值均衡方程为

$$v = av + l。$$

根据定义，1 单位劳动的价值为 1。而根据劳动价值的分解，1 单位劳动价值等于可变价值 $x_0 v$（养活劳动力的商品组 x_0 的价值 $x_0 v$）加剩余价值 $e v x_0$，所以我们有

$$1 = (1 + e) x_0 v。$$

据此我们把价值均衡方程可分解为

$$v = av + l = av + l(1 + e)x_0 v = [a + (1 + e)lx_0]v,$$

由于各变量均为非负，$1+e \geqslant 1$，于是我们有

$$v = [a + (1 + e)lx_0]v \leqslant [(1 + e)a + (1 + e)lx_0]v$$

$$= (1 + e)(a + lx_0)v$$

$$\Rightarrow 1 \leqslant (1 + e)(a + lx_0)$$

$$\Rightarrow 1 + e \geqslant \frac{1}{a + lx_0}$$

$$\Rightarrow e \geqslant \frac{1}{a + lx_0} - 1$$

$$\xrightarrow{(70)式} e \geqslant \pi 。 \tag{71}$$

这就证明了 $e \geqslant \pi$，当且仅当生产中没有剥削没有利润时，等号成立。

6.3.5　两种商品下的证明

两种商品时（无论资本投入结构相同与否）的证明和多种商品下的证明过程完全相同。由于该证明较为复杂，使用向量的形式更易理解，不使用向量的表达会令证明看起来更加繁琐，所以我们这里不再给出两种商品下的证明，读者可以直接参考下边多种商品的证明。

6.3.6　多种商品下的证明

多商品下的证明过程较为复杂，理解起来没有那么容易。不过这从一个侧面说明《资本论》用数学来表示是非常深奥的，而马克思当时是没有这些数学工具的。

我们假设各行业的剥削率为 e。首先对于价值，根据定义，1 单位劳动的价值为 1。而根据劳动价值的分解，1 单位劳动价值等于可变价值（养活劳动力的商品组 x_0 的价值）加剩余价值，所以我们有

$$1 = (1 + e)\boldsymbol{x}_0^T \boldsymbol{v}。$$

据此我们把价值均衡方程可分解为

$$\boldsymbol{v} = \boldsymbol{A}^T \boldsymbol{v} + \boldsymbol{l} = \boldsymbol{A}^T \boldsymbol{v} + (1 + e)\boldsymbol{l}\boldsymbol{x}_0^T \boldsymbol{v} = [\boldsymbol{A}^T + (1 + e)\boldsymbol{l}\boldsymbol{x}_0^T]\boldsymbol{v},$$

由于各向量矩阵均为非负，1+e≥1，所以我们有

$$\boldsymbol{v} = [\boldsymbol{A}^T + (1 + e)\boldsymbol{l}\boldsymbol{x}_0^T]\boldsymbol{v} \leqslant [(1 + e)\boldsymbol{A}^T + (1 + e)\boldsymbol{l}\boldsymbol{x}_0^T]\boldsymbol{v}$$

$$= (1 + e)(\boldsymbol{A}^T + \boldsymbol{l}\boldsymbol{x}_0^T)\boldsymbol{v}。 \tag{72}$$

其次对于价格，根据我们的单位工资为 1 的假设，有 $\boldsymbol{x}_0^T \boldsymbol{p} = 1$，所以，价格均衡（30）式可改写为

$$\boldsymbol{p} = (1 + \pi)(\boldsymbol{A}^T \boldsymbol{p} + \boldsymbol{l}\boldsymbol{x}_0^T \boldsymbol{p}) = (1 + \pi)(\boldsymbol{A}^T + \boldsymbol{l}\boldsymbol{x}_0^T)\boldsymbol{p}。$$

$$\tag{73}$$

我们令矩阵 $\boldsymbol{B} = \boldsymbol{A}^T + \boldsymbol{l}\boldsymbol{x}_0^T$，则（72）、(73) 式可简写为

$$\boldsymbol{v} \leqslant (1 + e)\boldsymbol{B}\boldsymbol{v}, \tag{74}$$

$$\boldsymbol{p} = (1 + \pi)\boldsymbol{B}\boldsymbol{p}。 \tag{75}$$

我们首先证明不存在实数 $f \geqslant e$，使得以下方程有非负非零解 $\boldsymbol{x}$，

$$\boldsymbol{x} = (1 + f)\boldsymbol{B}^T \boldsymbol{x}。 \tag{76}$$

反证法。假设非负非零解 $\boldsymbol{x}$ 存在，则 $\boldsymbol{x}$ 可以视为一组商品产出变量，则（74）式两端同时右乘 $\boldsymbol{x}$，我们有

$$\boldsymbol{v}^T \boldsymbol{x} \leqslant (1 + e)\boldsymbol{v}^T \boldsymbol{B}^T \boldsymbol{x} \leqslant (1 + f)\boldsymbol{v}^T \boldsymbol{B}^T \boldsymbol{x} = \boldsymbol{v}^T \boldsymbol{x}。 \tag{77}$$

矛盾！

下面我们继续使用反证法证明 $e \geqslant \pi$。反之若 $\pi \geqslant e$，则根据上边的结论，以下方程不存在非负非零解。

$$\boldsymbol{x} = (1 + \pi)\boldsymbol{B}^T \boldsymbol{x}。 \tag{78}$$

但是上述方程肯定是有解的，所以其解 $\boldsymbol{x}$ 必然有某些元素为负数。我们将 $\boldsymbol{x}$ 中所有的负数元素替换为 0，形成新的变量 $\boldsymbol{x}^+$。则显然有 $\boldsymbol{x}^+ \geqslant (\neq) \boldsymbol{x}$，且 $(1+\pi) \boldsymbol{B}^T \boldsymbol{x}^+ \geqslant 0$。这

样，x^+ 便可作为一组商品产出向量。通过审视下式等号左右两边向量的每一个元素的等式，并与（78）式相比较，可知

$$x^+ \leq (\neq)(1 + \pi)B^T x^+。 \tag{79}$$

将 x^+ 其右乘于方程（75）两侧，并结合（79）有

$$p^T x^+ = (1 + \pi)p^T B^T x^+ \geq (\neq) p^T x^+。$$

矛盾！所以我们有 $e \geq \pi$。

6.4 剥削率和利润率之间的关系

既然剥削率 e 一定大于利润率 π，那它们之间的数学关系能不能准确地求解出来呢？实际上，二者的关系并不是在任何情况下都容易求解。日本学者森岛通夫证明，在两个部门各个行业的资本投入结构完全相同时，社会生产各行各业的剥削率都相等，利润率也都相等，而且二者之间的关系可以用资本投入比 k 来表示，即

$$\pi = \frac{e}{k + 1}。 \tag{80}$$

6.4.1 案例（1）：单一商品

我们仍然使用前述案例（1），其生产投入产出：
生产 1 千克小麦 $\Leftarrow$ 投入 0.2 千克小麦 + 投入 1 单位劳动力，资本家要求的回报率 $\pi = 25\%$，1 单位劳动力的工资为 1 元钱。前文（57）式已经解出小麦的价格 $p = 1.66$，价值 $v = 1.25$。而（67）已经得到剥削率 $e = 33\%$。

根据定义，资本投入比 $k = C : V$，等于不变资本除以可变资本。在本例中，不变资本 C 为 0.2 千克小麦的价值，为 $C = 0.2 \times 1.25 = 0.25$。而可变资本等于劳动力价值，前文在求解剥削率的时候，已经算出劳动力价值为其消费的 0.6 千克

小麦的价值，为 $0.6 \times 1.25 = 0.75$。所以 $k = \dfrac{C}{V} = \dfrac{0.25}{0.75} = \dfrac{1}{3}$。于

是，我们可以验证 $\pi = 25\% = \dfrac{e}{k+1} = \dfrac{33\%}{\frac{1}{3}+1}$。

6.4.2 案例（2）：两种商品，资本投入结构不同

我们仍然使用前述案例（2），其生产投入产出：

生产1千克小麦 $\Leftarrow$ 投入0.2千克小麦 + 投入1单位劳动力，

生产1千克面包 $\Leftarrow$ 投入1千克小麦 + 投入1单位劳动力。

资本家要求的回报率 $\pi = 25\%$，1 单位劳动力的工资为 1 元钱。另外，前文（58）式我们已经解出小麦的价格 $p_1 = 1.66$，价值 $v_1 = 1.25$；面包的价格 $p_2 = 3.33$，价值 $v_1 = 2.25$。而（68）式我们求得剥削率 $e = 48\%$。

我们知道两个行业的资本投入比不同，我们分别记为 k_1、k_2，$k_1 \neq k_2$。由于两个行业的利润率和剥削率都相等，所以 $\pi = \dfrac{e}{k+1}$ 不可能对 k_1、k_2 都成立。

我们先来计算 k_1、k_2。小麦行业的不变资本投入为 0.2 千克小麦，价值为 $0.2 \times 1.25 = 0.25$，可变资本投入为 1 单位劳动力，前文已经计算出其等于维持其生存所消耗的 0.3 千克面包的价值，为 $0.3 \times 2.25 = 0.675$。所以，$k_1 = \dfrac{0.25}{0.675} \approx 0.30$。

所以 $\dfrac{e}{k_1+1} = \dfrac{0.48}{0.3+1} \approx 37\% \neq 25\% = \pi$。

面包行业的不变资本投入为 1 千克小麦，价值为 1.25，可变资本投入为 1 单位劳动力，价值为 0.675。所以 $k_2 = \dfrac{1.25}{0.675} \approx 1.85$。所以 $\dfrac{e}{k_2+1} = \dfrac{0.48}{1.85+1} \approx 17\% \neq 25\% = \pi$。

可见，两个行业没有一个可以满足（80）式。

6.4.3　案例（3）：两种商品，资本投入结构相同

在多商品的情况下，要得到 $\pi = \dfrac{e}{k+1}$，需要假设各行业资本投入结构相同。

这样，我们使用前述案例（3），其投入产出为

生产 1 千克小麦 $\Leftarrow$ 投入 0.2 千克小麦 + 投入 0.2 单位劳动力，

生产 1 千克面包 $\Leftarrow$ 投入 1 千克小麦 + 投入 1 单位劳动力。单位劳动力的工资为 1 元钱，资本家要求的利润率为 25%。而据（65）式已经求得小麦的价格 $p_1 = 0.33$，价值 $v_1 = 0.25$；面包的价格 $p_2 = 1.66$，价值 $v_2 = 1.25$。

我们先来求资本家的剥削率 e。由定义，剥削率等于剩余价值除以劳动力价值。对于投入的 1 单位的劳动，其价值为 1。我们来计算劳动力价值。劳动力价值等于维持其生存的生活资料的价值。我们知道，工人的工资为 ¥1，工人用 1 元钱的工资可以购买的生活资料为 $\dfrac{1}{1.66} = 0.6$ 千克面包（资本家给工人的工资仅够维持生存）。所以，这 0.6 千克面包就等于其劳动力价值，等于 $0.6 \times 1.25 = 0.75$。而剩余价值等于劳动价值减去劳动力价值，为 $1 - 0.75 = 0.25$。所以剥削率 $e = \dfrac{0.25}{0.75} \approx 33\%$，它大于利润率 25%。

然后我们计算资本投入比 k。两个行业的资本投入比相同，我们以面包行业来计算。投入的不变资本 C 为 1 千克小麦，其价值为 $C = 0.25$。而可变资本 V 为 1 单位劳动力投入，我们已经知道其价值等于 0.6 千克面包的价值，所以 $V =$

0.75。所以 $k = \dfrac{C}{V} = \dfrac{0.25}{0.75} = \dfrac{1}{3}$。于是，我们可以验证 $\pi = 25\% =$

$\dfrac{e}{k+1} = \dfrac{33\%}{\dfrac{1}{3}+1}$。

可见，当两个行业的资本投入比相同时，（80）式成立。

6.4.4　单商品下的证明

假设社会生产只有一种商品 X，我们将其价格和价值三分解为

$$P = C_P + V_P + \Pi = C_P + V_P + \pi(C_P + V_P), \qquad (81)$$
$$\Lambda = C + V + S = C + V + eV。 \qquad (82)$$

由于社会中只有一种商品 X，所以投入的不变资本只有商品 X 一种，同时，支付给工人的工资也是商品 X（工人每期的消费）。所以，价格下的不变资本投入 C_P 和价值下的不变资本投入 C 都是对同样的投入商品 X 的计量，所以其比值等于商品 X 的价格与价值之比，即 $\dfrac{C_P}{C} = \dfrac{P}{\Lambda}$。同理，可变资本的投入也都是对工人消费的同样的商品 X 的计量，也必定满足 $\dfrac{V_P}{V} = \dfrac{P}{\Lambda}$。而可变资本就是劳动力的价值。所以，我们就得到了劳动力的价格价值比等于商品的价格价值之比。我们将这一比值记为 b，则有

$$\frac{P}{\Lambda} = \frac{C_P}{C} = \frac{V_P}{V} \triangleq b。 \qquad (83)$$

于是，对于三分解的最后一项 $\Pi : S$，我们有

$$\frac{\Pi}{S} = \frac{P - C_P - V_P}{\Lambda - C - V} = \frac{b(\Lambda - C - V)}{\Lambda - C - V}$$

$$\Rightarrow b = \frac{\Pi}{S} = \frac{P}{\Lambda} = \frac{C_P}{C} = \frac{V_P}{V} \circ \qquad (84)$$

所以，我们有

$$\pi = \frac{\Pi}{C_P + V_P} = \frac{bS}{bC + bV} = \frac{S}{C + V} = \frac{S/V}{C/V + 1} = \frac{e}{k + 1} \circ$$

$$(85)$$

我们在前文介绍单一商品简单再生产案例的时候，（22）式已经验证了这一结论。

6.4.5　两种商品下的证明

假设社会生产只有两个行业，生产两种商品 X_1 和 X_2，它们的生产过程如下：

生产 1 件商品 X_1⇐投入 a_{11} 件 X_1+投入 a_{21} 件 X_2+投入 l_1 个劳动力，

生产 1 件商品 X_2⇐投入 a_{12} 件 X_1+投入 a_{22} 件 X_2+投入 l_2 个劳动力。

我们假设商品 X_1、X_2 的价格分别为 p_1、p_2，价值分别为 v_1、v_2，假设各行业利润率均为 π。同时我们假设两个行业的资本投入结构相同，这样由前文的结论，两种商品的价格与价值成正比，即为

$$\frac{p_1}{v_1} = \frac{p_2}{v_2} = b \circ$$

我们考虑商品 X_1。其价格与价值等式分别为

$$\begin{cases} p_1 = (1 + \pi)(a_{11}p_1 + a_{21}p_2 + l_1), \\ v_1 = a_{11}v_1 + a_{21}v_2 + l_1 \circ \end{cases}$$

我们假设资本家的剥削率为 e。同时，工人为维持生存，单位劳动所消耗的商品为 c_1 个商品 X_1 和 c_2 个商品 X_2，所以

工资单位 ¥$1=c_1p_1+c_2p_2$。则上式可改写为三分解

$$\begin{cases} p_1 = (a_{11}p_1 + a_{21}p_2) + l_1 + [\pi(a_{11}p_1 + a_{21}p_2 + l_1)], \\ v_1 = (a_{11}v_1 + a_{21}v_2) + (c_1v_1 + c_2v_2)l_1 + [e(c_1v_1 + c_2v_2)]l_1 \end{cases}$$

$$\xRightarrow{p_1=av_1} \begin{cases} av_1 = (a_{11}av_1 + a_{21}av_2) + l_1 + \\ \qquad [\pi(a_{11}av_1 + a_{21}av_2 + l_1)], \\ av_1 = (a_{11}av_1 + a_{21}av_2) + (c_1av_1 + c_2av_2)l_1 + \\ \qquad [e(c_1av_1 + c_2av_2)]l_1 \end{cases}$$

$$\xRightarrow{c_1av_1+c_2av_2=c_1p_1+c_2p_2=1} \begin{cases} av_1 = (a_{11}av_1 + a_{21}av_2) + l_1 + \\ \qquad [\pi(a_{11}av_1 + a_{21}av_2 + l_1)], \\ av_1 = (a_{11}av_1 + a_{21}av_2) + l_1 + el_1 \end{cases}$$

$$\xRightarrow{两式相等} \pi(a_{11}av_1 + a_{21}av_2 + l_1) = el_1$$

$$\xRightarrow{两端同时除以l_1} \pi\left(\frac{a_{11}p_1 + a_{21}p_2}{l_1} + 1\right) = e。$$

我们知道，$a_{11}p_1+a_{21}p_2$ 是价格下的不变资本，l_1 是价格下的可变资本，所以二者的比值等于资本投入比（由于资本投入结构相同，所以价格与价值成正比，故价格下的资本投入比和价值下的资本投入比相等），我们记为 k，所以上式可以改写为

$$\pi(k + 1) = e, \quad 即\ \pi = \frac{e}{k + 1}。 \tag{86}$$

这就给出了 π 和 e 的关系。

同理，我们用商品 X_2 也可以证明这一结论。

6.4.6 多种商品下的证明

在多商品的情况下，要得到（85）式的结论，需要假设各行业资本投入结构相同。这时，各商品的价格与其价值成正比。我们此时仍假设 $\boldsymbol{p}=a\boldsymbol{v}$。我们先对（30）和（31）式

的价格和价值进行三分解，分解为不变资本、可变资本和剩余价值/利润。其中可变资本为工人的工资部分，其对应的劳动力价值为工人消费的商品组合 x_0 的价值 $x_0^T v$，剩余价值为剥削率 e 乘以劳动力价值，即 $e x_0^T p$。

根据价格等式，$p = (1 + \pi)(A^T p + l) = (1 + \pi)(A^T p + l)$

$$\Rightarrow p = A^T p + l + \pi(A^T p + l) \, 。 \tag{87}$$

根据价值等式，$p = av = aA^T v + al$

$$\Rightarrow p = aA^T v + a(1 + e) l x_0^T v$$

$$\Rightarrow p = A^T p + l x_0^T p + e l x_0^T p$$

$$\xrightarrow{x_0^T p = 1} p = A^T p + l + el \, 。 \tag{88}$$

比较（87）、（88）式右侧，我们有

$$\pi(A^T p + l) = el \, 。 \tag{89}$$

我们知道，$A^T p$ 是各行业投入的不变资本，l 是投入的可变资本。而根据前文我们的结论，$p = av$ 时，有 $A^T p = kl$，k 是各行业统一的资本投入比。所以（89）式可以改写为

$$\pi(kl + l) = el, \ \pi(k + 1) = e, \ \text{即} \ \pi = \frac{e}{k + 1} \, 。 \tag{90}$$

（90）式就给出了 π 和 e 的关系。

在我们前文介绍两商品的分部门的简单再生产案例时，计算过其中的剥削率和利润率。但是，在彼案例中，剥削率和利润率并不满足（90）式。这是因为在那个案例中，两个部门的资本投入比并不相同。

第七章　扩大再生产

扩大再生产意指资本家通过节省一部分利润（剩余价值）不进行消费，而投入生产中使生产逐步扩大的生产过程。这样，资本家每期的消费要小于每期的利润，一定要有剩余，然后将这些剩余的利润用于购买生产资料和支付工人工资，进行扩大再生产。

扩大再生产同时需要满足另外一个隐含前提条件，即劳动投入的数量也要随之扩大（假设生产技术不变），这意味着工人数量的增加或劳动时间的加长。在马克思的扩大再生产中，假设劳动力的供应是非常具有灵活性的，可以根据资本的需求而变化。这一点在农业社会转移到工业社会时（马克思所在的时代）基本是成立的，广大的农业人口为工业需求提供了后备蓄水池，但在老龄化社会或人口全部工业化之后的后工业化社会可能存在问题。

在扩大再生产中，我们在第六章给出的价值与价格的关系依然有效，其中的案例和证明都仍然适用。我们在后文讨论扩大再生产的属性时，还会引用这些性质。在扩大再生产中，我们关注的主要问题是社会总的生产规模的扩张问题，尤其是其扩张速度及其稳定性问题。我们问题的焦点就不再是价格与价值关系的问题。

7.1　分部门生产与生产扩大的计划性

我们在前文介绍简单再生产的时候，着重强调了马克思的再生产模型中始终坚持将社会分为两个部门，生产资料部门（部门1）和生活资料部门（部门2），类似于重工业和轻工业的划分。我们只是为了数学求解的方便，可以将两部门不加区分，但是这样却抹杀了其背后的社会意义。而在介绍扩大再生产的时候，我们必须基于两部门的划分，因为在扩大再生产的过程中，两个部门的分工是不同的，它们在扩大再生产中的安排是有区别的，所以才将它们分开考虑。

在马克思的扩大再生产的安排中，两个部门是有等级之分的，并不是同等重要。由于部门1更加资本密集，马克思将其设置为扩大生产的优先部门。部门1的资本家通过节约消费而将积攒的剩余价值部分用于购置生产资料和劳动力，来扩大部门1的生产。所以，部门1是扩大再生产的发起方。部门1的资本家通过积累资本不断投入，可以使部门1的规模不断稳定地扩大。部门2处于从属地位，部门1在生产扩大之后，如果有用不完的生产资料，则部门2可以沾一个光、搭一个便车，用部门1剩余的生产资料来扩大部门2的规模，否则没有剩余，那部门2就不能扩大规模。后面我们会看到，基于上述的两部门扩大再生产的安排，最终两个部门的规模都可以获得同样的扩张速度。这样社会生产无论作为一个整体，还是分开两个部门看都是非常稳定的。

马克思在扩大再生产中的这一安排，一方面反映了资本家对资本投入的追逐，另一方面也表现出了非常明显的"计划经济"特性。我们这里说的计划经济，并不是针对微观生产者消费者的生产与分配上的计划（类似苏联的计划经济），而是针对社会生产部门层面的计划（类似东亚的产业扶植计划）。部门1被定义为优先发展部门，部门2被定义为后勤部门。此时社会生产的发展，是靠部门1的优先发展来带动的，以部门1的优先发展带动部门2的发展。实际上，这种产业部门层面的计划经济在多数国家兴起的过程中大多都经历过，尤其是后发经济体在追赶发展以实现快速工业化的时期，例如西欧后发的德国、俄国，亚洲后发的日本、韩国等。即使在先发的葡萄牙、西班牙、英国、法国、荷兰等国，很多行业也是因为得到了国家政府的大力支持才得以迅速扩张。而且在现代社会，大多数国家，不论发达与否，依然保持着对某些特定产业的支持政策。这种"计划性"是国家作为政治经济主体的主观能动性的体现之一。从某种程度上说，"计划性"是主权经济生存与发展的必然选择。

从这种意义上来讲，马克思是现代计划经济的鼻祖。虽然马克思的扩大再生产是基于资本主义的生产，但是其关于产业部门的再生产安排却带有很强的"计划性"，而不是"市场化"地任由两个部门在自由竞争的环境中实现扩大。在后文中，我们会尝试改变马克思的再生产安排，将这一"计划性"去掉，来研究在自由市场下进行的扩大再生产。届时，我们将惊奇地发现"市场化"的扩大再生产将变得极不稳定，在多数情况下都不能达到常规意义上的稳定扩张。而本章节我们会证明马克思安排下的"计划性"的扩大再生产是可以实现两个部门同步的稳定扩张的。社会生产无时不处在发展中，计划使有序，市场使无序。这一重要的发现，给我们当前的政治经济提供了有力的学术和理论参考。

最后需要注意的一点，在我们展示两个部门生产的时候，仅使用其部门的加总数据，看起来好像每个部门像是同一个行业一样。这里涉及部门内各行业加总的问题。这一问题比较复杂，并不是任何情况下行业的投入产出都可以进行简单加总。而给出各行业可以加总的充要条件相当困难。这其中一种最为简单的情形，就是部门内各行业的资本投入结构相同。我们此处不再给出任何详细的证明，仅仅简单地认为各行业是可以加总的。毕竟马克思做这一安排也只是为了简单起见，使用部门层面的汇总平均数据来代表部门内所有行业。由于我们关注的只是部门层面的情况，我们这里不再对这一问题进行深究。

7.2 马克思的扩大再生产案例

在扩大再生产中，我们先使用马克思举的例子来详细展示其扩大再生产的过程。马克思的例子不拘泥于具体的商品实物，而是直接使用抽象的各项资本投入的价值来展示。我们前述的简单再生产模型中，详细研究了分部门的多商品生产均衡。而在扩大再生产中，我们不再继续针对各商品各行业的均衡进行研究，而对部门内的各行业（商品）进行加总展示。即在每个部门内部，（按价值计算的）各行业所投入的不变资本、可变资本和剩余价值分别进行加总，得到部门这三项投入的加总数值，这样社会的两个部门就好像只有两种商品的社会生产一样。我们之所以这样简化来研究，是因为我们研究的焦点会放在社会总体（分两个部门）的生产规模上，而不是每种商品的具体均衡。

下面我们给出马克思在《资本论》第二卷中的扩大再生产的案例。

在 $t=0$ 时，社会两个部门的原本生产状况为：

部门1：$4000c + 1000v + 1000s = 6000$ ， （91）

部门2：$1500c + 750v + 750s = 3000$ 。 （92）

两部门加总产出为 9000 价值，上式中 c、v、s 分别指示出不变资本、可变资本和剩余价值。也就是说，部门1中，生产时投入价值为 $4000c$ 的各类生产资料，同时投入价值为 2000 的工人劳动（而这其中有 $1000v$ 价值作为工资支付给了工人用于维持其生存，另外 $1000s$ 价值被资本家无情占有作为剩余价值），最终生产出价值为 6000 的各类生产资料。部门2的生产类似。两个部门的剥削率都是 100%（剩余价值除以劳动力价值）。

可以注意到，马克思给的初始生产状态并未实现产量出清。此时社会的生产资料总投入为 $4000c+1500c=5500$，而生产资料总产出为 6000，所以生产资料并未出清，同理可以验证生活化资料也未出清。于是，这一生存状态是不可能长久维持的，它并未处于前文所述的简单再生产平衡状态。但是，初始状态出清与否并不会影响扩大再生产，扩大再生产都可以照常进行，而且在扩大再生产之后，市场可以获得出清状态（基于再生产的安排）。

两个部门的最终产出分别为生产资料 6000，生活资料 3000。在 $t=0$，生产尚未开始时，社会上只有工人、资本家、生产资料（6000）和生活资料（3000），如果不进行扩大再生产，则生产就按照（91）、（92）式所示进行。

资本家节约消费、积攒资本和扩大再生产的做法如下。

我们注意到，马克思的扩大再生产设置中，部门 1（重工业部门）是优先的，部门 2（轻工业）起到了配合后勤的作用。

（1）部门 1 节约消费：部门 1 的资本家决定节约一部分本期原计划的消费，假设其量为 A，节约的这部分消费资金将用于扩大再生产。

（2）部门 1 购买资本：部门 1 的资本家将节省的资金 A 用于购买相应的生产资料和工人劳动，将之再投入到部门 1 的生产中去。

（3）部门 1 扩大生产：部门 1 的资本家在节约了消费，省出资本购买生产资料和劳动力投入之后，便可以扩大其生产规模，产出更多的生产资料出来，以供下期两部门使用。

（4）部门 1 资料剩余：部门 1 上期末产出的全部生产资料，在安排完本部门的原生产和扩大生产后，会有一部分剩余，我们记为 B。

（5）部门 2 承接资料：部门 2 的资本家，按照部门 1 所剩余的生产资料 B 来承接安排生产，这时，B 的量可能超过了部门 2 原计划所需要的生产资料投入，于是部门 2 的资本家需要从本来的消费中节约出对应的资本，来购买超过原需要的这部分生产资料。

（6）部门 2 配套劳动：部门 2 的资本家，在承接了部门 1 的生产资料剩余之后，要按照本部门的生产方式配套对应的劳动力。需要注意的是，由于本期承接的生产资料可能超过了上期的规模，所以对应投入的配套劳动力也要做出相应的扩张，而这部分超额的劳动力投入也需要部门 2 的资本家从原本的消费中节约出来。

（7）部门 2 扩大生产：如此部门 2 的资本家也进行了节

约消费、购买额外的生产资料和劳动力投入，这样本部门的生产也得到了扩大，可以产出更多的生活资料以供下期两部门使用。

（8）下一期循环往复：本期两个部门的扩大再生产就这样完成了，两个部门的产出得到了扩大，下一期部门1的资本家继续节约本来的消费，进入新一轮扩大再生产。

这样，我们按照上述规则可以推演如下。

在 $t=1$ 时，社会原有生产资料6000，生活资料3000。部门1的资本家本来支付 $1000v$ 的工人工资可以赚到 $1000s$ 的剩余价值（用于资本家自我消费）。此时，资本家决定节省一半的消费，拿出剩余价值 $1000s$ 中的500用于再投资。而这其中按比例 $400c$ 用于投入不变资本，$100v$ 用于投入可变资本。所以部门1的生产将调整为

$$部门1：4400c+1100v+1100s=6600。 \qquad (93)$$

由于部门1原来有6000价值的生产资料（产成品），在扩大再生产投资掉 $4400c$ 以及按原安排供给部门2生产投入 $1500c$ 之后，还剩余 $100c$ 的生产资料。

对于部门2，其首要任务就是协助保障完成部门1的扩大再生产。所以，部门2要接纳部门1剩余的 $100c$ 的不变资本投入到部门2的生产。这样，部门2的固定投入变为 $1600c$。与之对应，在可变资本（劳动投入）项目上需要补充 $50v$ 的可变资本。这样，部门2的资本家一共动用了 $100c+50v=150s$ 的剩余价值，这需要资本家节省等量的消费。所以部门2的生产调整为

$$部门2：1600c+800v+800s=3200。 \qquad (94)$$

这样，在 $t=1$ 时，两个部门的生产将由（91）、（92）调

整为（93）、（94）。可见，相对于社会原本的生产，两个部门的生产规模都扩大了。这是因为资本家节省了消费增加了资本投入，当然也因为其中隐含的人力资本也进行了对应的扩张投入。对于新的扩大后的再生产过程，消耗的总不变资本为 $4400c+1600c=6000c$，等于社会初始状态原有的不变资本总量；而消耗的总可变资本为 $1100v+800v+$（$1000s-500s$）+（$750s-150s$）$=3000$，也等于原有的可变资本总量（其中前两项为工人的消费，后两项为两部门资本家节省后的消费）。这样扩大再生产后原本的初始资本全部用完。

到 $t=2$ 时，两部门的上一期总产出为 $6600+3200=9800$。这时两部门的资本家会再次按照上述方法进行剩余价值积累扩大再生产。也就是说，部门 1 的资本家本来赚到的 $1100s$ 剩余价值，会拿出一般 $550s$ 用于扩大再生产。这其中会有 $440c$ 转换为不变资本，$110v$ 转换为可变资本，投入到（93）式中。部门 1 的剩余生产资料为 $6600-4400-1600-440=160$，将投入到部门 2，这样部门 2 不变资本投入变为 $1600+160=1760$。部门 2 另需增加 $80v$ 的可变资本。这样社会生产会由（93）、（94）调整为

部门 1：$4840c+1210v+1210s=7260$，　　　（95）

部门 2：$1760c+880v+880s=3520$。　　　（96）

其总产出为 $7260+3520=10780$。

我们可以这样无穷推演下去……

我们看到，在马克思的扩大再生产案例中，从 $t=1$ 的（93）、（94）到 $t=2$ 的（95）、（96），社会生产的每个项目都扩大了 10%。我们可以照此无穷推演下去，以后每期都会比上一期规模扩大 10%。

7.3 马克思扩大再生产模型的稳定性证明

我们下面从数学上证明，在马克思的扩大再生产设置下，生产规模将会以指数方式稳定地扩大。

我们记 $y_1(t)$、$y_2(t)$ 为 t 期两个部门生产的总产出价值（也等于总投入价值）；令 c_1、v_1、s_1 为部门 1 各项资本投入占总投入的占比，令 c_2、v_2、s_2 为部门 2 各项资本投入的占比，则有 $c_i+v_i+s_i=1$。令 a_1、$a_2(t)$ 分别为部门 1 和部门 2 剩余价值中积累下来用以扩大再生产的占比，其中部门 1 的积累比例 a_1 是固定值，而部门 2 的 $a_2(t)$ 根据每期的情况进行调整。

在 $t=0$ 时，类似马克思案例中的生产方程（91）、（92）式，我们有生产的原始状态为

$$t=0: \begin{cases} \text{部门 1：} c_1 y_1(0)+v_1 y_1(0)+s_1 y_1(0)=y_1(0)，\\ \text{部门 2：} c_2 y_2(0)+v_2 y_2(0)+s_2 y_2(0)=y_2(0)。 \end{cases} \quad (97)$$

部门 1 节省下来的资本为节省比例 a_1 乘以剩余价值 $s_1 y_1(0)$，为 $a_1 s_1 y_1(0)$，这一资本将被投入到部门 1 的生产中去，即用于购买不变资本和可变资本。我们知道，不变资本和可变资本的比例为 $c_1 : v_1$，所以再生产资本在二者间的分配比例为 $\dfrac{c_1}{c_1+v_1} : \dfrac{v_1}{c_1+v_1}$，于是我们有再生产投入不变资本和可变资本的部分分别为

$$\frac{c_1}{c_1+v_1} a_1 s_1 y_1(0) \text{ 和 } \frac{v_1}{c_1+v_1} a_1 s_1 y_1(0)。$$

这样部门 1 原本的生产资料 $y_1(0)$ 在投入部门 1 的不变资本 $c_1 y_1(0)$、部门 2 的不变资本 $c_2 y_2(0)$、部门 1 的扩大再

生产不变资本 $\dfrac{c_1}{c_1 + v_1} a_1 s_1 y_1(0)$ 之后，剩余部分为

$$y_1(0) - \left[c_1 + \frac{c_1}{c_1 + v_1} a_1 s_1\right] y_1(0) - c_2 y_2(0)。 \quad (98)$$

部门 2 的资本家需要动用剩余价值来购买上述部门 1 的生产资料剩余。而根据定义，部门 2 的资本家节省的剩余价值比例为 $a_2(1)$，总量为 $a_2(1) s_2 y_2(0)$，这其中，用于投资于不变资本的部分占比为 $\dfrac{c_2}{c_2 + v_2}$，总量 $\dfrac{c_2}{c_2 + v_2} a_2(1) s_2 y_2(0)$，它就是用来购买（98）式中部门 1 的生产资料剩余的，所以我们有

$$a_2(1)\left(\frac{c_2}{c_2 + v_2} s_2\right) y_2(0) = y_1(0) - \left(c_1 + \frac{c_1}{c_1 + v_1} a_1 s_1\right) y_1(0) - c_2 y_2(0)$$

$$\Rightarrow \left[\frac{a_2(1) s_2}{c_2 + v_2}\right] c_2 y_2(0) = \left(1 - c_1 - \frac{c_1}{c_1 + v_1} a_1 s_1\right) y_1(0) - c_2 y_2(0)。$$

$$\Rightarrow \frac{a_2(1) s_2}{c_2 + v_2} = \frac{1}{c_2}\left(1 - c_1 - \frac{c_1}{c_1 + v_1} a_1 s_1\right) \frac{y_1(0)}{y_2(0)} - 1。 \quad (99)$$

由上，易知从 $t=0$ 到 $t=1$ 部门 1 和部门 2 的增长率为节省的剩余价值占原所投入资本（不变资本加可变资本）的比例，所以，两部门的增速 $g_1(0)$、$g_2(0)$ 分别为［参考（99）］

$$g_1(0) = \frac{a_1 s_1}{c_1 + v_1}。 \quad (100)$$

$$g_2(0) = \frac{a_2(1) s_2}{c_2 + v_2} = \frac{1}{c_2}\left(1 - c_1 - \frac{c_1}{c_1 + v_1} a_1 s_1\right) \frac{y_1(0)}{y_2(0)} - 1。$$

$$(101)$$

到了 $t=2$ 时，我们可以重复上边的过程，易知两个部门的增长率变为

$$g_1(1) = \frac{a_1 s_1}{c_1 + v_1} = g_1(0)。 \qquad (102)$$

$$g_2(1) = \frac{a_2(2) s_2}{c_2 + v_2} = \frac{1}{c_2}\left(1 - c_1 - \frac{c_1}{c_1 + v_1} a_1 s_1\right)\frac{y_1(1)}{y_2(1)} - 1。$$

$$(103)$$

根据增长率的定义，我们有

$$y_1(1) = [1 + g_1(0)] y_1(0)，\quad y_2(1) = [1 + g_2(0)] y_2(0)，$$

$$(104)$$

且由 (101) 式，我们有

$$1 + g_2(0) = \frac{1}{c_2}\left(1 - c_1 - \frac{c_1}{c_1 + v_1} a_1 s_1\right)\frac{y_1(0)}{y_2(0)}。 \qquad (105)$$

将 (104)、(105) 式代入 (103) 式，得

$$g_2(1) = \frac{1}{c_2}\left(1 - c_1 - \frac{c_1}{c_1 + v_1} a_1 s_1\right)$$

$$\frac{[1 + g_1(0)] y_1(0)}{\left[\frac{1}{c_2}\left(1 - c_1 - \frac{c_1}{c_1 + v_1} a_1 s_1\right)\frac{y_1(0)}{y_2(0)}\right] y_2(0)} - 1$$

$$\Rightarrow g_2(1) = \frac{[1 + g_1(0)] y_1(0)}{\frac{y_1(0)}{y_2(0)} y_2(0)} - 1$$

$$\Rightarrow g_2(1) = 1 + g_1(0) - 1$$

$$\Rightarrow g_2(1) = g_1(0)。$$

又由 (102) 式，$g_1(1) = g_1(0)$，所以 $g_2(1) = g_1(1) = g_1(0)$。同理，我们可归纳证明对于任意的 $t \geq 1$，

$$g_1(t) = g_2(t) = \frac{a_1 s_1}{c_1 + v_1} (= a_1 \boldsymbol{\pi})。$$

这样我们就证明了马克思设定下的扩大再生产模型中，两个部门在每一期都会以同样的增速稳定地扩张，其扩展的速度就等于部门1每期积攒的剩余资本占当期不变资本和可变资本之和的比例。

根据定义，利润率等于利润总投入（不变资本加可变资本）。如果部门1中各行业的资本投入结构相等，则各商品价格之比等于价值之比，所以此时用价值计量的三分解各项之比等于用价格计量的三分解各项之比［可参考等式（87）、（88）］。所以，我们有

$$\boldsymbol{\pi} = \frac{\Pi}{C_P + V_P} = \frac{S}{C + V} = \frac{s_1}{c_1 + v_1}。$$

所以扩张速度就等于利润率与剩余价值积攒比例的乘积 $a_1 \boldsymbol{\pi}$。

第八章　市场化的扩大再生产

8.1　市场化的扩大再生产

我们前文讨论了马克思的扩大再生产案例，并且证明了马克思的再生产安排是可以实现两部门的稳定同步扩张的。同时，我们前文也讨论了马克思扩大再生产安排中的"计划性"，即再生产以部门1为主，由部门1的资本家发起，由部门2作配合。这样两个部门实现了先发带动后发，最终实现共同发展。

在本章中，我们将改变马克思这一"计划性"假设，使再生产变成"市场化"的再生产，来研究马克思所坚持的这一"计划性"到底有什么深刻的作用。我们会惊奇地发现失去"计划性"的再生产规模将会"失控"，不再稳定地增长，两个部门的规模将会产生很大的分歧，社会生产资源配置会发生极大的波动或极端的分化。如果社会生产真实地按照"市场化"方式进行，那么经济危机和政治危机将不可避免。

马克思扩大再生产中的"计划性"，主要表现在两个部门（的资本家）的权利不对等，扩大再生产要以部门1为先，且资本家不能跨部门进行投资。所以，我们这里就放松这一要求，进行看似更为合理的"市场化"安排如下。其中第一条为"市场化"的改变，另外两条重申了马克思的原安排。

（1）将资本家视为一个整体，没有利益分歧，即两个部门的资本家都会节约消费，积累资本，且节省的比例相等（占剩余价值），而节省的资本可以共同投资于任一部门的生产，扩大再生产不以某部门优先，不保障某部门的规模及其增速；

（2）仍然满足产量出清，即社会上一期末的资本品和消费品全部投入本期的再生产；

（3）除此之外，我们仍然假设人力资源可以灵活满足再生产的需要，即人力资源是外生的（可以满足内生的生产需要），而投入产出的各资本项是内生的。

我们通过这样的设置，就完成了部门层面的"市场化"安排：两部门资本家的利益并没有割裂开，两部门的生产可以互通，资本家可以投资于任何一个部门，两个部门的生产统一由全体资本家调配，同时保证资本品和消费品全部用完。

市场化后的扩大再生产具体步骤将变少，原来的步骤（2）～（7）变成了只有3步即可。同时注意到，部门1（重工业部门）不再有优先权，两个部门是平等的。

（1）共同节约消费：两个部门资本家一起决定节约一部分本期原计划的消费，且各部门的资本家节约的比例相同。假设节约的总量为 A，节约的这部分消费资金将用于扩大两个部门的再生产。

（2）分配部门资金：两个部门的资本家一共决定节约 A 的资金，用于扩大生产。这些资金将按照一定的配比投入到两个部门，以确保上期末两个部门最终产出的生产资料和生活资料全部用完。我们假设两个部门各分配到再生产资金 A_1 和 A_2。（这是一个线性方程问题，资金的配比只有唯一解）

（3）资金购买投入：两个部门各自分配到资金 A_1 和 A_2，每个部门将再生产资金按各自部门的生产投入比例，购买相应量的生产资料和劳动力。

（4）实施扩大生产：两部门将再生产资金购买的生产资料和劳动力用于再生产，即可完成再生产，使得两部门规模产生变化。（原生产规模部分照例进行）

（5）下期循环往复：本期两个部门的扩大再生产就这样完成了，两个部门的产出得到了扩大，下一期两部门资本家继续节约本来的消费，进入新一轮扩大再生产。

我们紧接下文举的案例，和后文讨论市场化案例不稳定性的四个案例，都是按照上述"市场化"的再生产步骤设置进行的，都去掉了马克思原扩大再生产中的"计划性"。

8.2 市场化的扩大再生产案例

我们仍以马克思的案例做例子，即 $t = 0$ 时社会的初始生产状态为

$$t = 0(总产量9000)：\begin{cases} 部门1：4000c + 1000v + 1000s = 6000, \\ 部门2：1500c + 750v + 750s = 3000。 \end{cases}$$

我们更改马克思的节约资本假设，假设每个部门的资本家每期都会将50%的利润（剩余价值）用于再生产，完全不进行消费，即再投资率为50%（马克思原案例假设部门1节约50%消费，但是部门2节约的比例视部门1的情况而定）。

我们可以注意到，在马克思的案例中，部门1的资本投

入比（4000：1000＝4）是大于部门 2 的资本投入比（1500：750＝2）的。在后文我们讨论市场化再生产不稳定性的时候，会举一个和本案例类似的例子。届时我们会分析资本投入比对不稳定性的影响。

我们假定下一期 $t=1$ 的两部门产量分别为 x、y。则按照部门 1 和部门 2 的资本投入结构，其中部门 1 投入的不变资本和可变资本分别为 $\frac{2}{3}x$、$\frac{1}{6}x$，而部门 1 的资本家在节省 50% 的消费之后的消费为 $\frac{1}{12}x$；部门 2 投入的不变资本和可变资本分别为 $\frac{1}{2}y$、$\frac{1}{4}y$，部门 2 的资本家在节省 50% 的消费之后的消费为 $\frac{1}{8}y$。根据产量出清，扩大再生产之后的总生产资本（不变资本）投入等于上一期（$t=0$）末部门 1 的产量，即为 6000；同时扩大后的总生活资料（可变资本）投入等于上一期末部门 2 的产量，即 3000。于是我们有

$$\frac{2}{3}x + \frac{1}{2}y = 6000，资本品出清$$

$$\frac{1}{6}x + \frac{1}{4}y + \frac{1}{12}x + \frac{1}{8}y = \frac{1}{4}x + \frac{3}{8}y = 3000。消费品出清$$

解得 $x=6000$，$y=4000$。所以，$t=1$ 时的生产变为

$$t = 1（总产量 10000）：\begin{cases} 部门 1：4000c + 1000v + 1000s = 6000, \\ 部门 2：2000c + 1000v + 1000s = 4000。 \end{cases}$$

这一期的不变资本总投入为 6000，恰好等于上一期部门 1 的产量；这一期可变资本的总投入为 2000，而两个部门的资本家总消费为 50%×（1000+1000）= 1000，所以可变资本

加上资本家的消费也等于上一期部门 2 的产量；所以各部门产量出清。

使用和 $t=1$ 期完全相同的推导方法，假设 $t=2$ 时两个部门产量分别为 x、y，则根据新的两个部门的产量出清，有

$$\frac{2}{3}x + \frac{1}{2}y = 6000, \quad \frac{1}{4}x + \frac{3}{8}y = 4000。$$

解得 $x = 2000$，$y = \frac{28000}{3}$。所以，$t=2$ 时的生产变为

$$t = 2\left(\text{总产量}\frac{34000}{3}\right): \begin{cases} \text{部门 1：} \\ \frac{4000}{3}c + \frac{1000}{3}v + \frac{1000}{3}s = 2000, \\ \text{部门 2：} \\ \frac{14000}{3}c + \frac{7000}{3}v + \frac{7000}{3}s = \frac{28000}{3}。 \end{cases}$$

可以验证各部门的产量依然出清。

对于 $t=3$ 时，假设两个部门产量分别为 x、y，则根据产量出清，有

$$\frac{2}{3}x + \frac{1}{2}y = 2000, \quad \frac{1}{4}x + \frac{3}{8}y = \frac{28000}{3}。$$

解得 $x = -\frac{94000}{3}$，$y = \frac{412000}{9}$。所以，$t=3$ 时的生产变为

$$t = 3\left(\text{总产量}\frac{130000}{9}\right): \begin{cases} \text{部门 1：} \\ -\frac{188000}{9}c - \frac{47000}{9}v - \frac{47000}{9}s = -\frac{94000}{3}, \\ \text{部门 2：} \\ \frac{206000}{9}c + \frac{103000}{9}v + \frac{103000}{27}s = \frac{412000}{9}。 \end{cases}$$

对于 $t=4$ 时，假设两个部门产量分别为 x、y，则根据产量出清，有

$$\frac{2}{3}x+\frac{1}{2}y=-\frac{94000}{3},\ \frac{1}{4}x+\frac{3}{8}y=\frac{412000}{9}。$$

解得 $x=-\frac{2494000}{9}$，$y=\frac{8284000}{27}$。所以，$t=4$ 时的生产变为

$$t=4\left(总产量\frac{244000}{9}\right):$$

$$
\begin{cases}
部门1: \\
-\dfrac{4988000}{27}c-\dfrac{1247000}{27}v-\dfrac{1247000}{27}s=-\dfrac{2494000}{9}, \\
部门2: \\
\dfrac{4142000}{27}c+\dfrac{2071000}{27}v+\dfrac{2071000}{27}s=\dfrac{8284000}{27}。
\end{cases}
$$

……

表 8　市场化扩大再生产规模（基于马克思原案例）

时间	$y_1(t)$	$y_2(t)$	$y_1(t)+y_2(t)$
$t=0$	6000	3000	9000
$t=1$	6000	4000	10000
$t=2$	2000	$\frac{28000}{3}$	$\frac{34000}{3}$
$t=3$	$-\frac{94000}{3}$	$\frac{412000}{9}$	$\frac{130000}{9}$
$t=4$	$-\frac{2494000}{9}$	$\frac{8284000}{27}$	$\frac{244000}{9}$

可见，在我们对马克思的案例略作修改之后，两个部门的生产规模变得不再同步稳定地扩张，不仅不稳定，而且部

门1的规模从 $t=3$ 开始就变为负数。后面我们会证明，在大多数情况下，修正模型都是不稳定的，只有在少数特殊情况下，两个部门才能稳定地扩展。另外，规模扩张的稳定性与资本累积比例 a、b 的大小无关，它们只能引起量变，不会导致质变。我们后文还会举其他案例证明市场化再生产的不稳定性。

8.3 市场化扩大再生产的模型表述

基于上述对于马克思扩大再生产设置的简单修订，我们可以建立新的扩大再生产模型。

我们仍然延续前述的符号体系。同时，我们令

$$\Delta y_1(t) = y_1(t+1) - y_1(t), \ \Delta y_2(t) = y_2(t+1) - y_2(t)$$
$$(106)$$

为每期各部门的新增产量的价值。

在新的模型设置之下，两个部门节省下来的剩余价值为 $a[s_1 y_1(t) + s_2 y_2(t)]$，其中 a 为共同的节省比例。这些资本用来进行扩大再生产，它们将转化为扩大再生产中的资本投入。其中不变资本的生产资料为 $c_1 \Delta y_1(t) + c_2 \Delta y_2(t)$，可变资本的生活资料为 $v_1 \Delta y_1(t) + v_2 \Delta y_2(t)$，所以有

$$a[s_1 y_1(t) + s_2 y_2(t)] = c_1 \Delta y_1(t) + c_2 \Delta y_2(t) + v_1 \Delta y_1(t) +$$
$$v_2 \Delta y_2(t) 。 \qquad (107)$$

对于新的扩大再生产：部门1产出的生产资料就分为三块，部门1的原不变资本投入、部门2的原不变资本投入、两部门扩大再生产的增量不变资本投入，所以

$$y_1(t) = c_1 y_1(t) + c_2 y_2(t) + c_1 \Delta y_1(t) + c_2 \Delta y_2(t)$$
$$= c_1 y_1(t+1) + c_2 y_2(t+1) 。 \qquad (108)$$

而对于部门 2，其产出的消费品也分为三块，两部门劳动力的消费 $v_1 y_1(t) + v_2 y_2(t)$、扩大再生产增量部分的劳动力消费 $v_1 \Delta y_1(t) + v_2 \Delta y_2(t)$、资本家未节省仍作为消费的部分 $(1-a)s_1 y_1(t) + (1-a)s_2 y_2(t)$，基于此，记 $b = 1-a$，则有

$$y_2(t) = v_1 y_1(t) + v_2 y_2(t) + v_1 \Delta y_1(t) + v_2 \Delta y_2(t) +$$
$$bs_1 y_1(t) + bs_2 y_2(t)$$
$$\Rightarrow y_2(t) = v_1 y_1(t+1) + v_2 y_2(t+1) + bs_1 y_1(t) + bs_2 y_2(t)。$$

$$(109)$$

为了得到 $y_2(t)$ 与 $y_1(t+1)$、$y_2(t+1)$ 的关系，我们将（108）代入（109）式，得

$$y_2(t) = v_1 y_1(t+1) + v_2 y_2(t+1) + bs_1 c_1 y_1(t+1) +$$
$$bs_1 c_2 y_2(t+1) + bs_2 y_2(t)$$
$$\Rightarrow (1 - bs_2) y_2(t) = (bs_1 c_1 + v_1) y_1(t+1) +$$
$$(bs_1 c_2 + v_2) y_2(t+1)$$
$$\Rightarrow y_2(t) = \frac{bs_1 c_1 + v_1}{1 - bs_2} y_1(t+1) + \frac{bs_1 c_2 + v_2}{1 - bs_2} y_2(t+1)。$$

$$(110)$$

（108）和（110）式就给出了可以递推每期生产规模的差分方程，我们通过它递推求解得到任何一期的生产规模。附录三 3.1.2 节给出了这一差分方程的解析解，有兴趣的读者可以参考。

8.4　价格体系下的市场化扩大再生产

在现实世界中，社会生产以价格的方式表现出来，价值是看不到的。资本家获得的是利润，他们只会从利润中节省

下来一部分进行再投资，而不是从抽象的剩余价值出发。所以我们有必要从价格体系出发探讨一下扩大再生产，才更加贴近现实情况。

8.4.1 资本投入结构相同时市场化扩大再生产的价格模型

我们这里仅针对一种特殊情况，即部门内部各行业的资本投入结构相等。则根据前文的证明（参考6.2节），我们知道，对于各部门 i 内部的产品，其价格与价值成正比 α_i，即如果我们令 $y_i^P(t)$ 为价格体系下的部门 i 的产出，则有

$$y_i^P(t) = \alpha_i y_i(t)，i = 1，2。 \tag{111}$$

同时，我们假设各行业的利润率均等于 π，则由（90）式我们得到部门内各行业的剥削率也相等。对于扩大再生产的方法，我们沿用修正的扩大再生产设置，只修改其中积累资本的办法，从原来占剩余价值的固定比例 a，调整为占利润总额的固定比例 s_c，同时我们记 $c_s = 1 - s_c$ 为利润中剩余消费的比例。即如果记每期资本家的消费价格为 $e^P(t)$，价值为 $e(t)$，由于资本家消费的商品都是消费品（部门2的产品），所以其总价格等于总价值 $e(t)$ 乘以 α_2。我们记每期两个部门的总利润为 $\Pi(t)$，则有

$$e(t) = \frac{e^P(t)}{\alpha_2} = \frac{c_s \Pi(t)}{\alpha_2}。 \tag{112}$$

由于节省的比例是按照价格计算的，所以在价值体系下，其节省比例每期可能不同，我们记为 $a(t)$。我们仍然从价值的角度来看，部门1每期的产值应该等于下期两个部门生产所需投入的不变资本，而部门2的产值，除用来满足下期两个部门生产所需投入的可变资本之外（工人消费），还要满

足本期资本家的消费。则类似于前述（108）、（109），价值体系下我们有

$$y_1(t) = c_1 y_1(t+1) + c_2 y_2(t+1), \tag{113}$$

$$y_2(t) = v_1 y_1(t+1) + v_2 y_2(t+1) + e(t)。 \tag{114}$$

其中 $\Pi(t)$ 为每期社会总利润，等于利润率乘以各部门的价格投入。而投入的不变资本为价值为 $c_i y_i(t)$ 的生产资料，其价格为 $\alpha_1 c_i y_i(t)$，投入的可变资本为价值为 $c_i y_i(t)$ 的生活资料，其价格为 $\alpha_2 v_i y_i(t)$，所以部门 i 的总价格投入为

$$部门 i 的总价格投入 = \alpha_1 c_i y_i(t) + \alpha_2 v_i y_i(t)。 \tag{115}$$

所以社会总利润等于

$$\Pi(t) = \pi \sum_{i=1}^{2} \left[\alpha_1 c_i y_i(t) + \alpha_2 v_i y_i(t) \right]$$

$$\Rightarrow \Pi(t) = \pi \left[(\alpha_1 c_1 + \alpha_2 v_1) y_1(t) + (\alpha_1 c_2 + \alpha_2 v_2) y_2(t) \right]。$$
$$\tag{116}$$

将（116）的 $\Pi(t)$ 代入（112）的 $e(t)$，再代入（114）得

$$y_2(t) = v_1 y_1(t+1) + v_2 y_2(t+1) + c_s \pi \left(\frac{\alpha_1}{\alpha_2} c_1 + v_1 \right) y_1(t)$$

$$+ c_s \pi \left(\frac{\alpha_1}{\alpha_2} c_2 + v_2 \right) y_2(t)。 \tag{117}$$

类似于我们得到（110）式，由（113）、（117）式我们可以解得

$$y_1(t) = c_1 y_1(t+1) + c_2 y_2(t+1), \tag{118}$$

$$y_2(t) = \frac{c_s \pi \left(\frac{\alpha_1}{\alpha_2} c_1 + v_1 \right) c_1 + v_1}{1 - c_s \pi \left(\frac{\alpha_1}{\alpha_2} c_2 + v_2 \right)} y_1(t+1) +$$

$$\frac{c_s \pi \left(\frac{\alpha_1}{\alpha_2} c_1 + v_1 \right) c_2 + v_2}{1 - c_s \pi \left(\frac{\alpha_1}{\alpha_2} c_2 + v_2 \right)} y_2(t+1)。 \tag{119}$$

当 $c_s = 0$ 时，即资本家将全部利润用于再生产时，（119）式简化为

$$y_2(t) = v_1 y_1(t+1) + v_2 y_2(t+1)。 \tag{120}$$

（118）、（119）式就给出了价格体系下扩大再生产的差分等式，我们可以据此逐期计算生产状态。实际上，由（113）、（117）式给出的价格体系扩大再生产和前述（110）式给出的价值体系的扩大再生产非常类似。我们比较（117）式与（109）式就可以知道，两者的差别仅在于把 bs_i 替换成了 $c_s \pi \left(\frac{\alpha_1}{\alpha_2} c_i + v_i \right)$，其他完全相同。所以其扩张过程和价值体系下表现的基本完全相同。

在我们后文将给出的几种市场化的案例（或稳定或不稳定），它们都是基于价格体系下的案例，故此处我们暂不再重复列举数字案例。我们将在后文使用价格体系下的案例重点讨论市场化扩大再生产的稳定性问题。

8.4.2 价格体系下全社会资本总量增速稳定

我们可以证明全社会的资本总量（不变资本+可变资本）增速是稳定的。

我们令 $g_{K_P}(t)$ 为价格体系下社会每期资本总价（不变资本+可变资本）的增速，基于（115）式的价格资本投入，我们可知 $g_{K_P}(t)$ 等于两部门增量产出的资本投入除以原产出的资本投入。注意我们使用的 $\Delta y_i(t)$、c_i、v_i、s_i 等都是基于价

值计量的，其对应的价格量都需要乘以 α_i。对于不变资本投入项，由于其为生产资料，所以对应的价值 $c_i\Delta y_i(t)$ 需要乘以 α_1，而对于可变资本投入项，由于其为生活资料，所以对应的价值 $v_i\Delta y_i(t)$ 需要乘以 α_2。所以 $g_{K_p}(t)$ 定义为

$$g_{K_p}(t) = \frac{\sum_{i=1}^{2}[\alpha_1 c_i\Delta y_i(t) + \alpha_2 v_i\Delta y_i(t)]}{\sum_{i=1}^{2}[\alpha_1 c_i y_i(t) + \alpha_2 v_i y_i(t)]}。 \quad (121)$$

为了计算 $g_{K_p}(t)$，我们将扩大再生产差分方程（113）×α_1、（117）×α_2，分别得到

$$\alpha_1 y_1(t) = \alpha_1 c_1 y_1(t+1) + \alpha_1 c_2 y_2(t+1)， \quad (122)$$

$$\begin{aligned}\alpha_2 y_2(t) = &\alpha_2 v_1 y_1(t+1) + \alpha_2 v_2 y_2(t+1) + \\ &c_s\pi(\alpha_1 c_1 + \alpha_2 v_1)y_1(t) + \\ &c_s\pi(\alpha_1 c_2 + \alpha_2 v_2)y_2(t)。\end{aligned} \quad (123)$$

同时对于每个部门的产品总价，根据价格等式，其等于总价格投入（115）乘以利润回报

$$y_1^P(t) = \alpha_1 y_1(t) = (1+\pi)(\alpha_1 c_1 + \alpha_2 v_1)y_1(t)， \quad (124)$$

$$y_2^P(t) = \alpha_2 y_2(t) = (1+\pi)(\alpha_1 c_2 + \alpha_2 v_2)y_2(t)， \quad (125)$$

（122）、（123）分别等于（124）、（125），我们有

$$(1+\pi)(\alpha_1 c_1 + \alpha_2 v_1)y_1(t) = \alpha_1 c_1 y_1(t+1) + \alpha_1 c_2 y_2(t+1)，$$
$$(126)$$

$$\begin{aligned}(1+\pi)(\alpha_1 c_2 + \alpha_2 v_2)y_2(t) = &\alpha_2 v_1 y_1(t+1) + \alpha_2 v_2 y_2(t+1) \\ &+ c_s\pi(\alpha_1 c_1 + \alpha_2 v_1)y_1(t) \\ &+ c_s\pi(\alpha_1 c_2 + \alpha_2 v_2)y_2(t)。\end{aligned}$$
$$(127)$$

（126）+（127），且注意到 $c_s + s_c = 1$，我们得到 $g_{K_p}(t)$ 的定义（121）式的分子分母满足

$$(\alpha_1 c_1 + \alpha_2 v_1)\Delta y_1(t) + (\alpha_1 c_2 + \alpha_2 v_2)\Delta y_2(t)$$
$$= s_c\pi[(\alpha_1 c_1 + \alpha_2 v_1)y_1(t) + (\alpha_1 c_2 + \alpha_2 v_2)y_2(t)]。$$
(128)

于是，我们得到

$$g_{K_p}(t) = s_c\pi。 \qquad (129)$$

也就是说，总资本量的增速等于利润率乘以利润累积率，这是一个非常直观的结果，因为每期资本的增量就等于利润中资本化的部分。

8.5 资本累积率和资本增速的转换关系

现在我们来计算以价值计量的资本总值的增速 $g_K(t)$，并考查其与 $g_{K_p}(t)$ 的关系。根据定义，我们有

$$g_K(t) = \frac{\sum_{i=1}^{2}[c_i\Delta y_i(t) + v_i\Delta y_i(t)]}{\sum_{i=1}^{2}[c_iy_i(t) + v_iy_i(t)]}。 \qquad (130)$$

为了得到上式的分子项，我们用（113）+（114），记 $e(t)$ 为资本家的总消费，则有

$$y_1(t) + y_2(t) = c_1y_1(t+1) + c_2y_2(t+1) + v_1y_1(t+1) +$$
$$v_2y_2(t+1) + e(t)$$
$$\xrightarrow{c_i+v_i+s_i=1}(c_1+v_1)y_1(t) + (c_2+v_2)y_2(t) + s_1y_1(t) + s_2y_2(t)$$
$$= (c_1+v_1)y_1(t+1) + (c_2+v_2)y_2(t+1) + e(t)$$
$$\Rightarrow (c_1+v_1)\Delta y_1(t) + (c_2+v_2)\Delta y_2(t)$$
$$= [s_1y_1(t) + s_2y_2(t)] - e(t)。 \qquad (131)$$

由于上式左边就是（130）式的分子，所以我们将其代入（130）得

$$g_K(t) = \frac{[s_1 y_1(t) + s_2 y_2(t)] - e(t)}{(c_1 + v_1) y_1(t) + (c_2 + v_2) y_2(t)}。 \tag{132}$$

另外，我们令 $a(t)$ 为价值体系下资本累积率，等于每期节省的资本除以总的剩余价值，即

$$a(t) \triangleq \frac{[s_1 y_1(t) + s_2 y_2(t)] - e(t)}{s_1 y_1(t) + s_2 y_2(t)}。 \tag{133}$$

（132）、（133）式相除，我们有

$$g_K(t) = \frac{a(t) S(t)}{C(t) + V(t)}。 \tag{134}$$

其中剩余价值 $S(t) = s_1 y_1(t) + s_2 y_2(t)$，不变资本 $C(t) = c_1 y_1(t) + c_2 y_2(t)$，可变资本 $V(t) = v_1 y_1(t) + v_2 y_2(t)$。这就得到了价值体系下的总资本增速 $g_K(t)$。

对于价值下的资本累积率 $a(t)$，将（116）的 $\Pi(t)$ 代入（112）的 $e(t)$，再代入（133），整理可得

$$a(t) = \frac{[s_1 y_1(t) + s_2 y_2(t)] - e(t)}{s_1 y_1(t) + s_2 y_2(t)}$$

$$= \frac{[s_1 y_1(t) + s_2 y_2(t)] - \dfrac{c_s \Pi(t)}{\alpha_2}}{s_1 y_1(t) + s_2 y_2(t)}$$

$$\Rightarrow a(t) =$$

$$\frac{s_1 y_1(t) + s_2 y_2(t) - c_s \pi \left[\left(\dfrac{\alpha_1}{\alpha_2} c_1 + v_1 \right) y_1(t) + \left(\dfrac{\alpha_1}{\alpha_2} c_1 + v_2 \right) y_2(t) \right]}{s_1 y_1(t) + s_2 y_2(t)}$$

$$\Rightarrow a(t) =$$

$$\frac{[s_c + (1 - s_c)][s_1 y_1(t) + s_2 y_2(t)] - c_s \pi \sum_{i=1}^{2} \left[\left(\dfrac{\alpha_1}{\alpha_2} c_i + v_i \right) y_i(t) \right]}{s_1 y_1(t) + s_2 y_2(t)}$$

$$\Rightarrow a(t) = s_c +$$

$$\frac{(1 - s_c)[s_1 y_1(t) + s_2 y_2(t)] - (1 - s_c)\pi \sum_{i=1}^{2}\left[\left(\frac{\alpha_1}{\alpha_2}c_i + v_i\right)y_i(t)\right]}{s_1 y_1(t) + s_2 y_2(t)}$$

$$\Rightarrow a(t) = s_c + \frac{(1 - s_c)\sum_{i=1}^{2}\left\{\left[s_i - \pi\left(\frac{\alpha_1}{\alpha_2}c_i + v_i\right)\right]y_i(t)\right\}}{s_1 y_1(t) + s_2 y_2(t)}。$$

$$(135)$$

对于剩余价值累积率 $a(t)$ 和利润累积率 s_c，它们一般来讲是不同的，但是在以下两种情况下是相同的。

（1）当 $s_c = 1$，即资本家不消费而完全将利润用于再投资，则由（135）式得 $a(t) = s_c = 1$，即每期的剩余价值也将完全投入到再生产中。也就是说，如果资本家完全不进行消费，将其利润全部用于再生产投入，那么很明显，每期的利润累积率为 100%，这对应价值下的剩余价值累积率也等于 100%。这时候，社会的所有利润全部再投入，也就是所有剩余价值也全部进入了再生产。这是在资本家完全不消费的情况下，累积率在价格与价值体系下的转换关系。

（2）如果两个部门的资本投入比 k 相同，则 $\frac{\alpha_1}{\alpha_2} = 1$。由（90）式，$\pi(k+1) = e$，而且 $k = \frac{c_i}{v_i}$、$e = \frac{s_i}{v_i}$，所以 $s_i = \pi(c_i + v_i)$，这时由（135）式我们也有 $a(t) = s_c$。也就是说，如果两个部门资本投入结构相同（这时候两个部门可以视为一个部门了），每期价格下的利润累积率就等于其每期的剩余价值累积率。这是因为资本投入结构相等时，所有商品的价格与其价值成比例，所以价格体系下的比例就等于价值体系下的比例。显性的价格成比例地反映了隐形的价值，完全可以作为价值的（类似通货膨胀后的）度量。

同样，对于总资本价值增速 $g_K(t)$ 和总资本价格增速 $g_{K_P}(t)$，它们一般来讲也是不同的，但是在以下两种情况下是相同的。

（1）如果两个部门扩张速度相同，这时我们一定可以得出总资本增速在价格和价值体系下是相同的，即有 $g_K(t) = g_{K_P}(t) = g_0$。因为如果两个部门扩张速度相同，实际上是因为其产品产量增速相同，所以无论以价格还是价值计量，资本总量的增速都相同，我们假设这个共同增速为 g_0。根据定义，部门 1 的资本增速为 $g_{K_P}^1(t) \triangleq \dfrac{\alpha_1 c_1 \Delta y_1(t) + \alpha_2 v_1 \Delta y_1(t)}{\alpha_1 c_1 y_1(t) + \alpha_2 v_1 y_1(t)} = g_0$，部门 2 的资本增速为 $g_{K_P}^2(t) \triangleq \dfrac{\alpha_1 c_2 \Delta y_2(t) + \alpha_2 v_2 \Delta y_2(t)}{\alpha_1 c_2 y_2(t) + \alpha_2 v_2 y_2(t)} = g_0$。而根据定义（121），$g_{K_P}(t) = \dfrac{\sum_{i=1}^{2} [\alpha_1 c_i \Delta y_i(t) + \alpha_2 v_i \Delta y_i(t)]}{\sum_{i=1}^{2} [\alpha_1 c_i y_i(t) + \alpha_2 v_i y_i(t)]}$，

也就是说，$g_{K_P}(t)$ 的分子、分母分别等于 $g_{K_P}^1(t)$、$g_{K_P}^2(t)$ 的分子、分母之和，所以一定有 $g_{K_P}(t) = g_{K_P}^1(t) = g_{K_P}^2(t) = g_0$。同理，对于价值下的增速，我们用完全相同的方法可以证明 $g_K(t) = g_0$。所以此时社会总体资本的价格增速和价值增速相等。但是我们后文会看到，在市场化的扩大再生产中，两个部门的扩张速度在大多数情况下是不同的，仅在一些特殊情况下才能取得相同的扩张速度。

（2）如果两个部门的资本投入结构相同，则商品的价格

和价值成正比，$\alpha_1 = \alpha_2$，则二者定义（121）、（130）将完全相等，所以此时 $g_K(t)$、$g_{K_P}(t)$ 也相等。也就是说，如果两个部门资本投入结构相同，则两个部门基本就是一个部门，其价格完全反映其价值，所以价格体系下的扩张速度和价值体系下的扩张速度完全相同。实际上，当两个部门的资本投入结构相同时，我们后文将证明，两个部门的扩张速度也将相同。

第九章　市场化的不稳定性

我们这里将证明，对于"市场化"的扩大再生产，在大多数情况下，两个部门的扩张都不能获得常规意义上的稳定增长。仅在特殊情况下，两个部门可以获得一致的稳定增速。这一惊人的结论证明了资本主义生产的内在缺陷，经济危机将不可避免。

由于社会生产扩张的情况有所不同，我们将根据两个部门的资本投入结构分为几种情况分开讨论。针对每一种情况，我们会举一个数字的案例，方便大家直观理解。而对于每种情况下的生产扩张性质的数学证明，可以参考文后相关附录。

我们后文举的市场化扩大再生产的案例，均满足前文我们对"市场化"的安排设置，社会再生产仍然遵循前述"市场化"的五个步骤，和前文的市场化案例一样。但是为了简化起见，我们将资本家的消费率设为零，即生产利润全部投入再生产。这些数字上的改变不会导致结果产生质变，仅仅是引起数字结果的量变而已，生产规模的稳定与否和不稳定的方式不会因此而发生变化。

9.1　两部门资本投入结构相同时，扩大再生产无法进行

我们假设 $t=0$ 时社会的初始生产状态为（本案例的初始

状态满足市场出清和两部门利润率相等）

$$t = 0（总产量~2500）：\begin{cases} 部门~1：400c + 100v + 500s = 1000, \\ 部门~2：600c + 150v + 750s = 1500。 \end{cases}$$

注意在本例中，两个部门的资本投入结构完全相同，两个部门的资本投入比（不变资本：可变资本）$k_1 = k_2 = 4 : 1$。这样两个部门的生产实际上（除了产品不同，在我们关心的变量上）并没有太大的不同。

注意，本例的初始状态是市场出清的。此时，生产资料的总产出（部门 1）为 1000，而两个部门的生产资料总投入也等于 $400c + 600c = 1000$。同理生活资料也是出清的。但是注意，初始状态出清与否并不会影响扩大再生产，扩大再生产都可以照常进行，而且在扩大再生产之后，市场可以获得出清状态（基于再生产的安排）。

简单起见，我们假设资本家会将全部的利润（剩余价值）100%都用于再生产，完全不进行消费。这和马克思的案例有所不同（彼处为 50%）。但是这一区别只是量的区别，并不会改变规模扩大的稳定情况。我们可以简单通过本例和前文举的市场化再生产的例子做对比即可明白。我们后文的案例为简单起见，同样都假定资本累积率为 100%。

在本例中，投入比例 $c_1 = \dfrac{400}{1000} = 0.4$，$v_1 = \dfrac{100}{1000} = 0.1$，$s_1 = \dfrac{500}{1000} = 0.5$，$c_2 = \dfrac{600}{1500} = 0.4$，$v_2 = \dfrac{150}{1500} = 0.1$，$s_2 = \dfrac{750}{1500} = 0.5$；初始规模 $y_1(0) = 1000$，$y_2(0) = 1500$；由于两个部门的资本家都不消费，所以消费比例 $c_s = 0$。

于是，据（118）、（120）式给出的差分方程，我们有

$$y_1(0) = c_1 y_1(1) + c_2 y_2(1)，$$

$$y_2(0) = v_1 y_1(1) + v_2 y_2(1)。$$

代入各变量，得

$$1000 = 0.4 \times y_1(1) + 0.4 \times y_2(1)，$$
$$1500 = 0.1 \times y_1(1) + 0.1 \times y_2(1)。$$

方程组右侧成比例，但不等于左侧常数之比，故上述二元一次方程组无解！

本案并非特例，只要两个部门的资本投入比例相等，则再生产就无法达成。有兴趣的读者可参考附录中的证明。

9.2　部门 1 更资本密集时，规模一正一负，各自增速高于总规模增速

9.2.1　情况 1，部门 1 规模负数扩张

我们改变一下两个部门的资本投入比，令部门 1 的资本投入比更高。我们假设 $t = 0$ 时社会的初始生产状态变成（本例的初始状态仍满足两部门利润率相等）

$$t = 0(总产量4000)：\begin{cases} 部门1：400c + 100v + 500s = 1000，\\ 部门2：600c + 900v + 1500s = 3000。 \end{cases}$$

注意，本例的初始状态是市场出清的。此时，生产资料的总产出（部门 1）为 1000，而两个部门的生产资料总投入也等于 $400c + 600c = 1000$。同理生活资料也是出清的。但是注意，初始状态出清与否并不会影响扩大再生产，扩大再生产都可以照常进行，而且在扩大再生产之后，市场可以获得出清状态（基于再生产的安排）。

注意在本例中，部门 1 更加资本密集，不变资本投入占比更高，$k_1 = 4$，$k_2 = \dfrac{2}{3}$。我们仍然假设资本家会将全部的利润（剩余价值）都用于再生产，完全不进行消费。

在本例中，投入比例 $c_1 = \dfrac{400}{1000} = 0.4$，$v_1 = \dfrac{100}{1000} = 0.1$，

$s_1 = \dfrac{500}{1000} = 0.5$，$c_2 = \dfrac{600}{3000} = 0.2$，$v_2 = \dfrac{900}{3000} = 0.3$，$s_2 = \dfrac{1500}{3000} = $

0.5；初始规模 $y_1(0) = 1000$，$y_2(0) = 3000$；由于两个部门的资本家都不消费，所以消费比例 $c_s = 0$。

于是，据（118）、（120）式给出的差分方程，我们有
$$y_1(0) = c_1 y_1(1) + c_2 y_2(1)，$$
$$y_2(0) = v_1 y_1(1) + v_2 y_2(1)。$$

代入各变量，得
$$1000 = 0.4 \times y_1(1) + 0.2 \times y_2(1)，$$
$$3000 = 0.1 \times y_1(1) + 0.3 \times y_2(1)。$$

解得 $y_1(1) = -3000$，$y_2(1) = 11000$。所以，$t = 1$ 时社会生产将变为

$$t = 1(总产量 8000)：\begin{cases} 部门 1： \\ -1200c - 300v - 1500s = -3000， \\ 部门 2： \\ 2200c + 3300v + 5500s = 11000。 \end{cases}$$

在 $t = 2$ 时，新的差分方程变为
$$y_1(1) = c_1 y_1(2) + c_2 y_2(2)，$$
$$y_2(1) = v_1 y_1(2) + v_2 y_2(2)。$$

代入各变量，得
$$-3000 = 0.4 \times y_1(2) + 0.2 \times y_2(2)，$$
$$11000 = 0.1 \times y_1(2) + 0.3 \times y_2(2)。$$

解得 $y_1(2) = -31000$，$y_2(2) = 47000$。所以，$t = 2$ 时社会生产将变为

$$t = 2(总产量16000)：\begin{cases} 部门1： \\ -12400c - 3100v - 15500s = -31000, \\ 部门2： \\ 9400c + 14100v + 31500s = 47000。 \end{cases}$$

在 $t = 3$ 时，新的差分方程变为

$$y_1(2) = c_1 y_1(3) + c_2 y_2(3),$$
$$y_2(2) = v_1 y_1(3) + v_2 y_2(3)。$$

代入各变量，得

$$-31000 = 0.4 \times y_1(3) + 0.2 \times y_2(3),$$
$$47000 = 0.1 \times y_1(3) + 0.3 \times y_2(3)。$$

解得 $y_1(3) = -187000$，$y_2(3) = 219000$。所以，$t = 3$ 时社会生产将变为

$$t = 3(总产量32000)：\begin{cases} 部门1： -74800c - 18700v - \\ 93500s = -187000, \\ 部门2： \\ 43800c + 65700v + \\ 109500s = 219000。 \end{cases}$$

在 $t = 4$ 时，新的差分方程变为

$$y_1(3) = c_1 y_1(4) + c_2 y_2(4),$$
$$y_2(3) = v_1 y_1(4) + v_2 y_2(4)。$$

代入各变量，得

$$-187000 = 0.4 \times y_1(4) + 0.2 \times y_2(4),$$
$$219000 = 0.1 \times y_1(4) + 0.3 \times y_2(4)。$$

解得 $y_1(4) = -999000$，$y_2(4) = 1063000$。所以，$t = 4$ 时社会生产将变为

$$t = 4(总产量\ 64000)：\begin{cases} 部门1：-399600c-99900v-\\ 499500s = -999000，\\ 部门2：212600c+318900v+\\ 531500s = 1063000。 \end{cases}$$

......

表9　市场化扩大再生产规模（部门1更资本密集，情况1）

时间	$y_1(t)$	$y_2(t)$	$y_1(t)+y_2(t)$
$t = 0$	1000	3000	4000
$t = 1$	-3000	11000	8000
$t = 2$	-31000	47000	16000
$t = 3$	-187000	219000	32000
$t = 4$	-999000	1063000	64000

　　在本例中，部门1的规模会很快变为负数，且逐渐扩大，部门2始终保持正数扩张。不过，如果我们改变一下两个部门的初始规模，则情况可能反过来，即部门1始终保持正规模扩张，而部门2很快变为负数且逐渐扩大。

　　我们可以注意到，本案例里和前文表8给出的基于马克思原案例的"市场化"案例的结果是类似的，因为它们都是部门1更加资本密集的情况，案例仅仅是数字上的不同而已。部门1在若干期之后都变为负数规模，且越来越大，而部门2则维持正数规模变大；社会生产总规模都不断扩大。

9.2.2　情况2，部门2规模负数扩张

　　我们维持两个部门的投入产出比例不变，仅仅改变两个部门的初始规模如下，假设 $t = 0$ 时社会的初始生产状态变成

$$t = 0(\text{总产量 } 1300): \begin{cases} \text{部门 1：} 400c + 100v + 500s = 1000, \\ \text{部门 2：} 60c + 90v + 150s = 300。 \end{cases}$$

注意，规模修改之后，初始状态并未市场出清。此时，生产资料的总产出（部门 1）为 1000，而两个部门的生产资料总投入等于 $400c + 60c = 460$。同理可以验证生活资料也不是出清的。但是注意，初始状态出清与否并不会影响扩大再生产，扩大再生产都可以照常进行，而且在扩大再生产之后，市场可以获得出清状态（基于再生产的安排）。

注意在本例中，部门 1 更加资本密集，不变资本投入占比更高，$k_1 = 4$，$k_2 = \dfrac{2}{3}$。我们仍然假设资本家会将全部的利润（剩余价值）都用于再生产，完全不进行消费。

在本例中，投入比例 $c_1 = \dfrac{400}{1000} = 0.4$，$v_1 = \dfrac{100}{1000} = 0.1$，$s_1 = \dfrac{500}{1000} = 0.5$，$c_2 = \dfrac{60}{300} = 0.2$，$v_2 = \dfrac{90}{300} = 0.3$，$s_2 = \dfrac{150}{300} = 0.5$；初始规模 $y_1(0) = 1000$，$y_2(0) = 300$；由于两个部门的资本家都不消费，所以消费比例 $c_s = 0$。

于是，据（118）、（120）式给出的差分方程，我们有

$$y_1(0) = c_1 y_1(1) + c_2 y_2(1),$$
$$y_2(0) = v_1 y_1(1) + v_2 y_2(1)。$$

代入各变量，得

$$1000 = 0.4 \times y_1(1) + 0.2 \times y_2(1),$$
$$300 = 0.1 \times y_1(1) + 0.3 \times y_2(1)。$$

解得 $y_1(1) = 2400$，$y_2(1) = 200$。所以，$t = 1$ 时社会生产将变为

$$t = 1\,(\text{总产量}2600)\colon \begin{cases} \text{部门}1\colon\ 960c + 240v + 1200s = 2400, \\ \text{部门}2\colon 40c + 60v + 100s = 200_\circ \end{cases}$$

在 $t = 2$ 时，新的差分方程变为

$$y_1(1) = c_1 y_1(2) + c_2 y_2(2),$$
$$y_2(1) = v_1 y_1(2) + v_2 y_2(2)_\circ$$

代入各变量，得

$$2400 = 0.4 \times y_1(2) + 0.2 \times y_2(2),$$
$$200 = 0.1 \times y_1(2) + 0.3 \times y_2(2)_\circ$$

解得 $y_1(2) = 6800$，$y_2(2) = -1600_\circ$ 所以，$t = 2$ 时社会生产将变为

$$t = 2\,(\text{总产量}5200)\colon \begin{cases} \text{部门}1\colon \\ 2720c + 6800v + 3400s = 6800, \\ \text{部门}2\colon \\ -320c - 480v - 800s = -1600_\circ \end{cases}$$

在 $t = 3$ 时，新的差分方程变为

$$y_1(2) = c_1 y_1(3) + c_2 y_2(3),$$
$$y_2(2) = v_1 y_1(3) + v_2 y_2(3)_\circ$$

代入各变量，得

$$6800 = 0.4 \times y_1(3) + 0.2 \times y_2(3),$$
$$-1600 = 0.1 \times y_1(3) + 0.3 \times y_2(3)_\circ$$

解得 $y_1(3) = 23600$，$y_2(3) = -13200_\circ$ 所以，$t = 3$ 时社会生产将变为

$$t = 3\,(\text{总产量}10400)\colon \begin{cases} \text{部门}1\colon \\ 9440c + 2360v + 11800s = 23600, \\ \text{部门}2\colon \\ -2640c - 3960v - 6600s = -13200_\circ \end{cases}$$

在 $t = 4$ 时，新的差分方程变为

$$y_1(3) = c_1 y_1(4) + c_2 y_2(4)，$$
$$y_2(3) = v_1 y_1(4) + v_2 y_2(4)。$$

代入各变量，得

$$23600 = 0.4 \times y_1(4) + 0.2 \times y_2(4)，$$
$$- 13200 = 0.1 \times y_1(4) + 0.3 \times y_2(4)。$$

解得 $y_1(4) = 97200$，$y_2(4) = -76400$。所以，$t = 4$ 时社会生产将变为

$$t = 4（总产量 20800）：\begin{cases} 部门 1：38880c + 9720v + \\ 48600s = 97200， \\ 部门 2：-15280c - 22920v - \\ 38200s = -76400。 \end{cases}$$

……

表 10　市场化扩大再生产规模（部门 1 更资本密集，情况 2）

时间	$y_1(t)$	$y_2(t)$	$y_1(t) + y_2(t)$
$t = 0$	1000	300	1300
$t = 1$	2400	200	2600
$t = 2$	6800	-1600	5200
$t = 3$	23600	-13200	10400
$t = 4$	97200	-76400	20800

可见，在改变两部门的初始规模之后，可能导致部门 2 规模变为负数。

9.2.3　部门 1 更资本密集时的市场化再生产总结

上述两种情况中，虽然社会生产每期的总规模都会扩大 1 倍，但是，每期两部门的规模正负号相反，且每一期规模

长期来看都将趋于上一期的 5 倍，规模增速长期趋于稳定，但是正负号相反。本案中两个部门的规模增长如图 13 所示。图中的增长曲线是可以数学证明的，有兴趣的读者可参考文后附录三 3. 3. 2 中的证明。

可见，在部门生产方式（各项投入产出比例）保持不变的情况下，两个部门的初始规模（的比例）不同，就会导致不同的部门生产规模变为负数，导致两个部门的规模产生天壤之别。这样的"市场化"生产扩张结论是非常不稳定的。

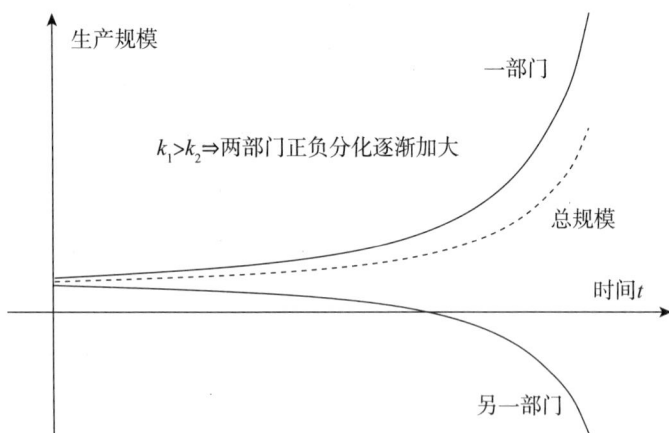

图 13　市场化扩大再生产（情形 2，$k_1 > k_2$，部门 1 更资本密集）

生产规模为负数这一事件，其物理意义是将生产过程逆转，消耗社会已有的产成品，还原出生产资料和生活资料（供另一部门作为投入使用）。所以其在经济上是无意义的，而且技术上大多也是行不通的（面包无法还原为面粉）。例如本例中的情况 1，部门 2 超常增长（高于稳定增速 g_1），使用了超过社会存量的生产资料和生活资料，生产出了超过社会所需要的产成品（生活资料），而部门 1 则消灭了部门 2 生产出的多余的生活资料，还原成了社会原本没有的超额生产资料和生活资料，使部门 2 的生产得以超额投入。这样的情形，仅存在于数字模型中，现实世界是不可能实现的。

9.3 部门 2 更资本密集时，规模大幅波动，每期正负切换

基于前面正负反向稳定增长的例子，我们将两个部门互换一下，部门 1 变成部门 2，部门 2 变成部门 1。但是为了让产量出清，我们需要对初始规模进行调整。于是我们假设社会两个部门的原本生产状态为（社会总产出 3000）：

$$t = 0(\text{总产量}3000)：\begin{cases} \text{部门}1：200c + 300v + 500s = 1000, \\ \text{部门}2：800c + 200v + 1000s = 2000。 \end{cases}$$

注意，本例的初始状态是市场出清的。此时，生产资料的总产出（部门 1）为 1000，而两个部门的生产资料总投入也等于 $200c + 800c = 1000$。同理可以验证生活资料也是出清的。但是注意，初始状态出清与否并不会影响扩大再生产，扩大再生产都可以照常进行，而且在扩大再生产之后，市场可以获得出清状态（基于再生产的安排）。

注意在本例中，部门 2 更加资本密集，不变资本投入占比更高，$k_1 = \dfrac{2}{3}$，$k_2 = 4$。

我们仍然假设资本家会将全部的利润（剩余价值）都用于再生产，完全不进行消费。据（108）、（109）式给出的差分方程，社会生产将如下扩张。

在本例中，投入比例 $c_1 = \dfrac{200}{1000} = 0.2$，$v_1 = \dfrac{300}{1000} = 0.3$，

$$s_1 = \frac{500}{1000} = 0.5, \quad c_2 = \frac{800}{2000} = 0.4, \quad v_2 = \frac{200}{2000} = 0.1, \quad s_2 = \frac{1000}{2000} =$$

0.5；初始规模 $y_1(0) = 1000$，$y_2(0) = 2000$；由于两个部门的资本家都不消费，所以消费比例 $c_s = 0$。

于是，据（118）、（120）式给出的差分方程，我们有

$$y_1(0) = c_1 y_1(1) + c_2 y_2(1),$$
$$y_2(0) = v_1 y_1(1) + v_2 y_2(1)。$$

代入各变量，得

$$1000 = 0.2 \times y_1(1) + 0.4 \times y_2(1),$$
$$2000 = 0.3 \times y_1(1) + 0.1 \times y_2(1)。$$

解得 $y_1(1) = 7000$，$y_2(1) = -1000$。所以，$t = 1$ 时社会生产将变为

$$t = 1(总产量6000)：\begin{cases} 部门1： \\ 1400c + 2100v + 3500s = 7000, \\ 部门2： \\ -400c - 100v - 500s = -1000。 \end{cases}$$

在 $t = 2$ 时，新的差分方程变为

$$y_1(1) = c_1 y_1(2) + c_2 y_2(2),$$
$$y_2(1) = v_1 y_1(2) + v_2 y_2(2)。$$

代入各变量，得

$$7000 = 0.2 \times y_1(2) + 0.4 \times y_2(2),$$
$$-1000 = 0.3 \times y_1(2) + 0.1 \times y_2(2)。$$

解得 $y_1(2) = -11000$，$y_2(2) = 23000$。所以，$t = 2$ 时社会生产将变为

$$t = 2(总产量 12000): \begin{cases} 部门1: \\ -2200c - 3300v - 5500s = -11000, \\ 部门2: \\ 9200c + 2300v + 11500s = 23000。 \end{cases}$$

在 $t = 3$ 时，新的差分方程变为

$$y_1(2) = c_1 y_1(3) + c_2 y_2(3),$$
$$y_2(2) = v_1 y_1(3) + v_2 y_2(3)。$$

代入各变量，得

$$-11000 = 0.2 \times y_1(3) + 0.4 \times y_2(3),$$
$$23000 = 0.3 \times y_1(3) + 0.1 \times y_2(3)。$$

解得 $y_1(3) = 103000$，$y_2(3) = -79000$。所以，$t = 3$ 时社会生产将变为

$$t = 3(总产量 24000): \begin{cases} 部门1: 20600c + 30900v + \\ 51500s = 103000, \\ 部门2: -31600c - 7900v - \\ 39500s = -79000。 \end{cases}$$

在 $t = 4$ 时，新的差分方程变为

$$y_1(3) = c_1 y_1(4) + c_2 y_2(4),$$
$$y_2(3) = v_1 y_1(4) + v_2 y_2(4)。$$

代入各变量，得

$$103000 = 0.2 \times y_1(4) + 0.4 \times y_2(4),$$
$$-79000 = 0.3 \times y_1(4) + 0.1 \times y_2(4)。$$

解得 $y_1(4) = -419000$，$y_2(4) = 467000$。所以，$t = 4$ 时社会生产将变为

$$t = 4(总产量 48000)：\begin{cases} 部门1：-83800c - 125700v - \\ 209500s = -419000, \\ 部门2：186800c + 46700v + \\ 233500s = 467000。 \end{cases}$$

……

我们可以这样每期递推下去，可见每期两部门的生产规模会大幅波动，一期为正值，下一期则为负值。

表11　市场化扩大再生产规模（部门2更资本密集）

时间	$y_1(t)$	$y_2(t)$	$y_1(t) + y_2(t)$
$t = 0$	1000	2000	3000
$t = 1$	7000	-1000	6000
$t = 2$	-11000	23000	12000
$t = 3$	103000	-79000	24000
$t = 4$	-419000	467000	48000

经济上，如果部门1（重工业）反而需要投入更多的人力，而部门2（轻工业）需要投入更多的资本，则每个部门产出的产品是另一个部门更需要的，则一部门的扩张会导致下一期另一部门的扩张，而一部门规模的收缩会导致下一期另一部门的收缩。加上如果初始规模不对称，就会就造成两个部门的规模出现涨跌互现的不稳定现象。

本案例中两个部门的规模增长示意图如图14所示。图中的增长曲线是可以数学证明的，有兴趣的读者可参考文后附录三3.3.3中的证明。

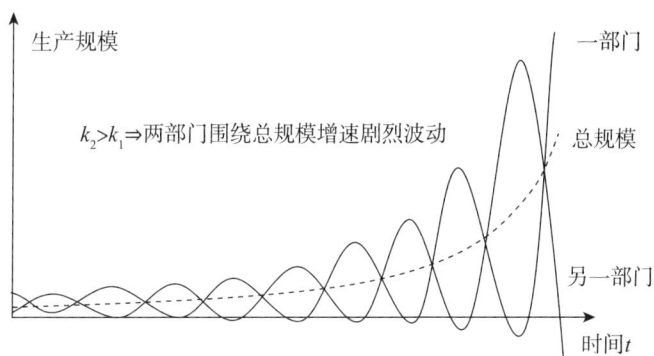

图 14　市场化扩大再生产（情形 3，$k_2 > k_1$，部门 2 更资本密集）

9.4　初始规模比例恰当时，两部门可稳定增长

实际上，对于不稳定的扩大再生产，我们仍然保持两个部门的生产方式，仅仅将两个部门的初始规模改变一下，就可以变得稳定扩张。如果社会生产初始规模变为下式，或者为此规模的倍数时，则两个部门的规模每期都可以稳定地规模翻倍。

$$t = 0（总产量 7000）: \begin{cases} 部门1: \\ 800c + 1200v + 2000s = 4000, \\ 部门2: \\ 1200c + 300v + 1500s = 3000。 \end{cases}$$

注意，更改规模之后初始状态并未产量出清，即生产资料和生活资料并未出清。例如生产资料的总产量为 4000，而总生产资料总投入为 $800c + 1200c = 2000$，并未出清。同理可验证生活资料也未出清。但是注意，初始状态出清与否并不会影响扩大再生产，扩大再生产都可以照常进行，而且在扩大再生产之后，市场可以获得出清状态（基于再生产的安排）。

此时 $k_1 = \dfrac{2}{3}$，$k_2 = 4$，仍然是部门 2 更加资本密集。

我们仍然假设资本家会将全部的利润（剩余价值）都用于再生产，完全不进行消费。据（108）、（109）式给出的差分方程，社会生产将如下扩张。

在本例中，投入比例 $c_1 = \dfrac{800}{4000} = 0.2$，$v_1 = \dfrac{1200}{4000} = 0.3$，$s_1 = \dfrac{200}{4000} = 0.5$，$c_2 = \dfrac{1200}{3000} = 0.4$，$v_2 = \dfrac{300}{3000} = 0.1$，$s_2 = \dfrac{1500}{3000} = 0.5$；初始规模 $y_1(0) = 4000$，$y_2(0) = 3000$；由于两个部门的资本家都不消费，所以消费比例 $c_s = 0$。

于是，据（118）、（120）式给出的差分方程，我们有

$$y_1(0) = c_1 y_1(1) + c_2 y_2(1),$$
$$y_2(0) = v_1 y_1(1) + v_2 y_2(1)。$$

代入各变量，得

$$4000 = 0.2 \times y_1(1) + 0.4 \times y_2(1),$$
$$3000 = 0.3 \times y_1(1) + 0.1 \times y_2(1)。$$

解得 $y_1(1) = 8000$，$y_2(1) = 6000$。所以，$t = 1$ 时社会生产将变为

$$t = 1(\text{总产量}14000):\begin{cases}\text{部门}1:\\ 1600c + 2400v + 4000s = 8000,\\ \text{部门}2:\\ 2400c + 600v + 3000s = 6000。\end{cases}$$

在 $t = 2$ 时，新的差分方程变为

$$y_1(1) = c_1 y_1(2) + c_2 y_2(2),$$

$$y_2(1) = v_1 y_1(2) + v_2 y_2(2)。$$

代入各变量，得

$$8000 = 0.2 \times y_1(2) + 0.4 \times y_2(2),$$

$$6000 = 0.3 \times y_1(2) + 0.1 \times y_2(2)。$$

解得 $y_1(2) = 16000$，$y_2(2) = 12000$。所以，$t = 2$ 时社会生产将变为

$$t = 2(\text{总产量 } 28000): \begin{cases} \text{部门 } 1: \\ 3200c + 4800v + 8000s = 16000, \\ \text{部门 } 2: \\ 4800c + 1200v + 6000s = 12000。 \end{cases}$$

在 $t = 3$ 时，新的差分方程变为

$$y_1(2) = c_1 y_1(3) + c_2 y_2(3),$$

$$y_2(2) = v_1 y_1(3) + v_2 y_2(3)。$$

代入各变量，得

$$16000 = 0.2 \times y_1(3) + 0.4 \times y_2(3),$$

$$12000 = 0.3 \times y_1(3) + 0.1 \times y_2(3)。$$

解得 $y_1(3) = 32000$，$y_2(3) = 24000$。所以，$t = 3$ 时社会生产将变为

$$t = 3(\text{总产量 } 56000): \begin{cases} \text{部门 } 1: \\ 6400c + 9600v + 16000s = 32000, \\ \text{部门 } 2: \\ 9600c + 2400v + 12000s = 24000。 \end{cases}$$

在 $t = 4$ 时，新的差分方程变为

$$y_1(3) = c_1 y_1(4) + c_2 y_2(4),$$

$$y_2(3) = v_1 y_1(4) + v_2 y_2(4)。$$

代入各变量，得

$$32000 = 0.2 \times y_1(4) + 0.4 \times y_2(4),$$
$$24000 = 0.3 \times y_1(4) + 0.1 \times y_2(4)。$$

解得 $y_1(4) = 64000$，$y_2(4) = 48000$。所以，$t = 4$ 时社会生产将变为

$$t = 4(总产量\ 112000)：\begin{cases} 部门1： \\ 9600c + 19200v + 32000s = 64000, \\ 部门2： \\ 19200c + 4800v + 24000s = 48000。 \end{cases}$$

……

可见每期两部门的规模是可以稳定扩张的。

表 12　市场化扩大再生产规模（初始规模落在稳定增长轨迹上）

时间	$y_1(t)$	$y_2(t)$	$y_1(t) + y_2(t)$
$t = 0$	4000	3000	7000
$t = 1$	8000	6000	14000
$t = 2$	16000	12000	28000
$t = 3$	32000	24000	56000
$t = 4$	64000	48000	112000

本案例中两个部门的规模增长示意图如图 15 所示。图中的增长曲线是可以数学证明的，有兴趣的读者可参考文后附录三 3.3.4 中的证明。

本案例是在上一案例（情形 3）的基础上仅仅变更了一下两个部门的初始规模比例，就可以使两个部门的生产规模扩张变得稳定起来。实际上我们可以证明（可参考文后附录），不仅仅是基于上一案例（部门 2 更资本密集），基于前述讨论的任一种情况，无论两个部门的资本投入结构是怎么

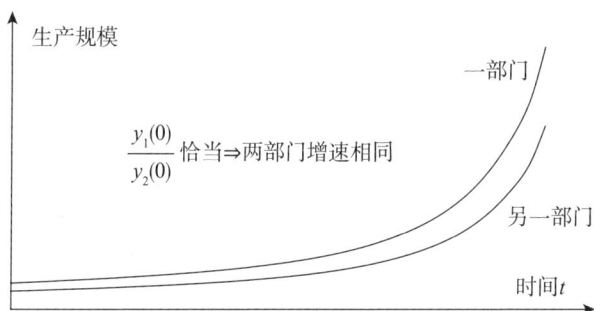

图 15 市场化扩大再生产（情形 4，初始规模比例恰当时）

样的，只要两个部门的初始规模比例等于恰当的数值，都可以实现两个部门增速一致，都维持正数规模以相同的速度扩张。当然，初始规模比例等于这一恰当的数值是比较难得的。也就是说，在"市场化"的部门再投资机制下，大概率两个部门的扩张不会得到稳定的结果。

9.5 再生产的市场化与不稳定性

在常规的生产设置下，两个部门的规模扩张都不能获得常规意义上的稳定增速。只有在两个部门的生产方式相同（资本投入结构相同，类似退化为一个部门）或者初始规模比例等于稳定规模比例这两种特殊情况下，才能实现两个部门同步的稳定增长。

另外我们注意到，我们所举的后三个案例都满足总规模增长稳定这一规律，也就等价于社会总资本增速稳定，而这正是我们前文所证明的结论［等式（129）］。

9.5.1 市场化再生产不稳定总结

我们在前文中依据两个部门的资本投入结构和初始规模

给出了如下 **4** 种可能的情况：

（1）案例 1：两个部门的资本投入结构相同。此时两个部门的不变资本和可变资本的投入比例完全相同。此时两个部门之间无法在约束条件下达成扩大再生产。

（2）案例 2：部门 1 更加资本密集。在这种情况下，根据两个部门初始规模（比例）的不同，或部门 1 或部门 2 很快就进入负数规模，之后就维持一正一负的规模，一个部门规模为正且不断扩大，而另一个部门为负且不断扩大。一个部门不断为另一个部门输血。

（3）案例 3：部门 2 更加资本密集。在这种情况下，两个部门的规模每一期都是一正一负，而且下一期正负反向，数字都变得更大。每一期都是一个部门为另一部门输血，但是下一期就变换角色。案例 2 和案例 3，相对于案例 1 的两部门资本投入结构相同的特例，属于更为一般的情况，是社会生产常见的状态。但是，其"市场化"再生产结果都不像马克思给出的案例中一样可以以同样的速度稳定地扩张，都会导致社会生产的崩溃。

（4）案例 4：不管两个部门的资本投入结构怎么样（但不相同），两个部门的初始规模恰当［具体条件参见附录公式（154）］。在这种情况下，两个部门的生产规模也获得了稳定的增长，类似于马克思给出的案例。这一情形也是很特殊的情况，它相当于限制了社会生产两个部门的规模基本只能维持一个不变的初始比例，不符合社会实际情况。只要两部门初始规模的比例不等于案例中的比例，就会出现不稳定。而且，在这一特殊的初始规模比例之下，原始的生产状态并未实现产量出清，这也是不太合理的地方之一。

最后，需要注意的一点，就是在后三种情况下，我们给出的几个例子中两个部门的加总规模都是稳定增长的。

9.5.2　再谈计划性与市场化

我们前文已经展示了马克思给出的稳定的扩大再生产案例，并且在数学上已经证明马克思给出的扩大再生产安排确实是可以稳定扩大规模的。但是，在我们变更了一些看起来更为合理的再生产安排之后，社会生产却变得非常不稳定了。那到底是因为马克思的模型只是特殊的个案？还是我们的修正导致的结果呢？很明显，马克思的模型设置并没有对资本投入比等做出任何限制，而我们仍然从数学上证明了其稳定性，说明马克思的模型设置并不是特例。

我们前文在讨论马克思的扩大再生产案例时，猜测马克思划分社会生产部门的用意可能有两方面，一方面认为资本家更倾向于投资生产资料（重工业）的部门 1，另一方面则出于对扩大再生产的"计划性"安排。从上文我们已经看到，当我们去掉"计划性"这一安排而将再生产变为"市场化"再生产之后，社会生产规模大概率将会"无序"扩大。这一结果是非常惊人的，我们将其归因于"计划性"的缺失。

我们现在再回过来讨论一下资本家投资倾向的问题。因为我们猜测马克思划分部门是由于部门 1 是资本密集型，会"市场性"地得到资本家的青睐，而自然成为扩大再生产的优先部门和主导部门。如果是这样，那么最终的"计划性"只是表象而已，其背后是部门 1 由于"市场化"的原因而获得了资本家的青睐，那么生产可以稳定扩张的原因就应该归到"市场化"头上，而不是"计划性"。

那么这一问题的核心就是，到底部门 1 是不是由于"市场化"的原因而获得了资本家的青睐呢？很显然不是！因为我们本章已经通过 4 个案例遍历完了所有可能的情况，证明了高资本投入比的部门（更加资本密集）并不会导致扩张速度更快或是扩张更稳定。在案例 2 中，部门 1 更加资本密集，但是部门 1 却规模萎缩且在几期之后就变为负数，且负数不断扩大；而在案例 3 中，部门 2 更加资本密集，但是部门 2 的规模却大幅地正负波动（部门 1 也相同）。可见，扩张的稳定性及扩张速度和资本密集与否并无关联。于是，"市场化"会使资本密集型行业获得资本家的青睐是不成立的。

于是，马克思扩大再生产的稳定性确实源于其再生产安排的"计划性"，这一"计划性"是外部强制安排的，并不是社会生产自身"市场化"的产物，当社会生产失去这一外部强制的"计划性"之后，其自身的"市场化"属性使得生产扩张（社会发展）变得极不稳定。所以通过修改马克思的再生产案例，我们得出了"计划性"对于社会稳定发展的至关重要的作用。在产业层面完全"市场化"的情况下，只有当各产业达到某种均衡状态（即各产业规模比例已经达到合适）时，社会生产的发展才是稳定的。但是现实世界中，社会生产始终处于动态发展的状态，均衡是很难达到的。所以我们不能期待各产业可以在完全"市场化"条件下达到特定的状态，也就不能期待在完全"市场化"条件下获得稳定的社会生产发展。

附录一 新古典与再转换

新古典经济学派是以庞巴维克和哈耶克为代表的学派。新古典经济学派又称为奥地利学派或边际学派，他们认为社会生产的商品价格由消费者的边际效用和生产者的边际成本共同决定。同时，作为社会生产投入要素的资本和劳动力，也可以通过边际定价。与之前传统的劳动价值论不同，庞巴维克是资本的坚定支持者，认为资本具有生产性。

庞巴维克认为，消费者愿意牺牲短期消费，转成资本累积以升级生产技术，通过技术升级实现生产率的提高，最终获得更高的消费。所以其认为社会生产会逐渐"机器化""资本化"。而在这一过程中，随着资本的逐步积累和生产过程中资本投入占比的增加，资本回报率会逐步下降，即社会利息水平会逐步下降。而且，新古典经济学认为"资本化"和"机器化"是不可逆的过程，且资本回报率和利息水平长期来讲必然会逐渐下降到零。

直到后来学者发现了"再转换"现象，即随着利息水平的下降，社会生产的转换可能存在反复，可能转换回原来在高息水平时适用的技术。与此同时，庞巴维克的一系列推论可能都会逆转。此后经济学界开始重新系统地考察新古典经济学的前提及其适用条件，以及重新审视其资本和劳动的边际定价理论。

我们下文以两个简单的模型来分别展示新古典学派的经典模型和再转换模型，并详细介绍在再转换案例中新古典经济学的一系列推理的表现，其中大部分将不再成立。

附1.1 新古典学派经典模型及其资本理论

附1.1.1 新古典学派经典模型

1. 模型简介

关于社会生产技术及资本化，庞巴维克认为资本可以提高生产率，所以人们愿意牺牲一些短期消费，将攒下来的资金用于生成资本品以投入生产或升级技术，以期未来可以获得更高的产量。

我们此处将讨论在此框架下设定的生产同一最终产品的三种生产技术。为简单起见，我们假设只投入劳动力一种要素。如正文第二章图1所示，三个子图代表三种不同的生产技术。按照新古典经济学的理论设定，图（a）到（b）到（c）是逐渐升级的技术，其有如下特性：

（1）三种生产技术的劳动投入都是均匀的，即每个周期投入的劳动力数量相等，（a）中每期均投入5单位劳动，（b）3单位，（c）2单位；

（2）从（a）到（b）到（c），劳动力投入数量递减（案例中均匀递减，从10到9到8），这意味着技术改进之后人均产出提高了；

（3）从（a）到（b）到（c），平均生产周期逐渐拉长

（案例中匀速拉长，从 1.5 到 2 到 2.5），这对应了庞巴维克所谓的社会生产趋向更加"迂回"。

2. 生产成本和最优技术

下面我们在不同利息水平下计算每种生产技术下产成品的成本。

在生产过程中投入的只有工资一项，而利息的影响是当期的 ¥1 会因为孳息而在下一期变为 ¥1+i，所以每期投入的工资 W 在下一期会因为孳息而变为 $W(1+i)$，而且会随着时间的推后而利滚利。一般而言，在工资 W 投入 t 期之后，因为利息的影响，该投入会因为孳息而变为 $W(1+i)^t$。

如图所示的生产过程，最终产成品都是 1 单位，所以其生产成本即为累积每期投入的工资及其到产成品时复利孳息之和。我们假设每单位劳动力的工资 $W = ¥1$，消费品的价格 P 等于其生产成本 C，每期投入的劳动力为 L_t，而 t 为周期距离最终产成品的时间，则有

$$C = P = \sum_t L_t (1+i)^t 。$$

将其应用在三种生产技术（a）~（c）上，我们有

$$C\big|_{经典(a)} = P\big|_{经典(a)} = 5(1+i) + 5(1+i)^2，$$

$$C\big|_{经典(b)} = P\big|_{经典(b)} = 3(1+i) + 3(1+i)^2 + 3(1+i)^3，$$

$$C\big|_{经典(c)} = P\big|_{经典(c)} = 2(1+i) + 2(1+i)^2 + 2(1+i)^3 + 2(1+i)^4。$$

如正文第二章表 3 和本章节图 16 所示，在利息较低时，（c）的成本最低，价格最低，（b）和（a）依次升高。但是在利息较高的水平下，由于（c）生产周期较长，利息费用较高，反而成本最高，（a）的成本最低。例如，在利息为零

174

即不计息的情况下,(a) - (c) 的生产成本分别为 10、9、8,即为总共投入的劳动力单位数,很明显在此情况下 (c) 的生产成本更低,生产技术更具竞争力。

根据各生产技术的生产成本,我们可知对应不同利息水平下最优的生产技术:在利息较低时 (c) 占优,而在利息很高时 (a) 占优。用笛卡尔符号法则我们能证明,生产技术 (c) 比 (a) 和 (b) 更迂回或者说更机器化,而且随着利息水平下降,社会会单向地从 (a) 转换到 (b) 再转换到 (c),而不会出现逆转。(庞巴维克的《资本实证理论》[1] 和哈耶克的《价格和生产》[2] 中也有论述。)

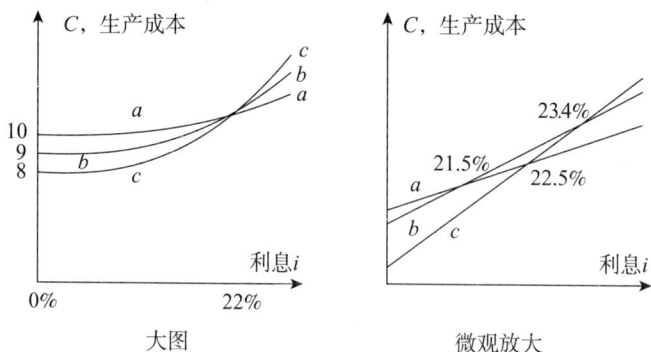

图 16 经典模型下三种技术的生产成本

附 1. 1. 2 经典模型下的生产理论

由上面我们的计算可知,在经典案例下,当社会总体利息水平很高时,社会生产会选择生产技术 (a),而随着社会

_____

① [奥] 庞巴维克:《资本实证论》,商务印书馆 2009 年版,第 44—51 页。
② [英] 海约克 (又译哈耶克):《物价与生产》,上海人民出版社 1958 年 11 月版,第 33—59 页。

利息水平的下降，生产技术会逐渐转换到（c）。而且即使利息水平进一步下降，生产技术也不会再重新转换回更老旧的技术（a）了，这一点对于庞巴维克的理论实际上极为重要。庞巴维克一系列相关推论均建基于此。如果随着利息水平的下降，生产技术会在不同技术间来回转换，则庞巴维克的很多推论会因此被推翻。

后面我们将分析几条庞巴维克的重要理论，它们在经典案例下都是成立的。

1. 实际工资上涨理论

首先是要素实际价格上涨理论：随着利息水平的下降和生产技术的进步，投入要素的实际价格（以最终产成品计价）会上升。

在本经典案例中，投入的要素只有劳动一种，所以此例中该理论则对应为实际工资上涨理论。而实际工资等于名义工资 W（我们仍然假定为 ¥1）除以最终产成品价格 P。根据我们前述对于产成品价格的计算公式，易知

$$\frac{W}{P} = \frac{1}{P} = \frac{1}{\sum_t L_t (1+i)^t}。$$

将其应用在三种生产技术上，易得

$$\left.\frac{W}{P}\right|_{经典(a)} = \frac{1}{5(1+i) + 5(1+i)^2},$$

$$\left.\frac{W}{P}\right|_{经典(b)} = \frac{1}{3(1+i) + 3(1+i)^2 + 3(1+i)^3},$$

$$\left.\frac{W}{P}\right|_{经典(c)} = \frac{1}{2(1+i) + 2(1+i)^2 + 2(1+i)^3 + 2(1+i)^4}。$$

易知实际工资是利息 i 的减函数，且在利息为零时（对

应图 17 中纵轴截距），三种生产技术对应的实际工资水平分别为 $\frac{1}{10}$、$\frac{1}{9}$、$\frac{1}{8}$。图 17 给出了针对图 1 经典案例的实际工资曲线（粗实线），即在不同利息水平下由最优生产技术对应的实际工资曲线。在庞巴维克的经典模型下，实际工资确实会随着利息水平的下降而升高，这说明在经典模型中要素实际价上涨理论有效。

从经济意义上，实际工资的上涨可以拆解为两个原因。第一，纯粹利息的影响。如果利息下降，则工资投入的孳息减少，商品最终名义价格下跌，所以实际工资水平上涨。这一点在图中对应每条曲线都是递减的。第二，技术转换的影响。利息下降造成生产技术转换，而技术转换后产成品价格（不计利息下）恰好也下降了，对应从（a）的￥10 到（b）的￥9 到（c）的￥8。这对应图 17 中随着利息下降技术切换后前沿曲线的陡峭程度的上移。两者相互加强，实际工资水平必然升高。

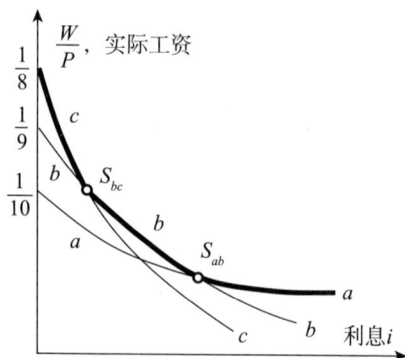

图 17　实际工资曲线——经典模型

2. 消费改善理论

下面，我们接着考察新古典的下一个推论，稳定消费增加理论：社会的稳定消费水平会随着利息水平的下降而上升。

假设总人口不变，即劳动总投入 L 维持不变，则稳定消费水平等价于产成品生产总量除以劳动投入总量，即人均净产量 Q/L，其中 Q 为消费总量（即总产量）。由于最终产量是 1，所以我们有：

$$\left.\frac{Q}{L}\right|_{经典(a)} = \frac{1}{10}, \left.\frac{Q}{L}\right|_{经典(b)} = \frac{1}{9}, \left.\frac{Q}{L}\right|_{经典(c)} = \frac{1}{8}。$$

稳定人均消费水平对利息水平的走势如图 18 所示，其中粗实线为稳定消费曲线前沿。易知，图中随着利息水平下降，由于生产技术转换会引起消费水平上升，因为稳定消费曲线（台阶状折线）越往左越高，这对应从（a）转换到（b）再到（c）。而在利息水平为零时，社会达到熊彼特-拉姆齐黄金法则的幸福状态（the Schumpeter-Ramsey Golden Rule State of Bliss，此时利息水平等于经济增长率），同时获得最高的国民净产值。

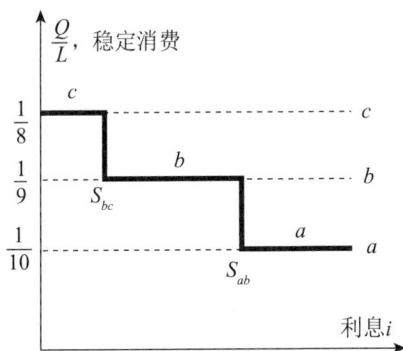

图18　稳定消费曲线——经典模型

3. 资本产出率提升理论

下面，我们接着考察新古典资本产出率提升论：资本产出比率（生产中投入的资本总值除以最终产值）会随着利息水平的下降而上升。这一推论说明随着利息的降低，单位产值需要投入的资本总值会提升，即社会生产逐渐变得更迂回，更加资本密集化。

资本产出率为单位产值所需要投入的资本量，即社会生产过程中积累的总资本价值 K 除以最终产值 Y。而总资本 K 等于各周期的中间产品价值 K_t 的加总，而每周期中间产品的价值 K_t 为该周期之前所有投入的要素及其孳息的价值之和。即

$$K = \sum_{t>0} K_t, \quad K_{t_0} = \sum_{t>t_0} L_t(1+i)^{t-t_0}。$$

另外，根据前文我们知道社会最终产值 $Y = P = K_{t=0}$（由于产量为 1，所以产值 Y 就等于价格 P），即最终产值等于最终产出时刻累计投入的要素及其孳息的价值之和，即总投入成本。

例如生产技术（b），其生产分 3 次投入，在最初 $t=3$ 时刻由于刚刚投入人力劳动，所以尚未形成任何资本品（即在上式求和中 $t_0=3$，但没有 t 满足 $t>t_0$）。在 $t=2$ 时刻，前期投入的劳动累积（含利息）形成了一定的资本品（我们不管其是什么形式，但是它是存在的，并没有浪费），其价值就等于 $t=3$ 时刻投入的 3 单位劳动力加上其孳息，即为 $3(1+i)$。等到 $t=1$ 时刻，前边两个时期投入的劳动力，分别形成了 2 份资本品，其中 $t=3$ 时刻投入的 3 单位劳动由于孳息两次变为 $3(1+i)^2$，$t=2$ 时刻投入的 3 单位劳动孳息变为 $3(1+i)$，$t=1$ 时刻资本品加总为 $3(1+i)+3(1+i)^2$。而生产技术（b）

只要 $t=1$、2 两个时期有中间产品，所以全部生产的中间品之和即为全部资本，为

$$3(1+i)+3(1+i)+3(1+i)^2=6(1+i)+3(1+i)^2 \text{。}$$

社会资本品总值 K，除以最终产品的加总市场价值 Y，

即为资本产出比 K/Y，我们有 $\dfrac{K}{Y}=\dfrac{\sum_{t>0}K_t}{K_{t=0}}$。

根据上述算法，易得对应经典模型的三种生产技术的资本产出比为

$$\left.\frac{K}{Y}\right|_{经典(a)}=\frac{5(1+i)}{5(1+i)+5(1+i)^2}=\frac{1}{1+(1+i)},$$

$$\left.\frac{K}{Y}\right|_{经典(b)}=\frac{2\times3\times(1+i)+3(1+i)^2}{3(1+i)+3(1+i)^2+3(1+i)^3}$$

$$=\frac{3+i}{1+(1+i)+(1+i)^2},$$

$$\left.\frac{K}{Y}\right|_{经典(c)}=\frac{6(1+i)+4(1+i)^2+2(1+i)^3}{2(1+i)+\cdots+2(1+i)^4}$$

$$=\frac{3+2(1+i)+(1+i)^2}{1+(1+i)+(1+i)^2+(1+i)^3}\text{。}$$

易知资本产出比率是利息 i 的减函数，且在利息为零时（对应图 19 中纵截距），三种生产技术对应的资本产出比率分别为 0.5、1、1.5，随着平均生产周期的拉长而逐渐提高。易知资本产出比率的前沿（粗实线），一是每段曲线都是减函数，二是因为利息下降引起的技术转换导致曲线上移，二者叠加所以前沿曲线必为利息的减函数。

总之，在经典案例中，资本产出比随着利息水平的下降而上升。实际上这一情况即为克拉克的单一资本模型（克拉

克模型中最简单情形），资本与劳动生成社会总产出，过程
为标准的柯布-道格拉斯生产函数或更一般性的新古典经济
学形式。

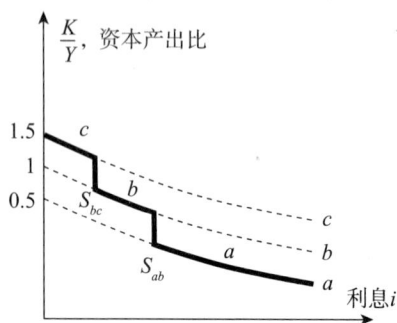

图19 资本产出比率曲线——经典模型

4. 资本深化理论

庞巴维克的一个核心理论是资本深化论，即人们会牺牲
当前消费，积累资本以期未来获得更多的消费。这是支持社
会资本生成与使用的核心理论。

我们要证明，在生产技术从（a）转换到（b）再到（c）
的过程，社会的总消费在短期会有所牺牲（下降），而技术
转换后又有所增加。

我们用表13所示的生产序列表来展示社会生产及产出的
转换过程。表中，列代表时间轴。我们假设每周期（不妨假
设为天）投入的劳动力数量恒定为30单位。可知，生产技
术（a）分为两个阶段，每阶段所需的劳动力数量相等，所
以30个劳动力可以每阶段均全部投入，正好可以接续两阶段
的工作。技术（b）和（c）同理，都可以每阶段投入30个
劳动力。

表 13 展示了生产技术从（a）转换到（b）再转换到（c）的过程。其中，第 1~4 天所有人工全部投入技术（a），第 5~10 天，所有人工全部投入技术（b），第 11 天之后就所有人工全部投入技术（c）。

表 13 经典模型下的社会投入产出序列表

技术→		a	a	a	A	B	B	b	b	b	b	c	c	c	c	c	…
时间→		1	2	3	4	5	6	7	8	9	10	11	12	13	14	15	…
阶段劳动投入*	$t=4$											30c				30c	…
	$t=3$					30b			30b				30c				…
	$t=2$	30a		30a			30b			30b				30c			…
	$t=1$		30a		30a			30b			30b				30c		…
产出→				6		6		10		10						15	…

* $t=1$、2、3、4 对应生产过程中的四个时间阶段。

在开始阶段（甚至在第 1 天以前），社会生产稳定在技术（a）。由于生产技术（a）仅需要两个阶段（两天）就可以产出产成品，所以技术（a）的投入只在 $t=1$、2 行（$t=3$、4 不涉及）。

第 1 天：30 个人工全部投入技术（a）的第一阶段（$t=2$），由于投入未完成，第 1 天没有任何产出。

第 2 天：30 个人工全部投入技术（a）的第二阶段（$t=1$），虽然投入完成，但由于生产过程仍未完成，第 2 天也没有任何产出。

第 3 天：前两天投入的两阶段劳动便可生产 $30 \div 5 = 6$ 单位产出 [（a）中每阶段投入 5 单位劳动可产出 1 单位产成品，现在我们每阶段投入 30 单位劳动，所以产出 6 单位产成品]。同时，第三天将30个人工再次投入第一阶段（$t=2$），如第1天，如此便可循环往复利用技术（a）进行生产。技术（a）的投入便如第1~4天所示循环，而产出如第3~6天所示循环。

第5天：社会生产开始转入技术（b），不再投入技术（a）。所以，30个劳动力完全投入技术（b）的第一阶段（对应$t=3$）。同时，第5天技术（a）有6单位产出，是前两天技术（a）的投入产生的。

第6、7天：30个劳动力分别投入技术（b）的第二、三阶段（对应$t=2$、1），但是这两天没有任何产出。

第8天：之前前3天技术（b）的累计投入产生了30÷3 = 10单位产出，同时30个劳动力投入再次重新投入第一阶段。如此循环往复，按照（b）进行生产，直至第11天。

第11天：社会生产开始转入技术（c），类似技术开始由（a）转入（b），我们不再展开。

下面我们计算技术转换过渡期的消费是不是有所下降，而转换之后的消费水平是不是有所上升。从技术（a）到技术（b），转换过渡期是第5~7天，从第8天开始投入和产出已经完全转换到技术（b）。在转换过渡的这3天中，社会总产出为6 + 0 + 0 = 6，小于转换前的3天总产出6 + 0 + 6 = 12，也就是说社会牺牲了短期消费。而完全转换到技术（b）后，每天的平均产出为（10 + 0 + 0）÷3 = 3.33［技术（b）3天为一个周期，投入3天仅1天有产出10，其他2天产出为0，故3天平均产出为3.33］，大于转换前每天的（6 + 0）÷2 = 3［技术（a）2天为一个周期，投入2天仅1天有产出6，另1天产出为0，故2天平均产出为3］，也就是说转

换后长期消费增加了。同理，对于技术（b）转换到技术
（c），从第 11 天到第 14 天，社会总产出为 10 + 0 + 0 + 0 =
10，小于技术（b）下的稳定产出 10 + 0 + 0 + 10 = 20。而
转换后的（c）的平均每天产出是（15 + 0 + 0 + 0）÷ 4 =
3.75，大于技术（b）的每日平均产出 3.33。所以从技术
（b）转换到技术（c）也满足牺牲短期消费增加长期消费。
实际上，我们可以注意到，转换过后新技术生产周期的拉长
实际上是造成短期消费下降的核心因素，这造成产出序列断
档。社会平均而言就是牺牲了周期拉长的这一天的消费。

这说明在经典模型下，资本深化理论是成立的。

附 1.2 再转换模型及其对新古典理论的挑战

附 1.2.1 再转换模型

1. 再转换模型案例

经典的新古典模型如上节所示，劳动力在生产过程中均
匀投入，较为简单。下面我们看一个复杂一些的例子。

形象化起见，假设产成品是香槟酒，（a）和（b）对应
两种不同的酿造方法，最终制作出来的香槟酒完全一样：

（a）方法，7 个工人花一个周期制作 1 单位白兰地，然
后 1 单位白兰地自己继续发酵一个周期变成 1 单位香槟；

（b）方法，2 个工人花一个周期制作 1 单位葡萄汁，然
后 1 单位葡萄汁自己酝酿一个周期变成 1 单位葡萄酒，然后
6 个工人摇晃 1 单位葡萄酒一个周期，最终生成 1 单位香槟。

2. 生产成本、最优技术和再转换

我们来计算该模型下两种技术的生产成本或者说产成品
价格，易知

$$C|_{\text{再转换(a)}} = P|_{\text{再转换(a)}} = 7(1+i)^2,$$

$$C|_{\text{再转换(b)}} = P|_{\text{再转换(b)}} = 2(1+i)^3 + 6(1+i)。$$

两种技术的生产成本在不同利息水平下的对比见正文第二章图 2 和表 4。在利息低于 50% 的情况下，(a) 的成本占优（较低）；利息在 50%~100% 时，(b) 占优；而当利息大于 100% 时，(a) 再次占优。(当然这里的利息水平看起来有点高，不太合理。不过，我们只需要把图中一个周期看作是 10 年，那这样的利息水平就看起来合理了。) 当利息水平超过 100% 时，生产技术 (a) 优于 (b)，所以社会会选择 (a) 进行生产。而当利息逐渐下降开始低于 100% 时，技术 (b) 变得优于 (a)，这时社会生产就转换到技术 (b)。但是，当利息继续下降开始低于 50% 的时候，(a) 又开始占优，这时社会生产会再转换回技术 (a)。

图 20 中的模型之所以称为"再转换模型"，是因为最优的生产技术随着利息水平的下降出现了反复。"再转换"和新古典经济学宣称的技术单向升级是相矛盾的。再转换的出现推翻了新古典经济学的一系列推论，我们在后文将逐一进行讨论。

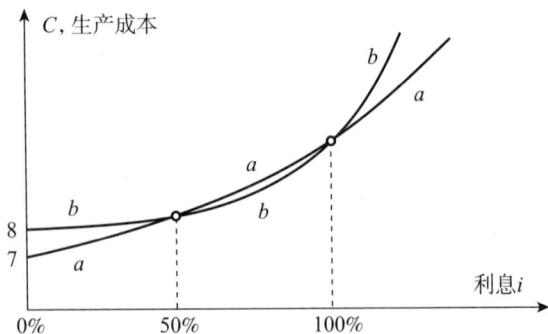

图 20　再转换模型下两种技术的生产成本

附 1.2.2　耐用机器模型下的再转换

我们用一个简单的例子证明了再转换的发生，不过这个案例中只有人工投入，没有机器投入，对应的是新古典经济学中的流通资本模型。而对于使用资本投入的耐用机器模型，我们也可以证明可以出现再转换。

如图 21，假设有两台机器（无需人工操作）。机器 A 在 1 个单位时间后生产 18 单位产出，然后在 3 个单位时间后再生产 54 单位产出；机器 B 在 2 单位时间后生产 63 单位产出。则二者哪一台的生产率更高？在完全竞争市场，机器的价格将等于其总产出的折现值。我们计算每天机器的净产值 Y，就等于该机器的价格 P。

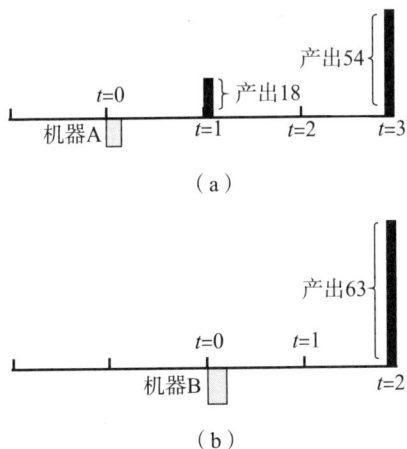

（a）

（b）

图 21　再转换：耐用机器模型

$$Y\big|_{\text{再转换}(a)} = P\big|_{\text{再转换}(a)} = \frac{18}{1+i} + \frac{54}{(1+i)^3},$$

$$Y\big|_{\text{再转换}(b)} = P\big|_{\text{再转换}(b)} = \frac{63}{(1+i)^2}。$$

如图 22 和表 14 所示，可知，当利息大于 100% 或小于 50% 时，机器 A 的净产值更高；当利息在 50%~100% 之间时，机器 B 净产值更高。由于社会生产会选择净产值更高的机器技术，所以类似流通资本模型的案例，本例中也会发生再转换，即在利息从高于 100% 逐渐下降的过程中，最优的生产技术会先从（a）转换到（b），之后再转换回（a）。

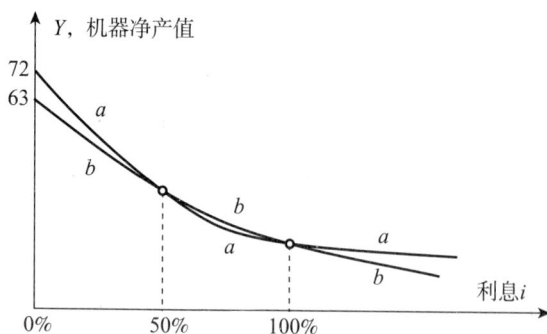

图 22　耐用机器模型下两台机器的净产值

表 14　耐用机器模型下两台机器的净产值表

利息 i	净产值（a）	净产值（b）
0%	72	63
20%	46.25	43.75
50%	28	28
70%	21.58	21.80

续表

利息 i	净产值（a）	净产值（b）
100%	15.75	15.75
150%	10.656	10.08

如上，我们已经证明在耐用机器模型中也可以发生再转换。为简单起见，后文我们的论述将仅针对流通资金模型，耐用机器模型可同理证得。

附 1.2.3　再转换下的新古典理论

前文我们简单介绍了新古典的经典模型和再转换模型。由于再转换的出现，新古典的大部分推论将不再成立。我们下面一一进行证明。

1. 实际工资上涨理论：仍然成立

首先是要素实际价格上涨理论：随着利息水平的下降和生产技术的进步，投入要素的实际价格（以最终产成品计价）会上升。

在我们的再转换案例中，投入的要素仍然只有劳动一种，所以仍然对应为实际工资上涨理论。类似经典模型下的计算过程，对于图2的再转换模型，我们有：

$$\frac{W}{P}\bigg|_{再转换(a)} = \frac{1}{7(1+i)^2},$$

$$\frac{W}{P}\bigg|_{再转换(b)} = \frac{1}{6(1+i)+2(1+i)^3}。$$

图23为再转换模型下该实际工资曲线，其在利息为零时的截距分别为$\frac{1}{7}$和$\frac{1}{8}$。如图展示，实际工资仍然会随着利息水平的下降而升高，这说明在再转换模型中要素价格前沿理

论仍然有效。

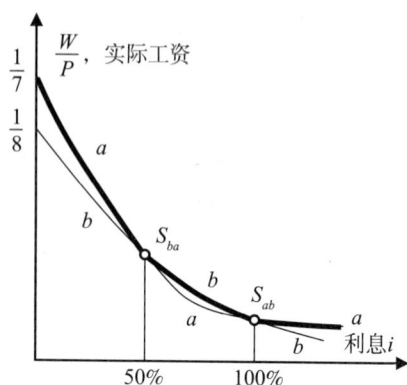

图 23 实际工资曲线——再转换模型

但是再转换下的实际工资虽然依然是利息的减函数，但是却和经典模型下有所不同。相同的是在每种技术水平下各自的实际工资曲线都是递减的，但是技术转换时由于会发生再转换（技术反复），不再是因为转换后新技术下截距项（待折现产出）更高。

从数学上，由于每种技术对应的实际工资曲线都是递减的，实际上最终形成的前沿曲线也必定是递减的。而从经济意义上讲，实际工资上升是因为完全竞争市场假设。在完全竞争市场下，工人们可以使用价格更低的资本，资本家也可以雇佣价格更低的工人。所以当利息水平下降，即使没有任何技术改进，资本的话语权也会降低，工人们的实际工资一定会提高。同时，完全竞争可以保证在利息水平 i 和货币工资总量不变的情况下，已产出商品的价格 P 一定会被压到最低。

图 23 中给出的实际工资是以最终产成品香槟酒来计量的。实际上，我们还可以用任意的中间品来计量，不影响最终结果。如使用葡萄汁、葡萄酒、白兰地，它们对应的前沿曲线是完全相同的。

图 23（a）和（b）说明即使出现再转换，新古典经济学的要素-价格前沿理论依然是正确的，实际工资和利息水平依然存在反向关系。但是，新古典经济学的其他结论在再转换出现的情况下统统失效了。

2. 消费改善论：失效

下面，我们接着考察新古典的下一个推论，稳定消费增加理论：社会的稳定消费水平会随着利息水平的下降而上升。

假设总人口不变，即劳动总投入 L 不变，则稳定消费水平等价于实际人均净产量 C/L，其中 C 为消费总量（即总产量）。由于图 2 中最终产量都是 1，所以我们有：

$$\left.\frac{C}{L}\right|_{\text{再转换}(a)} = \frac{1}{7}, \quad \left.\frac{C}{L}\right|_{\text{再转换}(b)} = \frac{1}{8}。$$

稳定人均消费水平对利息水平的走势如图 24 所示。对于图 24 的再转换模型，利息下降反而可能导致消费水平的下降。例如在图中 S_{ba} 处，当利息水平 i 从 101% 下降到 99% 时，消费水平下降。在这种情况下，就没有所谓的"增加未来消费"这一说法了。实际上，对应图 24，社会生产从很高息到很低息没有任何技术变革，都是使用技术（a）进行生产，只是资本家利润下降了，也就是资本家的"剥削程度"下降了而已。当然，在利息小于 100% 时，奥地利学派的结论还是成立的，而且在利息为零时社会可以达到黄金法则的幸福状态。

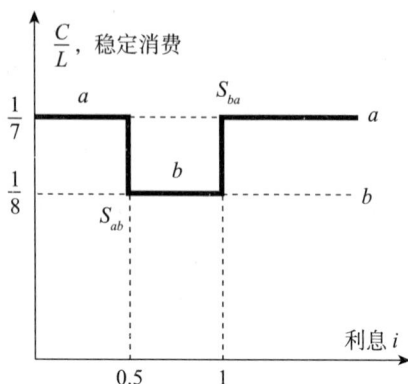

图 24　稳定消费曲线——再转换模型

综上所述，在再转换模型下，消费改善论失效了。既然发现了反常现象，我们还可以进一步做其他推论。

3. 资本产出率提升论：失效

下面，我们接着考察新古典资本产出率提升论：资本产出比率（生产中投入的资本总值除以最终产值）会随着利息水平的下降而上升。

类似经典模型下的算法，易得对应图 20 再转换模型的两种生产技术的资本产出比为

$$\left.\frac{K}{Y}\right|_{再转换(a)} = \frac{7(1+i)}{7(1+i)^2} = \frac{1}{1+i},$$

$$\left.\frac{K}{Y}\right|_{再转换(b)} = \frac{2(1+i) + 2(1+i)^2}{2(1+i)^3 + 6(1+i)} = \frac{2+i}{3+(1+i)^2}。$$

图 25 给出了再转换模型下的资本产出比，两种生产技术在利息为零时的截距分别为 1 和 0.5。由图可见资本产出比不再是单调递减的。在再转换点 S_{ab} 处，利息 i 下降会导致社会生产从图 2（a）切换到图 2（b），导致资本产出比骤降。

所以资本产出率提升的理论失效了。

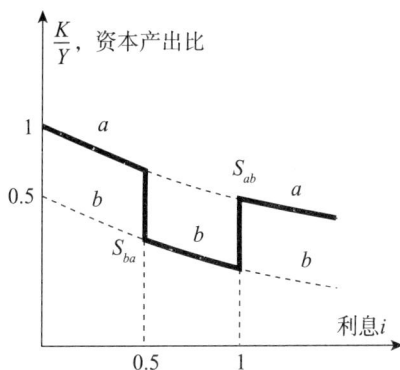

图 25 资本产出比曲线——再转换模型

4. 资本深化论：失效

下面是资本深化论，即人们会牺牲当前消费，积累资本以期未来更多的消费。

类似于经典模型下的表 13，我们对再转换模型制作了表 15 对应的生产序列表，详细的投入产出过程类似表 13。我们假设劳动力总投入维持 56 单位不变。技术（a）由于只需要一次投入，所有一次将 56 单位劳动都投入于 $t=2$ 阶段。但技术（b）两阶段需要的劳动力投入不相等，所以不可能把所有劳动力都投入某一阶段，所以按照两阶段劳动力所需比例 2：6 分配 56 个劳动力为 14：42，这样每天有 14 个人投入 $t=3$ 阶段，而 42 个人投入 $t=1$ 阶段，社会生产保持稳定。

我们下面详细说明一下表 15 的生产过程。

第 1 天：仅使用技术（a），所以 56 个劳动力都投入（a）的 $t=2$ 阶段（仅这一阶段需要投入）。第 1 天并无产出。

表 15　再转换模型下的社会投入产出序列表

技术→	a	a	a+b	a+b	b	b	B	b	b	b+a	b+a	a	a	a	A
时间→	1	2	3	4	5	6	7	…	20	21	22	23	24	25	…
劳动投入* t=3			14b	14b	14b	14b	14b	14b							
t=2	56a	56a	42a	42a						14a	14a	56a	56a	56a	
t=1					42b	42b	42b	42b	42b	42b					
产出→			8	8	6	6+7	7	…	7	7	2+7	2	8		…

* t=1、2、3 对应生产过程中的三个时间阶段，见图 20。

第 2 天：前一天投入的劳动无需后续投入，所以 56 单位劳动再次投入 t=2 阶段（重新生产）。这一天也无产出。

第 3 天：第 1 天投入（a）的劳动获得产出 56÷7＝8［如图 2（a），投入 7 单位劳动产出 1 单位产品］。同时，这一天开始生产转换到技术（b），所以将 14 单位劳动投入技术（b）的 t=3 阶段。此时还剩余 42 单位劳动，为了不浪费，这 42 单位劳动仍旧投入技术（a）的 t=2 阶段。

第 4 天：第 2 天投入（a）的劳动获得 8 单位产出。对于技术（b），第 3 天投入的 14 单位劳动暂时不需要后续投入。所以我们重复第 3 天的劳动力投入，继续技术转换。

第 5 天：第 3 天投入（a）的 42 单位劳动产生了 6 单位产出，技术（b）尚无产出。第 3 天投入（b）的 14 单位劳动需要 42 单位后续投入，所以我们投入 42 单位于（b）的 t=1 阶段。剩余 14 单位劳动投入技术（b）的 t=3 阶段。在第 5 天，劳动投入已经全部转到了（b），但是产出仍未完全转换过去。

第 6 天：第 4 天投入（a）的 42 单位劳动产生了 6 单位产出，另外，第 3、5 天投入技术（b）的 14+42＝56 单位劳动获得了 56÷(2+6)=7 单位产出［如图 20（b），投入 8 单位劳动产出 1 单位产品］，所以总产出为 6+7=13。第 6 天生产依然复制第 5 天的投入，完全按照技术（b）。

第 7~20 天：投入和产出完全转入技术（b），技术（a）完全退出。投入复制第 6 天，产出为前一、三天的投入所产生的 7 单位产出。

第 21、22 天：技术开始转换回（a），投入中 42 单位劳动为接续之前第二天技术（b）的 $t=3$ 阶段所对应的 $t=1$ 阶段，剩余的 14 单位劳动则全部投入技术（a）。产出仍为技术（b）前期投入的产出。

第 23 天：投入完全转入技术（a），即 56 单位劳动全部投入技术（a）。产出由第 20、22 天的（b）投入和第 21 天的（a）投入共同得来，为 14÷7+56÷8=9 单位。

第 24 天：投入为（a）。产出只有第 22 天投入（a）的 14 单位劳动得到的 14÷7=2。

第 25 天之后：投入和产出完全转换回技术（a）。56 单位劳动全部投入技术（a），而产出恒定为之前第二天投入的 56 单位劳动对应的 8 单位产出。

表 15 左侧对应生产技术（a），从第 3 天到第 6 天逐渐转换到技术（b），第 7 天已经完全进入技术（b）。在此之间，实际上全社会并没有牺牲消费，反而增加了消费：因为第 3 天到第 6 天的这段过渡期，社会总产出是 8 + 8 + 6 + 13 + 7 = 42 单位香槟，比按原技术（a）生产 5 天的 8×5 = 40 单位香槟要多。我们再来看第 21 天到第 25 天从技术（b）转换回技术（a）的情况。这次切换过程确实牺牲了短期消费，切换过程这几天的消费为 7 + 7 + 9 + 2 + 8 = 33 单位香槟，

小于按原技术的 7 × 5 = 35 单位香槟。

如果我们按照转换时的 100% 利息折现，则过渡时期加技术（b）的稳定期的产出折现总值等于不转换仍维持技术（a）下的折现值。在 $i = 100\%$ 下，我们有

$$第 5 \sim 8 天折现回第 4 天 = \frac{6}{1+i} + \frac{13}{(1+i)^2} + \frac{7}{(1+i)^3} + \frac{7}{(1+i)^4} + \cdots = 8,$$

$$按原技术（a）折现 4 天 = \frac{8}{1+i} + \frac{8}{(1+i)^2} + \frac{8}{(1+i)^3} + \frac{8}{(1+i)^4} + \cdots = 8。$$

在表 15 中，从第 7 天到第 20 天，社会使用技术（b）。我们可以假设在此时间段内，社会利息水平在稳步下降，从 100% 下降到 50%。利息下降对社会不产生实质影响，仅仅影响实际工资和投入产出价格的计算。（此处将和李嘉图、马克思的劳动价值论相背离，商品价格不再等于直接间接劳动总投入，暂不考虑此事。）

综上所述，这一节我们讨论了随着利息的下降，在生产技术过渡期间，可能造成增加消费（而非牺牲短期消费）同时消耗资本（而非积累资本），当然与之对应的，技术转换之后社会的稳态消费会永久性减少（而非增加远期消费）。这一现象实际上不需要出现再转换，我们可以称之为资本深化的逆转（逆资本化）。当然，这种现象在现实中好像很少见，但是我们也很难完全否定它。

附 1.3　新古典资本定价的争论

亚当·斯密、马克思等古典经济学家都认为价值是由劳动产生的。但是新古典经济学认为资本也可以产生价值。他们认为劳动的价值即为其工资收入，而资本的价值为利润或利息。同时，他们使用边际理论对劳动和资本进行定价，劳动价格等于其边际产出，而资本的价格亦等于资本的边际产出。

1. 克拉克的资本生产理论

克拉克是美国新古典学派的经济学家，他提出了边际生产率学说，他认为，工人工资水平的下降，是由于工人数量增加造成的边际生产率下降。他还倡导动态利润说，认为利润只存在于动态发展着的经济之中，利润是资本家采用新技术的回报，试图为资本主义高额垄断利润提供理论根据。

克拉克的理论假设有以下三条：

（1）社会劳动力均匀无差别，可统一度量，可相加合并（假设社会总劳动力投入为 L）；

（2）社会各种产出和各项资本投入可统一度量，可相加合并（假设社会总产值为 Y，总资本投入为 K）；

（3）社会总产值 $Y = F(K, L)$，是 L 和 K 的增函数，但二者的边际产出递减。

基于上述假设，整个经济的目标是最大化利润 $F(K, L) - K - L$。简单求导可知：经济最优状态下工人和资本家的收入分配情况为，工人的工资等于劳动力对产出的边际贡献 $\partial F/\partial L$，资本的回报等于资本的边际贡献 $\partial F/\partial K$。由于边际产出递减，如果劳动力（或资本）的供给减少，其边际贡献会相应增加，于是工人工资（或资本回报）也将相应地上涨。简单来讲，供应少了，价格就会上升，供应多了，价格就会下降。这一理论及其结论就相当于资本和劳动力价格的供需理论。所以，新古典学派认为劳动和资本都是供需平衡的结果。

2. 柯布-道格拉斯生产函数下的克拉克生产理论

前述的经典模型实际上是克拉克生产理论的一个非常简单的例子，而且它也可以说是柯布-道格拉斯生产函数的一个特例。依照克拉克的前提假设和生产过程，我们使用柯布-道格拉斯生产函数来展示一下典型的新古典经济学的上述生产理论。

柯布-道格拉斯生产函数具有以下形式：

$$Q = \frac{Y}{P} = F(K, L) = A K^\alpha L^\beta。$$

其中 Q 是产量，Y 是产值，P 是产成品价格，K 是资本投入量，L 是劳动投入数量。很明显，生产函数是资本 K 和劳动 L 的增函数。而对于边际产出我们有：

$$i = \frac{\partial Y}{\partial K} = P \frac{\partial Q}{\partial K} = P\alpha A K^{\alpha-1} L^\beta,$$

$$W = \frac{\partial Y}{\partial L} = P \frac{\partial Q}{\partial L} = P\beta A K^\alpha L^{\beta-1}。$$

在市场均衡下，资本的边际产出即为利息，而劳动的边际产出即为工资。另外，要满足克拉克的边际产出递减，则需要 $\partial Q/\partial K$ 和 $\partial Q/\partial L$ 分别为 K 和 L 的减函数。所以必须有 α，$\beta<1$。

如前分析，我们仍旧假设总劳动投入 L_0 不变。则由上面

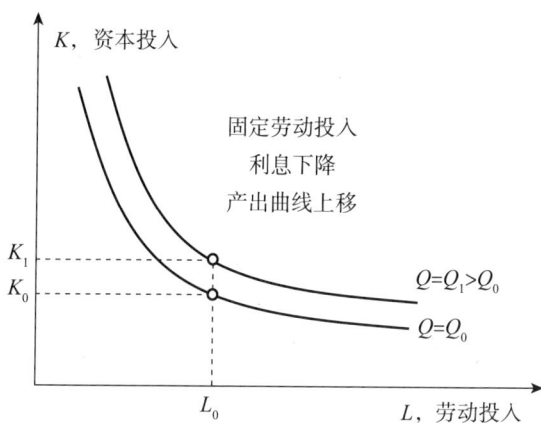

图26 劳动-资本投入等产出曲线

的公式，社会的利息水平 i 下降对应着 $P\alpha A\,K^{\alpha-1}L^{\beta}$ 下降。由于 P、α、A、L 是常数，而 $\alpha-1<0$，必然对应 K 的上升。如图26所示，易知，在劳动投入维持 L_0 不变，同时 K 从 K_0 上升到 K_1 后，社会总产量 Q 将由 Q_0 上升到 Q_1。

（1）实际工资增长

如前文，劳动力的名义工资等于其边际产出，即

$$W = \frac{\partial Y}{\partial L} = P\beta A\,K^{\alpha}\,L^{\beta-1}。$$

所以实际工资水平（以产成品价格计价）为

$$\frac{W}{P} = \frac{P\beta A\,K^{\alpha}\,L^{\beta-1}}{P} = \beta A\,K^{\alpha}\,L^{\beta-1}。$$

所以当利息下降后，如图我们知道资本投入 K 上升了（其他变量为常数），所以实际工资增加了。

（2）消费水平提高

如图26，由于劳动力投入维持 L_0 不变的情况下，社会总产出由 Q_0 增加到 Q_1，所以很明显人均消费水平提

高了。

（3）资本产出比提高

对于利息下降之后的资本产出比 K_1/Y_1 和原来的 K_0/Y_0，我们将两者相除得到

$$\frac{K_1}{Y_1} \Big/ \frac{K_0}{Y_0} = \frac{K_1}{PA\,K_1^\alpha\,L^\beta} \Big/ \frac{K_0}{PA\,K_0^\alpha\,L^\beta} = \left(\frac{K_1}{K_0}\right)^{1-\alpha}。$$

如图26，利息下降后所需的资本投入上升，$\dfrac{K_1}{K_0}>1$ 且 $1-\alpha>0$，所以易知资本产出比提高了。

（4）资本深化

资本深化的具体技术转换过程在这里无法展示，因为柯布-道格拉斯生产函数并未涉及生产周期（假定一个周期完成），所以技术切换不需要时间，所以我们无法展示技术过渡期。但是如图26我们已经证明利息降低必然对应资本投入的增加，这实际上就是社会生产的"资本深化"与"机械化"。在社会生产这个封闭的系统里，资本投入的增量只可能来自于短期消费的减少。而至于长期消费，如图26易知长期消费增加了。

3. 资本边际定价理论的套套逻辑

虽然克拉克的边际理论看似自洽，且得到了诸多让人欢喜的结论，但是他们的结论在现实世界看起来过于完美。针对克拉克的资本边际定价理论，马克思主义经济学家（例如琼·罗宾逊）指出其前提假设存在漏洞，过于理想化。

我们不妨假设资本投入全部为机器投入，即资本完全表现为资金和机器的形式（金融资本和实业资本）。基于克拉克的前提假设，他们就有如下有趣的推理。

（5）我们希望算出全部机器的市场价值 K，其等于所有机器货币价值的加总；

（6）每台机器的货币价值等于其未来可产生利润的折现值，折现的方法是将未来不同时间产生的利润 p_t（$t = 1$，…，T），按照资金的利率 r 逐年折算回现在，就是

$$K = \frac{p_1}{1+r} + \frac{p_2}{(1+r)^2} + \cdots + \frac{p_T}{(1+r)^T},$$

（7）资金的利率 r 取决于金融市场的供需，金融市场（与实业市场）供需的平衡将导致金融资本的利率 r 等于实业资本的回报率 h；

（8）实业资本的回报率 h 等于全部机器投入的回报率 h；

（9）由于我们知道了全部机器未来不同时间产生的利润 p_t，我们只需要知道机器的总价值 K 就可以算出实业回报率 h；

（10）啊！我们现在不就是在计算全部机器投入的总价值 K 吗？绕了一圈又回来了……

所以在克拉克的系统下，资本的定价是一个自我循环，是自己解释自己的"套套逻辑"。一台机器如此，简单加总的资本投入和实业资本回报率之间也是一样的"套套逻辑"。

所以，将资本回报率解释为资本投入的边际贡献根本就是错误的，而克拉克的收入分配理论也就失去了根基。实际上，资本回报和劳动力回报（二者决定了所有商品的价格）都不能简单地用基于边际贡献的供需理论来解释。关于这一点，英国剑桥的马克思学派和美国剑桥的新古典学派争论已久，最终经济学泰斗萨缪尔森肯定了马克思学派。但遗憾的是，新古典学派的社会总产出模型不但没有承认错误，竟有

变本加厉之势，继续发展出包括经济增长理论、理性预期模型等等新的理论。直到现在，仍有很多年轻的经济学家根本就没有意识到社会总产出方程是有理论缺陷的，他们的老师并没有负责任地教给他们正确的理论。

附录二 线性代数基础

线性代数是高等数学的基础学科之一，其特点是以向量（多变量）而不是单变量为主要研究对象，是对简单一元代数的一般性扩充，目前已经成为多变量研究的必备工具。线性代数主要研究向量的线性关系，而通过数学代换等方法，也可以用于研究非线性问题。一元数学中的大部分领域，如常用的低等代数、微积分、泰勒展开、傅里叶变换、数学期望、复变函数、微积分方程等等，借助线性代数的工具都可以轻松扩展到多元领域。

附2.1　向量和矩阵

附2.1.1　向量

向量是指一组有序数组（我们这里默认是实数组），如（1，2，3）和（2，1，3）就是两个不同的向量。数组中每个数称为向量的元素，元素的个数称作向量的维数。像我们举的这两个向量都是 3 维向量。当然，一个普通的数值或未知数也是一个向量，是一维向量。向量是简单数值的多维扩展，可以方便我们对多个变量进行研究。

向量这个称呼出自几何学，最初指多维空间中的从一个点指向另一个点的有方向且有长度的量，其代数化之后即可抽象为一个多维数组。当我们用一个向量代替多个数值之后，不仅仅是在符号记号上做到了简洁，而且可以解决很多原来难以解决的问题。

我们通常用粗体小写字母代表一个向量，如向量 $\boldsymbol{a}$。我们假定 $\boldsymbol{a}$ 的维数是 n，方便起见我们一般记 $\boldsymbol{a}$ 的每个元素为非粗体的 a_i，保持与向量的字母一致但并不加粗，同时添加下标标注元素的位置，所以一般我们记作 $\boldsymbol{a} = (a_1, a_2, \cdots, a_n)$，我们也可以直接简记为 $\boldsymbol{a} = (a_i)$。在记号上，我们既可以使用圆括号，也可以使用方括号，所以也可以记为 $\boldsymbol{a} = [a_1, a_2, \cdots, a_n]$。

在表示上，向量可以横向列举表示，也可以纵向列举表示，横向表示称为行向量，纵向表示称为列向量。在线性代数学中，我们一般说向量 $\boldsymbol{a}$，默认其为列向量。所以 $\boldsymbol{a}$ 可以写作

$$\boldsymbol{a} = \begin{pmatrix} a_1 \\ a_2 \\ \vdots \\ a_n \end{pmatrix} \text{ 或 } \boldsymbol{a} = \begin{bmatrix} a_1 \\ a_2 \\ \vdots \\ a_n \end{bmatrix}。$$

注意我们书写行向量时，为分隔各元素，通常用逗号隔开。

两个维数相同的向量相等，是指它们对应的每个元素都相等，即 $\boldsymbol{a} = (a_1, a_2, \cdots, a_n)$ 等于 $\boldsymbol{b} = (b_1, b_2, \cdots, b_n)$ 是说对所有的 i 有 $a_i = b_i$。不同维数的向量不能相互比较。

附 2.1.2　矩阵

矩阵是指由数值组成的一张表，一张 m 行 n 列的表称为

$m \times n$ 的矩阵。矩阵对应某行某列的数值称为矩阵的该行该列的元素。矩阵的每个元素必须都有数值。矩阵中行列数相等的元素称为对角元素或对角线元素。我们一般用大写粗体字母表示矩阵，如矩阵 A，我们可以把矩阵的行列数作为下标标注出来，如写作 $A_{m \times n}$。在列举矩阵的元素内容时，我们用圆括号或方括号把内容括起来。我们用小写字母表示矩阵中的元素，如记 $A = (a_{ij})$ 或 $A = [a_{ij}]$。对于下标 i 和 j，我们用第一个下标 i 代表行数，第二个下标 j 代表列数。矩阵展开表示为

$$A = (a_{ij}) = \begin{pmatrix} a_{11} & a_{12} & \cdots & a_{1n} \\ a_{21} & a_{22} & \cdots & a_{2n} \\ \vdots & \vdots & \ddots & \vdots \\ a_{m1} & a_{m2} & \cdots & a_{mn} \end{pmatrix}$$ 或记作

$$A = [a_{ij}] = \begin{bmatrix} a_{11} & a_{12} & \cdots & a_{1n} \\ a_{21} & a_{22} & \cdots & a_{2n} \\ \vdots & \vdots & \ddots & \vdots \\ a_{m1} & a_{m2} & \cdots & a_{mn} \end{bmatrix} \circ$$

例如以下的矩阵

$$\begin{pmatrix} 1 & 2 \\ 3 & 4 \end{pmatrix} 、 \begin{bmatrix} 6 & 5 \\ 4 & 3 \\ 2 & 1 \end{bmatrix} 、 \begin{pmatrix} 1 & 13 & 0 & -1 & 4 \\ 2 & 124 & -2 & -86 & -56 \\ 32 & 0.3 & 8 & 51 & 62 \\ 0 & 0 & 32 & 87 & 9 \end{pmatrix} \circ$$

向量是数值的多维扩展，而矩阵又是向量的多维扩展，通过矩阵可以看出列向量中每个元素都是一个行向量（或行向量中每个元素都是一个列向量）。矩阵的每一行都是一个

行向量，每一列都是一个列向量。

如果矩阵的行数和列数相等，则矩阵称为方阵。若方阵的行列数均为 n，则称其为 **n 级方阵**或 **n 维方阵**或 **n 阶方阵**。

单个数值或变量也是一个矩阵，它是 $1×1$ 的矩阵，只有一个元素。向量也是矩阵的一种，n 维列向量是一个 $n×1$ 的矩阵，n 维行向量是一个 $1×n$ 的矩阵。

两个维数相同的矩阵相等，是指它们对应的每个元素都相等，即 $A = (a_{ij})$ 等于 $b = (b_{ij})$ 是说对所有 i、j 有 $a_{ij} = b_{ij}$。不同维数的矩阵不能相互比较。

附 2.1.3　矩阵的转置

对于一个 $m×n$ 的矩阵 A，如果我们将其行列互换，即将其第 i 行 j 列的元素换到 j 行 i 列，则形成的新矩阵称为矩阵 A 的转置，记作 A^T。经过转置之后，一个 $m×n$ 的矩阵会变为一个 $n×m$ 的矩阵。如 $A = (a_{ij})$ 转置后变为 $A^T = (a_{ji})$，即为

$$A^T = (a_{ji}) = \begin{pmatrix} a_{11} & a_{21} & \cdots & a_{m1} \\ a_{12} & a_{22} & \cdots & a_{m2} \\ \vdots & \vdots & \ddots & \vdots \\ a_{1n} & a_{2n} & \cdots & a_{mn} \end{pmatrix}。$$

如矩阵 $\begin{pmatrix} 1 & 2 & 3 \\ 4 & 5 & 6 \end{pmatrix}$ 的转置为 $\begin{pmatrix} 1 & 4 \\ 2 & 5 \\ 3 & 6 \end{pmatrix}$。容易看出，矩阵转置之后，仅对角线维持不变。矩阵的转置相当于将矩阵按对角线进行 90° 翻转。

很明显，方阵的转置仍为方阵。行向量的转置为列向量，列向量的转置为行向量。数值的转置仍为自身。

附 2.1.4　几种特殊的矩阵

如果矩阵的所有元素全为 0，则称其为零矩阵，为标注其维数，记作 $0_{s \times n}$。零矩阵可以算作最简单的矩阵。

仅对角元素不为 0 的方阵称为对角矩阵（或对角阵）。很明显，对角矩阵的转置仍然是对角矩阵。如果 n 维对角矩阵 A 的对角线元素分别为 $(a_1, a_2, \cdots, a_n)$，则我们可以记 $A = \mathrm{diag}(a_i)$ 或 $A = \mathrm{diag}(a_1, a_2, \cdots, a_n)$，即

$$A = \begin{pmatrix} a_1 & 0 & \cdots & 0 \\ 0 & a_2 & \cdots & 0 \\ \vdots & \vdots & \ddots & \vdots \\ 0 & 0 & \cdots & a_n \end{pmatrix} \text{ 或简记 } A = \begin{pmatrix} a_1 & & & \\ & a_2 & & \\ & & \ddots & \\ & & & a_n \end{pmatrix}。$$

对角元素全为 1 的对角矩阵称为单位矩阵，记作 I 或 I_n 或 $I_{n \times n}$。单位矩阵和对角矩阵是比较简单的矩阵，而且其有很多简单优良的性质。

对于一个方阵，如果仅对角线（含）右上方的元素不为零，则称为上三角矩阵（或上三角阵）；如果仅对角线（含）左下方的元素不为零，则称为下三角矩阵（或下三角阵）。我们一般简称上三角矩阵为三角矩阵（或三角阵）。很明显，上三角矩阵的转置为下三角矩阵，下三角矩阵的转置为上三角矩阵。上、下三角矩阵分别形如

$$\text{上三角阵：} \begin{pmatrix} a_{11} & a_{12} & \cdots & a_{1n} \\ 0 & a_{22} & \cdots & a_{2n} \\ \vdots & \vdots & \ddots & \vdots \\ 0 & 0 & \cdots & a_{mn} \end{pmatrix} \text{ 或简记为}$$

$$\begin{pmatrix} a_{11} & a_{12} & \cdots & a_{1n} \\ & a_{22} & \cdots & a_{2n} \\ & & \ddots & \vdots \\ & & & a_{mn} \end{pmatrix},$$

下三角阵：$\begin{pmatrix} a_{11} & 0 & \cdots & 0 \\ a_{21} & a_{22} & \cdots & 0 \\ \vdots & \vdots & \ddots & \vdots \\ a_{m1} & a_{m2} & \cdots & a_{mn} \end{pmatrix}$ 或简记为

$$\begin{pmatrix} a_{11} & & & \\ a_{21} & a_{22} & & \\ \vdots & \vdots & \ddots & \\ a_{m1} & a_{m2} & \cdots & a_{mn} \end{pmatrix}。$$

如果一个矩阵与其转置完全相同，则该矩阵称为对称矩阵（或对称阵）。对称矩阵形如

对称矩阵：$\begin{pmatrix} a_{11} & a_{12} & \cdots & a_{1n} \\ a_{12} & a_{22} & \cdots & a_{2n} \\ \vdots & \vdots & \ddots & \vdots \\ a_{1n} & a_{2n} & \cdots & a_{mn} \end{pmatrix}。$

很明显，对称矩阵必为方阵。对角矩阵、单位矩阵都是对称矩阵。

附2.1.5 矩阵的分块表示

由矩阵的某些行某些列对应的元素组成的一个矩阵，称

为原矩阵的一个子矩阵。例如某矩阵取出对应第 2、6 行，第 3、7 列的 4 个元素可以组成一个新的 2×2 的矩阵，便是原矩阵的一个子矩阵。取子矩阵时，行和列不需要是连续相邻的。

很显然，一个矩阵可以用连续成块的子矩阵完全分割成若干块，原矩阵就可以表示为这些区块的总合。例如，对于一个 4×5 的矩阵 $A_{4×5}$，

$$A = \begin{pmatrix} a_{11} & a_{12} & a_{13} & a_{14} & a_{15} \\ a_{21} & a_{22} & a_{23} & a_{24} & a_{25} \\ \hline a_{31} & a_{32} & a_{33} & a_{34} & a_{35} \\ a_{41} & a_{42} & a_{43} & a_{44} & a_{45} \end{pmatrix}$$

我们以第 2 行第 2 列的元素为基准，其左上角（含）的 2×2 的子矩阵记为 A_{11}，其右上角（不含）2×3 的子矩阵记为 A_{12}，其左下角（不含）2×2 的子矩阵记为 A_{21}，其右下角（不含）2×3 的子矩阵记为 A_{22}，则矩阵 A 可表示为

$$A = \begin{pmatrix} A_{11} & A_{12} \\ A_{21} & A_{22} \end{pmatrix}。$$

矩阵的分块表示是为了展示的方便。矩阵的分块可以任意划分下去，例如上面的矩阵 A 的分块中，我们可以将子阵 A_{12} 再继续划分为两个子矩阵，分别为左边两列和右边一列，我们分别记为 B_1 和 B_2，则

$$A = \begin{pmatrix} A_{11} & B_1 & B_2 \\ A_{21} & & A_{22} \end{pmatrix}。$$

矩阵的一种特殊的分块方法就是完全按照行或列进行划分。例如，对于矩阵 $A_{m×n} = (a_{ij})$，如果我们按照它的列进行分块，则就分为 n 个子矩阵，而每个子矩阵都是 $m×1$ 的一个

列向量。如果我们记这 n 个列向量分别为 a_i，则 A 可以表示为 $A = (a_i) = (a_1, a_2, \cdots, a_n)$。同样，我们可以对矩阵按照行进行分块，则每个子矩阵都是 $1 \times n$ 的一个行向量。如果我们记这 m 个向量分别为 α_i（注意我们默认的向量均为列向量，所以 α_i 为列向量的形式），则 A 可以表示为 $A = (\alpha_i^T)^T = (\alpha_1^T, \alpha_2^T, \cdots, \alpha_m^T)^T$，即

$$A = \begin{pmatrix} \alpha_1^T \\ \alpha_2^T \\ \vdots \\ \alpha_m^T \end{pmatrix}。$$

从这个角度看，矩阵是由一组等维行向量或一组等维列向量有序排列而成的集合。我们直接称 a_i 为矩阵的列向量，称 α_i^T 为矩阵的行向量。

附 2.2　矩阵和向量的运算

附 2.2.1　加减法

向量和矩阵的加减法定义很简单直接，定义为向量或矩阵对应元素相加减得到的新的向量或矩阵。所以，只有维数相同的向量或矩阵才能进行加减运算，不同维数的向量或矩阵不能进行加减运算。即，向量 $a_{n \times 1} = (a_i)$ 与向量 $b_{n \times 1} = (b_i)$ 的加减法定义为 $a \pm b \triangleq (a_i \pm b_i)$。同样，矩阵 $A_{m \times n} = (a_{ij})$ 与向量 $B_{m \times n} = (b_{ij})$ 的加减法定义为 $A \pm B \triangleq (a_{ij} \pm b_{ij})$。

例如

$$\begin{pmatrix} 1 \\ 2 \\ 3 \end{pmatrix} + \begin{pmatrix} -1 \\ 2 \\ 0 \end{pmatrix} - \begin{pmatrix} 3 \\ 2 \\ 1 \end{pmatrix} = \begin{pmatrix} -3 \\ 2 \\ 2 \end{pmatrix}, \quad \begin{pmatrix} 1 & -1 \\ 2 & -2 \\ 3 & -3 \end{pmatrix} - \begin{pmatrix} 1 & 2 \\ 3 & 4 \\ 5 & 6 \end{pmatrix} = \begin{pmatrix} 0 & -3 \\ -1 & -6 \\ -2 & -9 \end{pmatrix}。$$

易知，向量和矩阵的加法满足交换律和结合律，其加减法混合运算法则与普通数值的加减法混合运算法则完全相同。

附 2.2.2　数值乘法（数量乘法）

一个数值 x 乘以一个向量 $\boldsymbol{a}$ 或矩阵 $\boldsymbol{A}$，就定义为该数值分别乘以向量或矩阵的每个元素得到的新向量或新矩阵，即

$$x\boldsymbol{a} \triangleq \begin{pmatrix} xa_1 \\ xa_2 \\ \vdots \\ xa_n \end{pmatrix}, \quad x\boldsymbol{A} \triangleq \begin{pmatrix} xa_{11} & xa_{12} & \cdots & xa_{1n} \\ xa_{21} & xa_{22} & \cdots & xa_{2n} \\ \vdots & \vdots & \ddots & \vdots \\ xa_{m1} & xa_{m2} & \cdots & xa_{mn} \end{pmatrix}。$$

例如

$$\begin{pmatrix} 1 \\ 2 \\ 3 \end{pmatrix} \times 2 = \begin{pmatrix} 2 \\ 4 \\ 6 \end{pmatrix}, \quad \begin{pmatrix} 1 & -1 \\ 2 & -2 \\ 3 & -3 \end{pmatrix} \div 5 = \begin{pmatrix} 0.2 & -0.2 \\ 0.4 & -0.4 \\ 0.6 & -0.6 \end{pmatrix}。$$

数值与向量或矩阵的乘法可以数值在左，也可以数值在右。

附 2.2.3　向量的点乘

向量的乘法定义有多种。其中，等维向量的点乘定义为对应元素的乘积之和，注意维数不相等的向量不可以相乘。即向量 $\boldsymbol{a}_{n \times 1} = (a_i)$ 与向量 $\boldsymbol{x}_{n \times 1} = (x_i)$ 的点乘结果为 $\sum a_i x_i$，而在记号上，我们记为 $\boldsymbol{a} \cdot \boldsymbol{x}$，或 $\boldsymbol{a}^T \boldsymbol{x}$。即

$$\boldsymbol{a} \cdot \boldsymbol{x} = \boldsymbol{a}^T \boldsymbol{x} \triangleq \sum_{i=1}^{n} a_i x_i。$$

记法 $\boldsymbol{a}^T \boldsymbol{x}$ 是后面我们要讲的矩阵乘法的记法。注意，当我们说两个向量相乘的时候，必须是一个行向量在左乘以一个列向量在右（或者称作行向量左乘列向量，列向量右乘行

向量）。注意，两个向量相乘的结果不再是向量，而是退化成数值。

例如

$$(0.2 \quad 0.3 \quad 0.4)\begin{pmatrix}1\\2\\3\end{pmatrix} = 0.2 \times 1 + 0.3 \times 2 + 0.4 \times 3 = 2。$$

易知，向量乘法有交换律，但是没有结合律，因为三个向量不能连续相乘。

有了向量的乘积，我们定义向量 a 的长度为向量 a 与自身乘积的平方根，记为 $\|a\|$，即

$$\|a\| \triangleq \sqrt{a \cdot a} = \sqrt{a^T a} = \sqrt{\sum a_i^2}。$$

例如

$$\|(1,\ 2,\ 3)\| = \sqrt{1^2 + 2^2 + 3^2} = \sqrt{14}。$$

在几何意义上，两个向量点乘的结果是一个向量在另一个向量上的投影的长度。如果两个向量的乘积为零，则我们称这两个向量正交或垂直。例如，可知向量 (1，2，3) 与 (-3，0，1) 互相垂直。

从向量点乘（乘法）的定义，我们看出其结果 $\sum a_i x_i$ 是多元一次函数（线性函数）的形式，是系数与未知数乘积的和，这也是向量作为线性代数基础的原因，我们后面将讨论到多元一次方程组的解法问题。

附 2.2.4　矩阵与向量的乘法

我们已经有了向量与向量的乘法，同时我们又知道矩阵是一组有序行向量或有序列向量组成的。所以，矩阵与向量的乘法（矩阵左乘向量）定义为矩阵的各行向量与所乘向量

的乘积所组成的新向量。

对于矩阵 $\boldsymbol{A}_{m\times n}$，我们将其按行向量进行分解为 $\boldsymbol{A}_{m\times n} = (\boldsymbol{\alpha}_1^T, \boldsymbol{\alpha}_2^T, \cdots, \boldsymbol{\alpha}_m^T)^T$，所乘向量 $\boldsymbol{x}_{n\times 1} = (x_i)$。我们知道，不同维数的向量是不能相乘的，所以 $\boldsymbol{A}$ 的行向量 $\boldsymbol{\alpha}_i$ 必须都是 n 维向量，方可以与 $\boldsymbol{x}$ 相乘。由于向量相乘时必须行向量在左乘以列向量在右，所以我们定义矩阵 $\boldsymbol{A}_{m\times n}$（在左）乘以列向量 $\boldsymbol{x}_{n\times 1}$（在右）为

$$\boldsymbol{Ax} = \boldsymbol{A}_{m\times n}\boldsymbol{x}_{n\times 1} = \begin{pmatrix} a_{11} & a_{21} & \cdots & a_{m1} \\ a_{12} & a_{22} & \cdots & a_{m2} \\ \vdots & \vdots & \ddots & \vdots \\ a_{1n} & a_{2n} & \cdots & a_{mn} \end{pmatrix} \begin{pmatrix} x_1 \\ x_2 \\ \vdots \\ x_n \end{pmatrix} = \begin{pmatrix} \boldsymbol{\alpha}_1^T \\ \boldsymbol{\alpha}_2^T \\ \vdots \\ \boldsymbol{\alpha}_m^T \end{pmatrix} \boldsymbol{x}$$

$$\triangleq \begin{pmatrix} \boldsymbol{\alpha}_1^T \boldsymbol{x} \\ \boldsymbol{\alpha}_2^T \boldsymbol{x} \\ \vdots \\ \boldsymbol{\alpha}_m^T \boldsymbol{x} \end{pmatrix}_{m\times 1} = \begin{pmatrix} a_{11}x_1 + a_{12}x_2 + \cdots + a_{1n}x_n \\ a_{21}x_1 + a_{22}x_2 + \cdots + a_{2n}x_n \\ \vdots \\ a_{m1}x_1 + a_{m2}x_2 + \cdots + a_{mn}x_n \end{pmatrix}_{m\times 1} \circ$$

可见，矩阵与向量相乘，必须保证矩阵的列数等于向量的行数（维数），而它们的乘积是一个新的向量，且结果向量的维数等于原矩阵的行数（不一定等于原右乘向量 $\boldsymbol{x}$ 的维数）。

例如

$$\begin{pmatrix} 2 & 1 & 4 \\ 3 & 5 & -1 \end{pmatrix} \begin{pmatrix} 1 \\ 2 \\ 3 \end{pmatrix} = \begin{pmatrix} 2\times 1 + 1\times 2 + 4\times 3 \\ 3\times 1 + 5\times 2 - 1\times 3 \end{pmatrix} = \begin{pmatrix} 16 \\ 10 \end{pmatrix} \circ$$

矩阵 $\boldsymbol{A}_{m\times n}$ 与列向量 $\boldsymbol{x}_{n\times 1}$ 相乘的结果是 m 个由向量 $\boldsymbol{x}$ 的元素作为未知数、$\boldsymbol{A}$ 的行向量元素作为系数的 n 元一次多项式

组成的列向量。

　　类似的，除了矩阵可以左乘一个向量，矩阵还可以右乘一个向量，但是由于向量相乘必须行向量在左，所以被乘的向量必须转置为行向量，而且由于向量相乘维数必须相等，所以矩阵右乘向量时，必须保证向量的维数等于矩阵的行数。例如，对于矩阵 $A_{m \times n} = (a_1, a_2, \cdots, a_n)$ 和向量 $x_{m \times 1} = (x_i)$，我们有

$$\begin{aligned}
x^T A &= x_{mx1}^T A_{m \times n} \\
&= x^T(a_1, a_2, \cdots, a_n) \triangleq (x^T a_1, x^T a_2, \cdots, x^T a_n) \\
&= (a_1^T x, a_2^T x, \cdots, a_n^T x)_{1 \times n}。
\end{aligned}$$

　　也就是说，行向量 $x_{m \times 1}$ 与矩阵 $A_{m \times n}$ 相乘的结果是 n 个由向量 x 的元素作为未知数、A 的列向量元素作为系数的 n 元一次多项式组成的行向量。

　　例如

$$(1 \ 2 \ 3)\begin{pmatrix} 2 & 3 \\ 1 & 5 \\ 4 & -1 \end{pmatrix} = (1 \times 2 + 2 \times 1 + 3 \times 4 \quad 1 \times 3 + 2 \times 5 - 3 \times 1)$$

$$= (16 \quad 10)。$$

　　可见，如果矩阵不是方阵，则同一个向量不可能既可左乘又可右乘于该矩阵。而且，即使矩阵是方阵，矩阵与向量的乘法也不具备交换律，因为其结果一个是行向量一个是列向量。很明显，如果矩阵的行向量与列向量完全相同，即矩阵是对称矩阵，则其左乘与右乘同一个向量得到的结果向量相同，除了行列转置之外。

附 2.2.5　矩阵之间的乘法

　　有了矩阵与向量的乘法，我们可以进一步定义矩阵与矩

阵的乘法。我们将右侧的矩阵分解为列向量的组合，然后将左侧的矩阵依次乘以这些列向量得到新的列向量，然后将结果列向量排列在一起，即组成了新的结果矩阵。

对于矩阵 $A_{m\times n}$ 和矩阵 $B_{n\times k}$，我们将 $B_{n\times k}$ 按列分解为 $B_{n\times k} = (b_1, b_2, \cdots, b_k)$。我们知道 A 可以分别与 b_i 相乘，于是我们定义

$$AB = A_{m\times n}B_{n\times k}$$
$$= A(b_1, b_2, \cdots, b_k) \triangleq (Ab_1, Ab_2, \cdots, Ab_k)_{m\times k}。$$

如果我们记 A 的行向量分解为 $A_{m\times n} = (\alpha_1^T, \alpha_2^T, \cdots, \alpha_m^T)^T$，则上式右侧可继续表示为

$$AB = (Ab_1, Ab_2, \cdots, Ab_k) \triangleq \begin{pmatrix} \alpha_1^T b_1 & \alpha_1^T b_2 & \cdots & \alpha_1^T b_k \\ \alpha_2^T b_1 & \alpha_2^T b_2 & \cdots & \alpha_2^T b_k \\ \vdots & \vdots & \ddots & \vdots \\ \alpha_m^T b_1 & \alpha_m^T b_2 & \cdots & \alpha_m^T b_k \end{pmatrix}_{m\times k}。$$

这样，我们就看到两个矩阵相乘，得到的结果是一个新的矩阵，其行数等于左乘矩阵的行数，其列数等于右乘矩阵的列数。相乘的两个矩阵必须要满足左乘矩阵的列数等于右乘矩阵的行数。结果矩阵位于第 i 行第 j 列的元素，为左乘矩阵的第 i 行向量点乘右乘矩阵的第 j 列向量的乘积。

例如

$$\begin{pmatrix} 1 & 2 & 3 \\ 4 & 5 & 6 \end{pmatrix} \begin{pmatrix} 2 & 3 \\ 1 & 5 \\ 4 & -1 \end{pmatrix} = \begin{pmatrix} 16 & 10 \\ 37 & 31 \end{pmatrix},$$

$$\begin{pmatrix} 2 & 3 \\ 1 & 5 \\ 4 & -1 \end{pmatrix} \begin{pmatrix} 1 & 2 & 3 \\ 4 & 5 & 6 \end{pmatrix} = \begin{pmatrix} 14 & 19 & 24 \\ 21 & 27 & 33 \\ 0 & 3 & 6 \end{pmatrix}。$$

214

对于矩阵 $\boldsymbol{A}_{m\times n}$ 和矩阵 $\boldsymbol{B}_{n\times k}$，如果 $m \neq k$，那 $\boldsymbol{B}$ 左乘 $\boldsymbol{A}$ 是不可以的。但是 $\boldsymbol{B}^T(k\times n)$ 可以左乘 $\boldsymbol{A}^T(n\times m)$。根据上述矩阵乘法的定义，我们有

$$\boldsymbol{B}^T\boldsymbol{A}^T = (\boldsymbol{B}^T\boldsymbol{\alpha}_1,\ \boldsymbol{B}^T\boldsymbol{\alpha}_2,\ \cdots,\ \boldsymbol{B}^T\boldsymbol{\alpha}_m)$$

$$= \begin{pmatrix} \boldsymbol{\alpha}_1^T\boldsymbol{b}_1 & \boldsymbol{\alpha}_2^T\boldsymbol{b}_1 & \cdots & \boldsymbol{\alpha}_m^T\boldsymbol{b}_1 \\ \boldsymbol{\alpha}_1^T\boldsymbol{b}_2 & \boldsymbol{\alpha}_2^T\boldsymbol{b}_2 & \cdots & \boldsymbol{\alpha}_m^T\boldsymbol{b}_2 \\ \vdots & \vdots & \ddots & \vdots \\ \boldsymbol{\alpha}_1^T\boldsymbol{b}_k & \boldsymbol{\alpha}_2^T\boldsymbol{b}_k & \cdots & \boldsymbol{\alpha}_m^T\boldsymbol{b}_k \end{pmatrix}_{k\times m} = (\boldsymbol{AB})^T。$$

所以两个矩阵的乘积的转置，等于它们分别转置后互换位置的乘积。

矩阵的乘法一般没有交换律，但是我们可以证明矩阵的乘法有结合律，即

$$(\boldsymbol{A}_{m\times n}\boldsymbol{B}_{n\times k})\boldsymbol{C}_{k\times l} = \boldsymbol{A}_{m\times n}(\boldsymbol{B}_{n\times k}\boldsymbol{C}_{k\times l})。$$

我们知道，上式左右的结果矩阵都是 $m \times l$ 的矩阵，我们只需证明它们的对应元素相等。我们先看左侧乘积矩阵，记为 $\boldsymbol{D} = (d_{ij})$。根据矩阵的乘法，元素 d_{ij} 为 $\boldsymbol{A}_{m\times n}\boldsymbol{B}_{n\times k}$ 的第 i 行向量与 $\boldsymbol{C}_{k\times l}$ 的第 j 列向量的乘积。而 $\boldsymbol{A}_{m\times n}\boldsymbol{B}_{n\times k}$ 的第 i 行 s 列的元素为 $\boldsymbol{a}_i^T\boldsymbol{b}_s$，所以

$$d_{ij} = \sum_{s=1}^{k}(\boldsymbol{a}_i^T\boldsymbol{b}_s)c_{sj} = \sum_{s=1}^{k}\left(\sum_{t=1}^{n}a_{it}b_{ts}\right)c_{sj} = \sum_{s=1}^{k}\sum_{t=1}^{n}a_{it}b_{ts}c_{sj}。$$

同理，我们记右侧乘积为 $\boldsymbol{E} = (e_{ij})$，则 e_{ij} 为 $\boldsymbol{A}_{m\times n}$ 的第 i 行向量与 $\boldsymbol{B}_{n\times k}\boldsymbol{C}_{k\times l}$ 的第 j 列向量的乘积。而 $\boldsymbol{B}_{n\times k}\boldsymbol{C}_{k\times l}$ 的第 t 行 j 列的元素为 $\boldsymbol{b}_t^T\boldsymbol{c}_j$，所以

$$e_{ij} = \sum_{t=1}^{n}a_{it}(\boldsymbol{b}_t^T\boldsymbol{c}_j) = \sum_{t=1}^{n}a_{it}\left(\sum_{s=1}^{k}b_{ts}c_{sj}\right) = \sum_{s=1}^{k}\sum_{t=1}^{n}a_{it}b_{ts}c_{sj} = d_{ij}。$$

所以，$\boldsymbol{D} = (d_{ij}) = (e_{ij}) = \boldsymbol{E}$。这就证明了矩阵乘法的结合律。

有了矩阵的乘法，我们可以定义方阵 $\boldsymbol{A}_{n \times n}$ 的幂，即

$$\boldsymbol{A}^n = \underbrace{\boldsymbol{A}\boldsymbol{A}\cdots\boldsymbol{A}}_{n\uparrow}。$$

对于非零方阵 $\boldsymbol{A}$，我们定义 $\boldsymbol{A}^0 = \boldsymbol{I}$。

根据矩阵乘法的结合律与矩阵乘法的转置，我们可以得出矩阵连乘的转置，等于矩阵转置逆序的连乘，即

$$(\boldsymbol{A}_1\boldsymbol{A}_2\cdots\boldsymbol{A}_{n-1}\boldsymbol{A}_n)^T = \boldsymbol{A}_n^T\boldsymbol{A}_{n-1}^T\cdots\boldsymbol{A}_2^T\boldsymbol{A}_1^T。$$

很明显，零矩阵与任何矩阵的乘积都是零矩阵，即

$$\boldsymbol{A}_{m \times n}\boldsymbol{0}_{n \times k} = \boldsymbol{0}_{m \times k}, \quad \boldsymbol{0}_{k \times m}\boldsymbol{A}_{m \times n} = \boldsymbol{0}_{k \times n}。$$

容易验证，任何矩阵左乘单位矩阵或右乘单位矩阵均不变，仍为原矩阵，即

$$\boldsymbol{A}_{m \times n}\boldsymbol{I}_{n \times n} = \boldsymbol{A}_{m \times n}, \quad \boldsymbol{I}_{m \times m}\boldsymbol{A}_{m \times n} = \boldsymbol{A}_{m \times n}。$$

对于对角矩阵（方阵）$\boldsymbol{D}_{n \times n} = \mathrm{diag}(d_1, d_2, \cdots, d_n)$，我们可以简单验证，$\boldsymbol{D}_{n \times n}$ 左乘矩阵 $\boldsymbol{A}_{n \times m}$ 的结果为将矩阵 $\boldsymbol{A}$ 的第 i 行所有元素均乘以 d_i 倍得到的矩阵，而 $\boldsymbol{D}_{n \times n}$ 右乘矩阵 $\boldsymbol{A}_{m \times n}$ 的结果为将矩阵 $\boldsymbol{A}$ 的第 i 列所有元素均乘以 d_i 倍得到的矩阵。

两个等维对角矩阵相乘的结果为对角元素对应相乘得到的新对角矩阵，即

$$\mathrm{diag}(d_1, d_2, \cdots, d_n) \cdot \mathrm{diag}(f_1, f_2, \cdots, f_n)$$
$$= \mathrm{diag}(d_1f_1, d_2f_2, \cdots, d_nf_n)。$$

附 2.2.6　方阵的逆

有了矩阵的乘法之后，我们就进一步探索矩阵的除法。在数值代数中，除法的定义首先需要有倒数的定义，而实数的倒数是找到与其乘积为 1 的实数。所以，实数 1 对倒数有

着非常中心的意义，而 1 对于乘除法之所以重要，是因为 1 乘以任何实数（或任何实数乘以 1）都等于该实数本身。(这类似于 0 在加减法中的中心位置)

在矩阵中，对应实数中 1 的角色的，正是我们前述的单位矩阵 $I_{n \times n}$。所不同的是单位矩阵并非只有一个，对应不同的维数 n 都有单位矩阵。如果矩阵不是方阵，则它没有真正唯一的逆矩阵，我们这里暂时不予考虑。

对于一个方阵 $A_{n \times n}$，如果存在一个矩阵 $B_{n \times n}$，使得 $AB = I$ 或 $BA = I$，则我们称矩阵 B 是 A 的逆矩阵或简称为矩阵 A 的逆，此时我们称矩阵 A 可逆。我们可以证明（证明略去），如果 A 存在逆矩阵，则其逆矩阵是唯一的。即如果 $AB = I$，则必有 $BA = I$；且若 $AB = AC = I$，则必有 $B = C$。因为矩阵的逆矩阵是唯一的，所以我们记矩阵 A 的逆矩阵为 A^{-1}，也就是

$$AA^{-1} = A^{-1}A = I_{\circ}$$

很明显，A 和 A^{-1} 互为对方唯一的逆矩阵。

容易验证

$$(A_1 A_2 \cdots A_{n-1} A_n)^{-1} = A_n^{-1} A_{n-1}^{-1} \cdots A_2^{-1} A_1^{-1},$$
$$(A^n)^{-1} = (A^{-1})^n \triangleq A^{-n}_{\circ}$$
$$(A^{-1})^T = (A^T)^{-1}_{\circ}$$

如果 A 可逆，且 $AB = AC$，则必有 $B = C$。因为 $B = A^{-1}(AB) = A^{-1}(AC) = C$。这类似于数值运算中的（对非零数值）消去律。

对角矩阵 $D_{n \times n} = \mathrm{diag}(d_1, d_2, \cdots, d_n)$ 可逆，当且仅当其对角元素都不为零，且其逆矩阵 $D^{-1} = \mathrm{diag}(1/d_1, 1/d_2, \cdots, 1/d_n)$。

附 2.2.7　向量的线性相关与矩阵的秩

对于一组向量 a_1，a_2，$\cdots$，a_n（不管向量的维数），如果存在一组实数 x_1，x_2，$\cdots$，x_n 使得

$$x_1 a_1 + x_2 a_2 + \cdots + x_n a_n = 0,$$

则称为这组向量线性相关，否则称它们线性无关。如果向量组线性相关，则根据上式，其中任一向量就可以表示为其他向量的线性组合。

例如，对于 $a = (1，2，3)$、$b = (4，2，3)$、$c = (1，4，3)$、$d = (5，2，6)$，可知 a、b、c 是线性无关的。但是 $2a+b-c-d=0$，所以 a、b、c、d 四者是线性相关的。

如果我们令矩阵 $A = (a_1，a_2，\cdots，a_n)$，则线性相关即为存在非零向量 $x = (x_1，x_2，\cdots，x_n)$，使得

$$A^T x = 0。$$

这样矩阵 A 必定不可逆，否则两端都左乘 $(A^{-1})^T$ 可得 $x = 0$，这与 x 非零矛盾。所以如果矩阵的列向量线性无关，当且仅当矩阵必然不可逆。

矩阵 A 的行向量中，能找到的线性无关的向量的最大数量称为矩阵的行秩，列向量中称为列秩。实际上，可以证明（证明略去）矩阵的行秩等于其列秩，统称为矩阵的秩，记作 rank(A)。很显然 rank$(A_{m \times n}) \leq \min(m，n)$。如果 rank$(A_{n \times n}) = n$，则我们称矩阵 A 是满秩的，否则称其是退化的。如上，退化的矩阵一定不可逆，满秩的矩阵一定是可逆的。

可以证明（证明略去），两个矩阵相乘的秩小于等于每个矩阵的秩，即

$$\text{rank}(AB) \leq \min\{\text{rank}(A)，\text{rank}(B)\}。$$

可以证明（证明略去），满秩方阵与另一矩阵的乘积的秩等于另一矩阵的秩。即有

$$\text{rank}(A_{n\times n}) = n \Rightarrow \text{rank}(AB) = \text{rank}(B)。$$

附 2.3　方阵的行列式

附 2.3.1　行列式的定义

在定义矩阵的行列式之前，我们先要定义 n 个自然数排列的逆序数。对于自然数 1，2，$\cdots$，n 的一个排列 $j_1 j_2 \cdots j_n$（j_i 代表 $1 \sim n$ 的某个数字，不重复），对于其中任意两个数字 j_s、j_t（$s < t$，即维持它们在排列中的顺序），如果前面的数字小于后面的数字，则称这两个数字是顺序排列，反之称为逆序排列的。排列中出现的逆序数字的总对数，称为这个排列的逆序数。逆序数为奇数的排列称为奇排列，逆序数为偶数的排列称为偶排列。我们可以记逆序数函数为 $r(j_1 j_2 \cdots j_n)$。很显然，完全由小到大的排列，其逆序数为 0。可以证明，n 元排列中将任意两个数字对换之后，将改变排列的奇偶性。

下面我们来定义方阵的行列式。对于方阵 $A_{n\times n} = (a_{ij})$，我们记其行列式为 $|A|$ 或 $\det(A)$。$|A|$ 是由 A 的元素组成的 $n!$ 项的代数和：其中每一项是由 A 的位于不同行不同列的 n 各元素的乘积；把每一项乘积中的元素按照行指标从 1 到 n 排列，此时其列指标的排列如果是偶排列，则该项乘积带正号，如果是奇排列，则该项乘积带负号，即

$$|A| \triangleq \sum_{j_1 j_2 \cdots j_n} (-1)^{r(j_1 j_2 \cdots j_n)} a_{1j_1} a_{2j_2} \cdots a_{nj_n}。$$

其中 $j_1 j_2 \cdots j_n$ 是自然数 1 到 n 的任一排列。

1 阶方阵就是一个数值，其行列式就等于该数值本身。

2 阶方阵的行列式

$$|\boldsymbol{A}_{2\times 2}| = \begin{vmatrix} a_{11} & a_{12} \\ a_{21} & a_{22} \end{vmatrix} = a_{11}a_{22} - a_{12}a_{21}。$$

3 阶方阵的行列式

$$|\boldsymbol{A}_{3\times 3}| = \begin{vmatrix} a_{11} & a_{12} & a_{13} \\ a_{21} & a_{22} & a_{23} \\ a_{31} & a_{32} & a_{33} \end{vmatrix}$$

$$= a_{11}a_{22}a_{33} + a_{12}a_{23}a_{31} + a_{13}a_{21}a_{32} - a_{13}a_{22}a_{31} - a_{12}a_{21}a_{33} - a_{11}a_{23}a_{32}。$$

矩阵行列式有它的几何意义。对于二阶矩阵，其行列式等于两个行向量（或列向量）张成的平行四边形的有向面积（行列式的正负号代表平行四边形的朝向）。而对于三阶矩阵，其行列式等于三个行向量（或列向量）张成的平行六面体的有向体积。更高维矩阵的几何意义也可以扩展（定义）为 n 维空间的 n 个向量张成的平行 $2n$ 面体的体积。

由于矩阵的行列式等于向量张成的体积，所以，如果向量组线性相关，则张成的空间是退化的，其体积一定为 0。这从几何意义上说明了满秩矩阵的行列式一定不为零，而退化矩阵的行列式一定为零，即

$$|\boldsymbol{A}_{n\times n}| = 0 \Leftrightarrow rank(\boldsymbol{A}_{n\times n}) = n \Leftrightarrow \boldsymbol{A} \text{ 可逆}。$$

对于二阶方阵 $|\boldsymbol{A}_{2\times 2}| = \begin{vmatrix} a_{11} & a_{12} \\ a_{21} & a_{22} \end{vmatrix}$，我们可以验证

$$\boldsymbol{A}^{-1} = \frac{1}{|\boldsymbol{A}|} \begin{pmatrix} a_{22} & -a_{12} \\ -a_{21} & a_{11} \end{pmatrix}。$$

附 2.3.2 行列式的性质

我们按列向量记 $\boldsymbol{A} = (\boldsymbol{a}_1, \boldsymbol{a}_2, \cdots, \boldsymbol{a}_n)$，容易验证下列

结论（对行向量同样成立）

$|(\boldsymbol{a}_1, \boldsymbol{a}_2, \cdots, \boldsymbol{a}_i = 0, \cdots, \boldsymbol{a}_n)| = 0$，某列（行）全为 0，则行列式为 0，

$|(\boldsymbol{a}_1, \cdots, k\boldsymbol{a}_i, \cdots, \boldsymbol{a}_n)| = k|\boldsymbol{A}|$，某列（行）乘以 k 倍后行列式也变为 k 倍，

$|(\boldsymbol{a}_1, \cdots, \boldsymbol{a}_i = \boldsymbol{b} \pm \boldsymbol{c}, \cdots, \boldsymbol{a}_n)|$

$= |(\boldsymbol{a}_1, \cdots, \boldsymbol{b}, \cdots, \boldsymbol{a}_n)| \pm |(\boldsymbol{a}_1, \cdots, \boldsymbol{c}, \cdots, \boldsymbol{a}_n)|$，

即行列式可以对某一列（行）的加减法进行展开。

$|(\boldsymbol{a}_1, \cdots, \boldsymbol{a}_j, \cdots, \boldsymbol{a}_i, \cdots, \boldsymbol{a}_n)|$

$= - |(\boldsymbol{a}_1, \cdots, \boldsymbol{a}_i, \cdots, \boldsymbol{a}_j, \cdots, \boldsymbol{a}_n)|$

$= - |\boldsymbol{A}|$，

即两列（行）互换，行列式正负反向。

$|(\boldsymbol{a}_1, \cdots, \boldsymbol{a}_i, \cdots, \boldsymbol{a}_j = \boldsymbol{a}_i, \cdots, \boldsymbol{a}_n)| = 0$，两列（行）相同则行列式为 0，可互换两列证明。

$|(\boldsymbol{a}_1, \cdots, \boldsymbol{a}_i, \cdots, k\boldsymbol{a}_i + \boldsymbol{a}_j, \cdots, \boldsymbol{a}_n)| = |\boldsymbol{A}|$，

即将某列（行）的倍数加到另一列（行）上，行列式不变。

容易验证，上三角矩阵、下三角矩阵和对角矩阵的行列式等于其对角线元素的乘积。单位矩阵的行列式 $|\boldsymbol{I}| = 1$。

容易验证，矩阵转置的行列式等于原矩阵的行列式，即 $|\boldsymbol{A}^T| = |\boldsymbol{A}|$。

对于如下分块矩阵，可以验证（这一结论还可以扩展到更高维分块三角矩阵）

$$\begin{vmatrix} \boldsymbol{A}_{m \times m} & \boldsymbol{C}_{m \times n} \\ 0 & \boldsymbol{B}_{n \times n} \end{vmatrix} = \begin{vmatrix} \boldsymbol{A}_{m \times m} & 0 \\ \boldsymbol{D}_{n \times m} & \boldsymbol{B}_{n \times n} \end{vmatrix} = |\boldsymbol{A}| \cdot |\boldsymbol{B}|。$$

可以证明（证明略去），矩阵乘积的行列式等于其行列式的乘积，即有

$$|AB| = |A| \cdot |B|。$$
$$|A_1A_2\cdots A_n| = |A_1| \cdot |A_2| \cdots |A_n|;$$
$$|A^n| = |A|^n; \quad |A^{-1}| = |A|^{-1}。$$

附 2.4　线性方程组

线性方程组是形如下式的多元一次方程组

$$\begin{cases} a_{11}x_1 + a_{12}x_2 + \cdots + a_{1n}x_n = b_1, \\ a_{21}x_1 + a_{22}x_2 + \cdots + a_{2n}x_n = b_2, \\ \cdots\cdots \\ a_{m1}x_1 + a_{m2}x_2 + \cdots + a_{mn}x_n = b_m。 \end{cases}$$

其中 x_i 是未知数，a_{ij} 是系数，b_i 是常数项。

线性方程组的最常用解法为消元法，即通过将一个方程的一定倍数加到另一方程从而使其某个变量的系数变为 0 而消去该变量。我们一般通过这种方法将方程组变为阶梯形方程组或对角方程组，从而自下而上地逐一解出未知变量。

在有了线性代数的工具之后，线性方程组就有了更简单的表示。对于如上的线性方程组，我们记 $x = (x_1, x_2, \cdots, x_n)^T$ 为未知数列向量，$b = (b_1, b_2, \cdots, b_m)^T$ 为常数项列向量，矩阵 $A_{m\times n} = (a_{ij})$ 为系数矩阵，则线性方程组简化为

$$Ax = b。$$

我们知道，在方程组变为阶梯形方程组后，若剩余的方程数量 s（$s \le m$）等于未知数的个数 n，$s = n$，则方程组有唯一解；如果 $s < n$，则方程组有无穷多解，且其解为 $n - s$ 维空间；如果 $s > n$，则方程组无解。实际上，容易知道，$s = rank(A)$。

由上我们可知，方程 $Ax = 0$ 有非零解当且仅当 $\text{rank}(A)$

$< n$，若 A 为方阵，则对应着 A 满秩，即 A 可逆，即 $|A| = 0$。

如果 A 为可逆方阵，则方程 $Ax = b$ 两端分别左乘 A^{-1}，我们得到其解为 $x = A^{-1}b$。

线性方程组 $Ax = b$ 的几何意义：矩阵 $A_{m \times n}$ 是从 n 维空间到 m 维空间的一个线性变换，A 左乘 x，将 x 映射变换到 b。如果矩阵 $A_{m \times n}$ 的秩 $\mathrm{rank}(A_{m \times n}) < \min(m, n)$，则 A 是一个不满秩的退化矩阵，其映射到的空间维数不满 m 维。如果 $\mathrm{rank}(A_{m \times n}) = n$，则 A 将 n 维空间映射为 n 维空间，则它是一个一一映射；如果 $\mathrm{rank}(A_{m \times n}) < n$，则 A 将高维空间映射为低维空间，映射必然不是单射，所以 b 的原象有无穷多个，即 x 有无穷多个解；由于 A 不可能将低维空间映射（满射）为高维空间，所以 $\mathrm{rank}(A_{m \times n}) > n$ 时必然无解。

附 2.5 矩阵的特征值、特征向量及矩阵的相似变换

附 2.5.1 特征值与特征向量

对于 n 阶方阵 A，如果存在数值 λ（可为 0）和非零向量 b，使得

$$Ab = \lambda b,$$

则数值 λ 称为矩阵 A 的特征值，向量 b 称为矩阵 A 的对应特征值 λ 的特征向量。

在几何上，矩阵乘以一个向量，相当于对向量空间进行了一个线性变换（直线仍变换为直线）。而根据定义，矩阵的特征向量就是在这个线性变换下方向保持不变的向量，而特征值是该向量在这一变换下所拉长的倍数。

易知，如果 b 是矩阵 A 的一个特征向量，则 kb 也是 A

的特征向量，它们对应的特征值相同。

一般来讲，矩阵的特征值和特征向量不止一个。根据定义，我们有 $\lambda b - Ab = 0$，即

$$(\lambda I - A)b = 0。$$

这就是说，线性方程组 $(\lambda I - A)x = 0$ 有非零解，这当且仅当 $\lambda I - A$ 退化，其行列式为零

$$|\lambda I - A| = 0。$$

所以，特征值 λ 就是多项式方程 $|\lambda I - A| = 0$ 的解。我们称 $|\lambda I - A|$ 是矩阵 A 的特征多项式。由于 $|\lambda I - A|$ 是 λ 的 n 次多项式，故解的个数不超过 n 个，所以矩阵的特征值不超过 n 个。对应特征多项式的每个解，都可以求出线性方程组 $(\lambda I - A)x = 0$ 的一个或多个解 b。

可以证明，无论矩阵有多少个特征值，我们一定可以找到 n 个线性无关的特征向量 b_1，b_2，$\cdots$，b_n，它们对应的特征值分别为 λ_1，λ_2，$\cdots$，λ_n（可能重合也可能为 0，通常我们将特征值从大到小排列，0 放在最后）。我们记方阵 $B = (b_1$，b_2，$\cdots$，$b_n)$，则我们有

$$AB = A(b_1，b_2，\cdots，b_n) = (\lambda_1 b_1，\lambda_2 b_2，\cdots，\lambda_n b_n)$$
$$= B \cdot \mathrm{diag}(\lambda_1，\lambda_2，\cdots，\lambda_n) \triangleq B\Lambda。$$

由于 B 的列向量是线性无关的，所以 B 可逆。我们在上式左右两端分别右乘 B^{-1}，得

$$A = B\Lambda B^{-1} = B \cdot \mathrm{diag}(\lambda_1，\lambda_2，\cdots，\lambda_n) \cdot B^{-1}。$$

附 2.5.2 相似变换

我们定义矩阵 A 与 C 为相似矩阵，如果存在可逆矩阵 B 使得 $A = BCB^{-1}$。而矩阵 C 通过两边各乘 B 和 B^{-1} 得到矩阵 A 的变换过程，称为从 C 到 A 的相似变换。相似变换不改变矩

阵的秩。

上面我们证明，方阵 A 一定相似于一个对角矩阵，而该对角矩阵的对角线元素为矩阵 A 的特征值（而且特征值可以从大到小排列好）。

通过取行列式，我们可以得到

$$|A| = |B| \cdot |\Lambda| \cdot |B^{-1}| = |\Lambda| = \lambda_1 \lambda_2 \cdots \lambda_n。$$

因为相似变换不改变矩阵的行列式，所以矩阵的行列式等于其所有特征值的乘积。如果矩阵不满秩，则其非零特征值必然不满 n 个。

有了相似变换，我们易知

$$A^n = (B\Lambda B^{-1})^n = B\Lambda B^{-1} B\Lambda B^{-1} \cdots B\Lambda B^{-1} = B\Lambda^n B^{-1}。$$

这对于计算矩阵的幂有很大的简化，在解矩阵差分方程时很有用。

基于矩阵幂的相似变换，我们可以得到矩阵多项式的相似变换如下。

$$
\begin{aligned}
f(A) &\triangleq x_0 + x_1 A + x_2 A^2 + \cdots + x_m A^m \\
&= x_0 BB^{-1} + x_1 B\Lambda B^{-1} + x_2 B\Lambda^2 B^{-1} + \cdots + x_m B\Lambda^m B^{-1} \\
&= B(x_0 + x_1 \Lambda^{-1} + x_2 \Lambda^2 + \cdots + x_m \Lambda^m) B^{-1} \\
&= B \cdot f(\Lambda) \cdot B^{-1} \\
&= B \cdot \mathrm{diag}[f(\lambda_i)] \cdot B^{-1}。
\end{aligned}
$$

附录三　扩大再生产的解析解及其性质

附3.1　差分方程的解析解

附3.1.1　何谓"解析解"

所谓解析解，就是用符号变量形式给出的最终解，所谓最终解是指确切的完结性的解。解析解一般和数值解、离散解、递推解、近似解、极限解等不完全、未完成的解的形式相对应。在低等数学和简单的高等数学中，解析解是常见且容易得出的。但是对于很多高等数学或复杂的初等数学问题，数学家证明不存在或不能给出解析解，这时就需要其他形式的解来探索问题解的性质。

差分方程，是从之前若干期的解推导之后若干期解的形式。使用差分方程可以递推地求出任意一期的具体解，但是差分方程并不是解析解，因为它并没有给出最终解所满足的统一的符号变量形式。根据差分方程求出每一期的解虽然可以帮助我们推断解的某些性质，但是很难最终证明它或者证明比较困难，所以我们仍然需要求出其解析解。当然并不是所有的差分方程都能求出解析解，但是线性差分方程是可以求得解析解的。

附3.1.2 市场化扩大再生产差分方程解析解

正文中，我们讨论的市场化扩大再生产中的差分方程
（108）、（110）用矩阵可以表示为

$$\begin{bmatrix} y_1(t) \\ y_2(t) \end{bmatrix} = \begin{bmatrix} c_1 & c_2 \\ \dfrac{bs_1c_1 + v_1}{1 - bs_2} & \dfrac{bs_1c_2 + v_2}{1 - bs_2} \end{bmatrix} \begin{bmatrix} y_1(t+1) \\ y_2(t+1) \end{bmatrix} 。$$

（136）

我们令向量 $y_t = [y_1(t), y_2(t)]$，同时令

$$M \triangleq \begin{bmatrix} m_{11} & m_{12} \\ m_{21} & m_{22} \end{bmatrix} = \begin{bmatrix} c_1 & c_2 \\ \dfrac{bs_1c_1 + v_1}{1 - bs_2} & \dfrac{bs_1c_2 + v_2}{1 - bs_2} \end{bmatrix} \xRightarrow{\text{当}b=0} M = \begin{bmatrix} c_1 & c_2 \\ v_1 & v_2 \end{bmatrix} 。$$

（137）

则（136）变为

$$y_t = M y_{t+1} \xRightarrow{\text{两边同乘}M^{-1}} y_{t+1} = M^{-1} y_t \qquad (138)$$

于是，由这一递推式我们可以得到 y_t 的解析解为

$$y_t = M^{-t} y_0 \qquad (139)$$

注意，我们得到（139）式的前提是矩阵 M 可逆，而

$$M \text{ 可逆} \Leftrightarrow |M| = 0 \Leftrightarrow \begin{vmatrix} c_1 & c_2 \\ \dfrac{bs_1c_1 + v_1}{1 - bs_2} & \dfrac{bs_1c_2 + v_2}{1 - bs_2} \end{vmatrix} = 0$$

$$\Leftrightarrow \frac{c_1}{v_1} = \frac{c_2}{v_2} \Leftrightarrow k_1 = k_2 \qquad (140)$$

也就是说，在两个部门的资本投入结构相同时（$k_1 = k_2$），矩阵 M 退化，此时原差分方程多数情况下无解。

我们记矩阵 M 的特征值分别为 $\mu_1 \triangleq \dfrac{1}{1 + g_1}$ 和 $\mu_2 \triangleq$

$\dfrac{1}{1 + g_2}$，则其逆矩阵 $\boldsymbol{M}^{-1}$ 的特征值就是 $1 + g_1$ 和 $1 + g_2$。我们

记对角矩阵 $\varLambda = \text{diag}(\mu_1, \mu_2)$，则 $\varLambda^{-1} = \text{diag}(1 + g_1,$

$1 + g_2)$。

根据矩阵的相似变换，我们有

$$\boldsymbol{M} = \boldsymbol{P}\varLambda\boldsymbol{P}^{-1}, \quad \boldsymbol{M}^{-1} = \boldsymbol{P}\varLambda^{-1}\boldsymbol{P}^{-1}。 \tag{141}$$

其中可逆矩阵 $\boldsymbol{P}$ 是由 $\boldsymbol{M}$ 的特征向量组成的矩阵。

将（141）式代入（139）式，得出

$$\boldsymbol{y}_t = \boldsymbol{M}^{-t}\boldsymbol{y}_0 = \boldsymbol{P}\varLambda^{-t}\boldsymbol{P}^{-1}\boldsymbol{y}_0。 \tag{142}$$

其中

（1）$\varLambda^{-t} = \text{diag}\big[(1 + g_1)^t, \quad (1 + g_2)^t\big] = \begin{bmatrix} (1 + g_1)^t & 0 \\ 0 & (1 + g_1)^t \end{bmatrix}$；

（2）向量 $\boldsymbol{P}^{-1}\boldsymbol{y}_0$ 仅和生产初值 $\boldsymbol{y}_0$ 有关（$\boldsymbol{P}^{-1}$ 是决定于 $\boldsymbol{M}$ 的常量），于是我们简记其等于 $\boldsymbol{\eta} = [\eta_1, \eta_2]$，即令

$$\boldsymbol{\eta} = \begin{bmatrix} \eta_1 \\ \eta_2 \end{bmatrix} \triangleq \boldsymbol{P}^{-1}\boldsymbol{y}_0 = \frac{1}{|\boldsymbol{P}|}\begin{bmatrix} p_{22} & -p_{12} \\ -p_{21} & p_{11} \end{bmatrix}\begin{bmatrix} y_1(0) \\ y_2(0) \end{bmatrix}。$$

$$\tag{143}$$

（3）矩阵 $\boldsymbol{P}$ 是矩阵 $\boldsymbol{M}$ 的特征向量组成的矩阵，即 $\boldsymbol{P} = (p_{ij})$ 满足

$$\boldsymbol{M}\boldsymbol{P} = \boldsymbol{P}\varLambda$$

$$\Rightarrow \begin{bmatrix} m_{11} & m_{12} \\ m_{21} & m_{22} \end{bmatrix}\begin{bmatrix} p_{11} & p_{12} \\ p_{21} & p_{22} \end{bmatrix} = \begin{bmatrix} p_{11} & p_{12} \\ p_{21} & p_{22} \end{bmatrix}\begin{bmatrix} \dfrac{1}{1 + g_1} & 0 \\ 0 & \dfrac{1}{1 + g_2} \end{bmatrix}$$

$$\Rightarrow \begin{cases} \left(m_{11} - \dfrac{1}{1+g_i}\right)p_{1i} + m_{12}p_{2i} = 0, \\ m_{21}p_{1i} + \left(m_{22} - \dfrac{1}{1+g_i}\right)p_{2i} = 0 \end{cases} \quad i = 1,\ 2_{\circ} \quad (144)$$

于是，（142）式可展开为

$$\boldsymbol{y}_t = \boldsymbol{P}\Lambda^{-t}\boldsymbol{P}^{-1}\boldsymbol{y}_0$$

$$\Rightarrow \begin{bmatrix} y_1(t) \\ y_2(t) \end{bmatrix} = \begin{bmatrix} p_{11} & p_{12} \\ p_{21} & p_{22} \end{bmatrix} \begin{bmatrix} (1+g_1)^t & 0 \\ 0 & (1+g_1)^t \end{bmatrix} \begin{bmatrix} \eta_1 \\ \eta_2 \end{bmatrix}_{\circ}$$

$$\Rightarrow \begin{cases} y_1(t) = \eta_1 p_{11}(1+g_1)^t + \eta_2 p_{12}(1+g_2)^t \\ y_2(t) = \eta_1 p_{21}(1+g_1)^t + \eta_2 p_{22}(1+g_2)^t \end{cases} \quad (145)$$

附 3.2　解析解的参数讨论

附 3.2.1　g_1 和 g_2 的关系

我们知道，$\mu_1 \triangleq \dfrac{1}{1+g_1}$ 和 $\mu_2 \triangleq \dfrac{1}{1+g_2}$ 分别为矩阵 $\boldsymbol{M}$ 的两

个特征值，则由特征值的定义，μ_1、μ_2 为以下方程的解

$$|\mu I - M| = 0$$

$$\Rightarrow \begin{vmatrix} \mu - m_{11} & -m_{12} \\ -m_{21} & \mu - m_{22} \end{vmatrix} = 0, \quad (146)$$

解得

$$\mu_1 = \frac{1}{2}\left[(m_{11} + m_{22}) + \sqrt{(m_{11} - m_{22})^2 + 4m_{12}m_{21}}\right]$$

$$\Rightarrow \mu_1 = \frac{1}{2}\left[(m_{11} + m_{22}) + |m_{11} - m_{22}| + \varepsilon\right] \quad (147)$$

$$\mu_2 = \frac{1}{2}\left[(m_{11} + m_{22}) - \sqrt{(m_{11} - m_{22})^2 + 4m_{12}m_{21}}\right]$$

$$\Rightarrow \mu_2 = \frac{1}{2} \big[(m_{11} + m_{22}) - |m_{11} - m_{22}| - \varepsilon \big] \qquad (148)$$

其中 $\varepsilon \triangleq \sqrt{(m_{11} - m_{22})^2 + 4m_{12}m_{21}} - |m_{11} - m_{22}|$。由于 $m_{ij} > 0$，易知 $\varepsilon > 0$。所以，由（147）、（148）式，易知 $\mu_1 > \mu_2$。很明显，$\mu_1 > 0$，但是 μ_2 不一定。即使 $\mu_2 < 0$，由于 $m_{11} + m_{22}$ 和 $\sqrt{(m_{11} - m_{22})^2 + 4m_{12}m_{21}}$ 都是正数，所以很明显

$$\mu_1 = |\mu_1| > |\mu_2|。 \qquad (149)$$

另外，对于（144）式，当 $i = 1$ 时，有

$$\begin{cases} (m_{11} - \mu_1)p_{11} + m_{12}p_{21} = 0, \\ m_{21}p_{11} + (m_{22} - \mu_1)p_{21} = 0。 \end{cases}$$

我们将 m_{ij} 的定义（137）式代入得

$$\begin{cases} (c_1 - \mu_1)p_{11} + c_2 p_{21} = 0, \\ \dfrac{bs_1 c_1 + v_1}{1 - bs_2} p_{11} + \left(\dfrac{bs_1 c_2 + v_2}{1 - bs_2} - \mu_1 \right) p_{21} = 0。 \end{cases}$$

$$\Rightarrow \begin{cases} (1 - bs_2)(c_1 - \mu_1)p_{11} + (1 - bs_2)c_2 p_{21} = 0, \\ (bs_1 c_1 + v_1)p_{11} + [bs_1 c_2 + v_2 - (1 - bs_2)\mu_1]p_{21} = 0。 \end{cases}$$

两式相加，整理得

$$\mu_1 \big[(1 - bs_2)p_{11} + (1 - bs_2)p_{21} \big] = (c_1 + v_1)p_{11} + (c_2 + v_2)p_{21}$$

$$\Rightarrow \mu_1 = \frac{(c_1 + v_1)p_{11} + (c_2 + v_2)p_{21}}{(1 - bs_2)p_{11} + (1 - bs_2)p_{21}}$$

$$\xrightarrow{\;c_i + v_i + c_i = 1\;} \mu_1 = \frac{(1 - s_1)p_{11} + (1 - s_2)p_{21}}{(1 - bs_2)p_{11} + (1 - bs_2)p_{21}}$$

$$\xrightarrow{\;b < 1,\ s_i < 1\;} \mu_1 < 1。 \qquad (150)$$

结合（149）、（150）式，有 $|\mu_2| < \mu_1 < 1$，即有

$$1 < 1 + g_1 < |1 + g_2|。 \qquad (151)$$

附 3.2.2　g_2 与 k_1、k_2 的关系

由上文我们知道，g_2 可能是正数也可能是负数。那么我们就想知道，在什么情况下 g_2 会是负数。我们采用和证明 $\mu_1 < 1$ 类似的方法。

对于（144）式，当 $i = 2$ 时，有

$$\begin{cases} (m_{11} - \mu_2)p_{12} + m_{12}p_{22} = 0, \\ m_{21}p_{12} + (m_{22} - \mu_2)p_{22} = 0_{\circ} \end{cases}$$

将 m_{ij} 的定义（137）式代入得

$$\begin{cases} (c_1 - \mu_2)p_{12} + c_2 p_{22} = 0, \\ \dfrac{bs_1 c_1 + v_1}{1 - bs_2}p_{12} + \left(\dfrac{bs_1 c_2 + v_2}{1 - bs_2} - \mu_2\right)p_{22} = 0 \end{cases}$$

$$\xrightarrow{\text{上式}\times v_1\text{、下式}\times c_1(1-bs_2)} \begin{cases} v_1(c_1 - \mu_2)p_{12} + v_1 c_2 p_{22} = 0, \\ c_1(bs_1 c_1 + v_1)p_{12} + c_1[bs_1 c_2 + v_2 - \\ \qquad (1 - bs_2)\mu_2]p_{22} = 0_{\circ} \end{cases}$$

两式相减，整理得

$$\mu_2[(v_1 + bs_1 c_1)p_{12} - c_1(1 - bs_2)p_{22}] = (c_2 v_1 - c_1 v_2)p_{22}$$

$$\Rightarrow \mu_2 = \frac{c_2 v_1 - c_1 v_2}{(v_1 + bs_1 c_1)\dfrac{p_{12}}{p_{22}} - c_1(1 - bs_2)}_{\circ}$$

由下文（153）式，我们知道 p_{12}、p_{22} 正负号相反，上式分母必为负数。所以，μ_2 的符号和 $c_1 v_2 - c_2 v_1$ 相同，即

$$\mu_2 = 1 + g_2 \gtreqless 0 \Leftrightarrow c_1 v_2 - c_2 v_1 \gtreqless 0 \Leftrightarrow c_1 v_2 \gtreqless$$

$$c_2 v_1 \Leftrightarrow \frac{c_1}{v_1} \gtreqless \frac{c_2}{v_2} \Leftrightarrow k_1 \gtreqless k_2_{\circ} \tag{152}$$

所以，当 $k_1 > k_2$ 时，$1 + g_2 > 0$；当 $k_1 < k_2$ 时，$1 + g_2 < 0$；当 $k_1 = k_2$ 时，$1 + g_2 = 0$。

附 3.2.3 p_{ij} 之间的关系

我们知道 p_{ij} 满足（144）式，即

$$\begin{cases} (m_{11} - \mu_i)p_{1i} + m_{12}p_{2i} = 0, \\ m_{21}p_{1i} + (m_{22} - \mu_i)p_{2i} = 0, \end{cases} \quad i = 1, \ 2_。$$

对于 $i = 1$ 的第一个式子，有 $(m_{11} - \mu_1)p_{11} + m_{12}p_{21} = 0$，而由（147）式可知，$\mu_1 > m_{11}$，而 $m_{12} > 0$，所以 p_{11}、p_{21} 正负号相同。

同样的，对于 $i = 2$ 的第一个式子，$(m_{11} - \mu_2)p_{12} + m_{12}p_{22} = 0$，由（148）式，可知 $\mu_2 < m_{11}$，所以 p_{12}、p_{22} 正负号相反。

总之有

$$p_{11}p_{21} > 0, \ p_{12}p_{22} < 0_。 \qquad (153)$$

附 3.2.4 $\eta_2 = 0$

在差分方程的解（145）式中，我们已经知道，$1 + g_2$ 可能是负数，所以其指数项就是不稳定项。这时我们可能会关心在何种情况下 $\eta_2 = 0$，此时，$\eta_2 p_{i2}(1 + g_2)^t$ 项就消失了。

根据 $\boldsymbol{\eta}$ 的定义（143）式，

$$\eta_2 = 0 \Leftrightarrow p_{11}y_2(0) - p_{21}y_1(0) = 0 \Leftrightarrow \frac{y_1(0)}{y_2(0)} = \frac{p_{11}}{p_{21}}_。$$

而根据（144）式第一式，当 $i = 1$ 时，有 $(m_{11} - \mu_1)p_{11} + m_{12}p_{21} = 0$，将 m_{11}、m_{12} 的定义（137）代入，得

$$\left(c_1 - \frac{1}{1 + g_1}\right)p_{11} + c_2 p_{21} = 0$$

$$\Rightarrow \frac{p_{11}}{p_{21}} = \frac{c_2(1 + g_1)}{1 - c_1(1 + g_1)}_。$$

所以

$$\eta_2 = 0 \Leftrightarrow \frac{y_1(0)}{y_2(0)} = \frac{c_2(1+g_1)}{1-c_1(1+g_1)}。 \tag{154}$$

附3.3 市场化扩大再生产四种情况的稳定情况证明

附3.3.1 两部门资本投入结构相同时，不能达成扩大再生产

当 $k_1 = k_2$ 时，由（140）式我们知道原差分方程退化无解，所以在两部门资本投入结构相同时，市场化的扩大再生产不能达成，再生产无法在约束条件内进行。

附3.3.2 部门1更资本密集时，规模一正一负，各自增速高于总规模增速

我们知道，当 $k_1 > k_2$ 时，由（151）式有 $1 + g_2 > 1 + g_1 > 1$。所以此时在两个指数项 $\eta_1 p_{i1}(1+g_1)^t$ 和 $\eta_2 p_{i2}(1+g_2)^t$ 中，当 t 逐渐增大时，g_2 项将占据绝对主导。所以此时社会生产（两个部门）的长期规模增速均趋于 g_2，较基准稳定增速 g_1 要高。

另外由（153），p_{12} 和 p_{22} 正负号相反，也就是两个部门的 $\eta_2 p_{i2}(1+g_2)^t$ 项符号相反。于是，在这一情况下，扩张速度快于稳定增速 g_1，但是一个部门规模为正数越来越大，另一个部门规模为负数越来越大（从某一期之后）。一个部门需要不断为另一部门输血。

附3.3.3 部门2更资本密集时，规模大幅波动，每期正负切换

当 $k_2 > k_1$ 且 $\eta_2 \neq 0$ 时，由（152）式有 $1 + g_2 < 0$，所以 $\eta_2 p_{i2}(1+g_2)^t$ 的正负号会随着每期 t 的增加而变换。而且，我们知道此时有 $|1+g_2| > 1 + g_1 > 1$，所以 g_2 项（波

动项）占据主导，大于稳定增长的 g_1 项。这样当时间足够长之后，两个部门每期的生产规模都和上一期正负号相反，且绝对值扩大（此时两个部门的规模一正一负，加和仍为正）。这样社会生产陷入极大的波动之中，一定会导致经济危机。

附 3.3.4　初始规模落在稳定增长轨迹上时，两部门可稳定增长

由（154）式，当 $\dfrac{y_1(0)}{y_2(0)} = \dfrac{c_2(1 + g_1)}{1 - c_1(1 + g_1)}$ 时，$\eta_2 = 0$，所以（145）式中 $\eta_2 p_{i2}(1 + g_2)^t$ 项就没有了，所以两个部门的增速都是 g_1。我们称此时初始规模落在稳定增长轨迹上。在正文对应的案例中，初值 $\dfrac{y_1(0)}{y_2(0)} = \dfrac{4000}{3000} = \dfrac{4}{3}$，而

$\dfrac{c_2(1 + g_1)}{1 - c_1(1 + g_1)} = \dfrac{0.4 \times (1 + 1)}{1 - 0.2 \times (1 + 1)} = \dfrac{0.8}{0.6} = \dfrac{4}{3}$，所以初值落在稳定增长轨迹上，于是本例中两个部门可以获得稳定的增速。

附录四　郎咸平教授的学术成就以及郎咸平教授在国际第一流期刊所发表的论文

　　简介：郎教授曾经以创纪录的两年半时间在全世界首屈一指的宾夕法尼亚大学沃顿商学院连拿金融学硕士与博士学位。郎教授不仅在国内具有极高的知名度，堪称为明星学者，他的学术成就也是首屈一指。根据邹恒甫教授 2017 年 5 月 15 日的微博数据显示，"所有华人经济学家单篇论文的引用率都没有超过邹至庄和郎咸平（单篇最高引用数分别是 6605 和 6297）"。编辑曾为此采访过郎教授，郎教授谦虚地说，邹至庄教授就是他的老师辈，他在念本科的时候，邹至庄教授已经名满天下，他当时就拜读过邹至庄教授的那篇脍炙人口的文章，只是当时水平不够，没看懂。郎教授说他的文章能和老师的文章并列，他感到非常荣幸。郎教授认为，马克思的理论，尤其是《资本论》的经济内涵被西方经济学刻意打压。所以在本书中，郎教授以其深厚的学术功底从数学角度重新解读了马克思的《资本论》。郎教授谦虚地对编辑说，他这一生成就有限，但是《马克思中观经济学》绝对是全世界第一本以《资本论》为主体的教科书。郎教授认为，目前大专院校所学习的微观经济学应该重新定位马克思对微观经济学的贡献。

以下为郎咸平教授在国际第一流期刊所发表的论文：

1. An Empirical Test of the Impact of Managerial Self Interest on Corporate Capital Structure（管理者自身利益对公司资本结构影响的实证检验），合作者 I. Friend，*Journal of Finance* 43，1988，271—281.

2. Dividend Announcements：Cash Flow Signalling vs. Free Cash Flow Hypotheses（股息公布：现金流量信号与自由现金流假说），合作者 R. Litzenberger，*Journal of Financial Economics* 24，1989，181—191.

3. Managerial Performance，Tobin's *Q* and Successful Tender Offers（管理业绩、托宾的 *Q* 和成功收购要约获得的收益），合作者 R. Stulz，R. Walkling，*Journal of Financial Economics* 24，1989，137—154.

4. Troubled Debt Restructuring：An Empirical Study of Private Reorganization of Firms in Default（不良债务重组：对债务违约公司私下重组的实证研究），合作者 S. Gilson，K. John，*Journal of Financial Economics* 27，1990，315—353.

5. The Forecast Accuracy of Individual Analysts：Evidence of Systematic Optimism and Pessimism（分析师个人的预测精度：系统性乐观与悲观的证据），合作者 K. Butler，*Journal of Accounting Research* 29，1991，150—156.

6. Insider Trading Around Dividend Announcements：Theory and Evidence（围绕股息公告的内部人交易：理论和证据），合作者 K. John，*Journal of Finance* 46，1991，1361—1390.

7. A Test of the Free Cash Flow Hypothesis: The Case of Bidder Returns（自由现金流假说检验：对投标者收益的分析），合作者 R. Stulz, R. Walkling, *Journal of Financial Economics* 29, 1991, 315—335.

8. Testing Financial Market Equilibrium under Asymmetric Information（信息不对称下的金融市场均衡检验），合作者 R. Litzenberger, V. Madrigal, *Journal of Political Economy* 100, 1992, 317—348.

9. Contagion and Competition Intra ~ Industry Effects of Bankruptcy Announcements: An Empirical Analysis（宣告破产在行业内的传染效应和竞争效应的实证分析），合作者 R. Stulz, *Journal of Financial Economics* 32, 1992, 45—60.

10. Voluntary Restructuring of Large Firms in Response to Performance Decline（大企业业绩下滑时的自主性重组行为），合作者 K. John, J. Netter, *Journal of Finance* 47, 1992, 891—917.

11. Tobin's *Q*, Corporate Diversification and Firm Performance（托宾的 *Q* 值理论、公司的多元化经营与公司业绩），合作者 R. Stulz, *Journal of Political Economy* 102, 1994, 1248—1280.

12. Asset Sales, Firm Performance and the Agency Costs of Managerial Discretion（资产出售、企业业绩与管理者自主决断的代理成本），合作者 A. Poulsen, R. Stulz, *Journal of Financial Economics* 37, 1995, 3—38.

13. Leverage, Investment and Firm Growth（财务杠杆，投资与企业增长），合作者 E. Ofek, R. Stulz, *Journal of*

Financial Economics 40，1996，3—29.

14. Does Money Explain Asset Returns? Theory and Evidence
（货币能解释资产收益吗？——理论和实证分析），合作者 K.
C. Chan，S. Foresi，*Journal of Finance* 51，1996，345—361.

15. Separation of Ownership from Control of East Asian Firms
（东亚及东南亚公司中所有权和控制权的分离），合作者 S.
Claessens，S. Djankov，*Journal of Financial Economics* 58，
2000，81—112.

16. Expropriation and Dividends（股息和利益侵占），合作
者 M. Faccio，L. Young，*American Economic Review* 91，2001，
1—25.

17. Disentangling the Incentive and Entrenchment Effects of
Large Shareholdings（大股东激励与壁垒效应解析），合作者
S. Claessens，S. Djankov，J. Fan，*Journal of Finance* 57，
2741—2771.

18. The Ultimate Ownership of Western European
Corporations（西欧公司的最终所有权），合作者 M. Faccio，
Journal of Financial Economics 65，2002，365—395.

19. International Diversification and Firm Performance（对外
直接投资、多样化投资与公司业绩），合作者 J. Doukas，
Journal of International Business Studies 34，2003，153—172.

20. Pyramiding vs. Leverage in Corporate Groups：
International Evidence（金字塔和企业集团的负债：国际的证
据）. 合作者 M. Faccio，L. Young，*Journal of International Business Studies* 41，2003，153—172.

责任编辑:陈丽娜　许正阳

装帧设计:尚世视觉

责任校对:刘淑芹

图书在版编目(CIP)数据

马克思中观经济学/郎咸平著. —北京:人民出版社,2018

ISBN 978 - 7 - 01 - 019109 - 6

Ⅰ.①马…　Ⅱ.①郎…　Ⅲ.①马克思主义政治经济学–中观经济学–研究　Ⅳ.①F0 - 0

中国版本图书馆 CIP 数据核字(2018)第 054985 号

马克思中观经济学

MAKESI ZHONGGUAN JINGJIXUE

郎咸平　著

人民出版社 出版发行

(100706　北京市东城区隆福寺街99号)

北京联兴盛业印刷股份有限公司　新华书店经销

2018 年 5 月第 1 版　2018 年 5 月北京第 1 次印刷

开本:880 毫米×1230 毫米 1/32　印张:8.25

字数:165 千字

ISBN 978 - 7 - 01 - 019109 - 6　定价:49.80 元

邮购地址 100706　北京市东城区隆福寺街 99 号

人民东方图书销售中心　电话 (010)65250042　65289539